Édition : BoD • Books on Demand GmbH, In de

Tarpen 42, 22848 Norderstedt (Allemagne)

Impression : Libri Plureos GmbH, Friedensallee

273, 22763 Hamburg (Allemagne)

ISBN : 978-2-3225-2586-7

Dépôt légal : Septembre 2024

La vie est belle

Le souffle de la liberté

Couverture illustration : © Nathalie Chappert

Je dédie ce livre à ma mère. Elle est partie très tôt sans que je puisse l'embrasser et la voir une dernière fois. Tu n'as pas su trouver le souffle de la liberté sur cette terre, mais je sais que de tout là-haut, tu veilles sur moi et que tu respires enfin. Soit cette étoile qui me guide et illumine le ciel quand il s'éteint chaque soir. Et quand je le regarde, je te vois scintiller avec une immense douceur. Continue de briller et éclaire mon chemin. Je t'aime.

« Sois le changement que tu veux voir dans le monde »

Gandhi

Tables des matières

Préface

Je vis la vie de M. et Mme Tout-le-Monde. Mes expériences m'ont permis de voir la vie différemment. Cela ne s'est pas fait au moment où je les ai vécues mais bien plus tard, quand j'ai fait la rencontre avec la maladie.

Je veux juste, dans ce livre, véhiculer et partager les réponses que j'ai pu trouver en effectuant un travail sur moi-même. En trouvant « qui je suis ».

C'est justement au nom de M. et Mme Tout-le-Monde que je souhaite partager mon histoire et vous la transmettre en toute simplicité afin que la compréhension de ce livre soit à la portée de tous.

Quand j'ai commencé à l'écrire et à en parler autour de moi, beaucoup de personnes m'ont encouragée à le faire et soutenue.

Pourtant je me rappelle avoir dit :

« Mais qui suis-je pour prétendre écrire un livre ? »

On m'a répondu :

« Qui es-tu pour ne pas le faire ? »

Alors j'ai continué à poser les mots avec ma sincérité, mon authenticité, et toute mon humilité. Je souhaite que ce livre vous procure un réconfort, un bien-être, et vous aide à vous ouvrir à la recherche de « qui vous êtes ». Que plus personne n'ait peur de déposer ses craintes, ses échecs, de mettre des mots sur ses émotions, ses sentiments afin que cela vous apporte les réponses tant attendues. Celles que vous cherchiez depuis si longtemps pour pouvoir vivre enfin « libre ». Trop de monde croit encore aujourd'hui que l'on doit vivre notre vie en fonction des expériences qu'elle nous apporte, en ne s'attachant qu'à nos déceptions et nos mésaventures. On doit tirer de nos expériences le côté positif et non pas en retenir la souffrance dans laquelle on s'enferme, car cela nous fait seulement survivre et non vivre.

Savoir se poser un instant pour regarder notre passé, pour enfin le comprendre afin que nos blessures puissent guérir et ne plus attendre qu'elles soient pansées par le temps. Ne plus avoir

Ce que je vais vous raconter est valable dans tous les domaines, que ce soit :

- Professionnel ;
- Amical ;
- Familial ;
- Sentimental ;
- Spirituel.

J'aimerais apporter une petite précision sur le mot « croyance ».

Pour moi ce mot est dédié à tout un chacun. Je m'explique : chaque personne a une croyance ou une autre, peu importe ce qu'elle est. Ce qui est important, c'est d'y croire en toute sincérité.

C'est pour cela que dans ce mot « croyance » je vous invite à placer la vôtre.

Je ne parlerai dans ce livre ni de religion ni de politique afin qu'il reste le plus neutre possible.

Je vous en souhaite une bonne lecture en espérant de tout cœur qu'il vous permettra d'accéder à votre âme pour vous libérer de votre passé, afin qu'il ne soit plus un poids dans votre présent pour créer votre vie de demain.

Introduction

Qui a dit que la vie était un long fleuve tranquille ? Certainement pas moi !

J'allais fêter mes quarante-et-un printemps dans quelques semaines et depuis plusieurs mois je me trouvais dans une effervescence triomphante. J'ai grandi dans une spirale infernale qui n'en finissait pas. C'est tout du moins ce que mon esprit croyait.

Je suis née dans une famille très modeste où tout le monde se contentait de survivre ; j'ai donc suivi ce schéma sans jamais vraiment me demander si cela était normal ou pas.

À l'âge adulte, j'ai construit ma vie en entrant dans les normes de la société. Il fallait bien rentrer dans le moule ! C'était ce que je pensais. Mais au final, j'ai dû traverser de multiples épreuves, dont deux qui m'ont fait prendre conscience que je ne me trouvais pas sur le bon chemin.

J'étais divorcée depuis plus d'une année. Vingt-deux ans ensemble avec à l'issue de cette union trois enfants. Cette première séparation avait déjà créé en moi une énorme déception, une remise en question, en passant même par la case hospitalisation dans un centre de psychiatrie pour reprendre des forces. La dépression était là et je devais y faire face pour continuer à vivre. Les mois passèrent et je m'étais rétablie physiquement et psychologiquement. Je me sentais bien et j'avais même retrouvé l'envie de partager à nouveau. C'est ainsi que je repris le cours de ma vie.

Une première épreuve se présenta sans que je m'y attende.

Ce fut la rencontre d'une personne qui m'a transportée d'une façon que je n'aurais jamais pu imaginer... J'étais heureuse de pouvoir dire « oui » à nouveau à une relation sentimentale. Je me suis donc laissé vivre cette nouvelle rencontre sans me poser de question. L'attraction était de toute façon plus forte que la raison. Mon cœur me parlait-il à nouveau ? Aujourd'hui, je ne saurais répondre à cette question, j'ai juste suivi mon instinct.

Seulement voilà, il s'est révélé avec le temps que j'étais tombée dans une relation toxique.

Non sans mal, deux ans passèrent... J'ai découvert que cette personne de qui j'étais éperdument amoureuse était un manipulateur, voire même ce qu'on appelle un pervers narcissique.

Je n'arrivais pas à croire à tout ça. Surtout que pour moi ces mots étaient nouveaux, je n'en avais jamais entendu parler. Le choc fut tel que j'ai mis plusieurs mois avant de ne plus me voiler la face pour pouvoir le quitter. Mais pendant ce temps, ce fut la descente aux enfers. Sans exagération aucune. J'essayais de remonter tranquillement la pente quand soudain quelques petits soucis de santé apparurent.

C'est à ce moment-là que ma seconde épreuve entra dans ma vie ; on venait de m'annoncer de but en blanc que j'avais un cancer du sein. J'étais complètement abasourdie...

Je pensais que la vie ne m'épargnait rien, que toutes les mauvaises choses m'étaient destinées.

C'est alors, après quelques jours, que je finis par accepter ce nouveau défi sans jamais me retourner et depuis je suis entrée dans une dynamique complètement différente de ce que j'avais connu jusque-là.

J'étais loin, très loin, de m'attendre à ce que j'allais vivre.

La maladie m'a poussée à prendre une réelle pause, je n'avais plus de choix possible.

Des tas de questions passèrent dans ma tête, sans savoir où cela allait m'emmener.

Comment en parler autour de moi ? J'avais l'impression d'être une illuminée.

Que venais-je de découvrir et pourquoi seulement maintenant ?

Comment comprendre les différents messages que je recevais ?

Comment vivre avec toutes ces nouvelles idées qui jaillissaient dans mon esprit ?

Comment les transmettre et partager ce que je venais de découvrir ?

Je ne pouvais pas garder toutes ces trouvailles pour moi, j'avais très envie de les crier à qui voudrait bien entendre, il fallait que le monde sache !

Chapitre 1

Les rencontres

Je voudrais commencer ce chapitre par une parenthèse sur les rencontres que l'on peut faire tout au long de notre chemin de vie.

Qu'est-ce qu'une rencontre1 ?

« Croiser quelqu'un sur son chemin, se trouver en sa présence sans l'avoir voulu. » Rencontrer un ami dans la rue.

« Faire la connaissance de quelqu'un, entrer en relation avec lui... » On rencontre chez lui des gens intéressants.

Nous croisons beaucoup de personnes sans faire attention à ce qu'elles peuvent nous apporter, mais si elles sont présentes auprès

---

1 www.larousse.fr

de nous, c'est que nous avons une chose à apprendre sur nous-mêmes ou une leçon à en tirer. Chaque être possède une sagesse et le pouvoir de nous la transmettre par le biais des différentes expériences vécues.

Ces rencontres qui croisent notre chemin sont là pour nous faire grandir.

Je reviendrai plus en détail sur ce que j'ai vécu ou ressenti au fur et à mesure des chapitres, pour pouvoir mettre en lien mes différentes rencontres et expériences.

Je vais maintenant vous raconter trois rencontres qui ont transformé ma vie. Alors bien évidemment, j'en ai eu d'autres qui l'ont fait aussi ; mais celles-ci je les développerai au fur et à mesure de mon livre. Vous vous demandez certainement pourquoi ? Tout simplement parce qu'à l'époque où je les ai vécues, je n'étais pas en mesure de comprendre ce qu'elles avaient pu m'apporter.

Ma première rencontre fut celle d'un homme. Il entra dans ma vie un peu plus d'un an après mon divorce, nous étions en mai 2015. Je me sentais beaucoup mieux. J'avais retrouvé le sourire, l'envie de ressortir, de faire de nouvelles connaissances et de profiter un peu plus de la vie.

Seul le temps m'avait fait me sentir mieux.

J'ai donc partagé presque deux ans de ma vie avec cet homme, chacun chez soi avec des moments de partage très intenses. Il m'avait redonné le goût de vivre et de m'amuser. Il m'a permis de voir que je pouvais tout concilier ; être une bonne mère pour mes enfants, sortir, aller vers les gens, travailler, sans me poser de question. Je me sentais à nouveau vivante et heureuse. Quand j'étais avec lui et ses amis, je me sentais libre. J'avais l'impression d'être moi, tout coulait de source. Pas de questions, pas de rancœur, aucun conflit. Tout était si simple. On faisait la fête avec ses amis. J'avais même appris à lever le coude et à me détendre quand j'étais avec lui. Malheureusement cela n'a duré que quelques mois, puis je me suis rendu compte de petites choses qui n'étaient pas normales, en tout cas pas pour moi.

J'étais tellement amoureuse que j'avais mis tout cela de côté, sans penser à mes propres besoins. Je vivais à travers lui et cela me suffisait. Jusqu'au jour où j'ai compris qu'il me mentait, me trompait, se servait de moi. J'ai mis une année complète à comprendre « qui il était » vraiment. Pendant ce temps, nous n'arrêtions pas de rompre et de nous rabibocher. Chaque retour était de plus en plus dur pour moi. Je n'aimais pas la personne qu'il me montrait, et en même temps tout l'amour que j'avais pour lui m'empêchait d'être réaliste. Cette relation était devenue nocive, toxique, et pourtant je continuais à l'aimer, à lui chercher des excuses. Je voulais le sauver de sa tourmente car, pour moi, il s'était perdu après sa séparation de la mère de ses enfants et plusieurs relations qui avaient toujours abouti à la rupture. J'ai donc continué à croire en lui, mais en fait rien ne changeait. Bien au contraire, cela s'accentua. J'étais tombée sur quelqu'un de manipulateur. Un pervers narcissique dans toute sa splendeur.

Je ne pouvais me résoudre à y croire. Tout me semblait ir-réaliste. Qui croirait ce que je venais de découvrir ? Personne... Il réussissait à se faire passer pour une victime aux yeux de ses amis. Il savait aussi les manipuler avec une grande aisance et personne n'y voyait rien.

J'ai continué à me voiler la face et un jour une amie m'a dit :

« Arrête de lui chercher des excuses, c'est juste un connard ! »

Je ne saurais aujourd'hui vous dire pourquoi, mais cette toute petite phrase a été le déclic tant attendu dans mon inconscient. De là, je me suis mise à lire des articles sur les relations toxiques, les manipulateurs et les pervers narcissiques. Ma thèse se confirmait et je commençais à ouvrir les yeux.

Je lui fis part de ma découverte, je lui lus tous les items un à un en lui demandant de répondre juste par oui ou non, sans se justifier. J'avais su poser le cadre pour la première fois entre nous, sans ressentir de culpabilité. Sur trente-quatre items, il était positif sur vingt-huit d'entre eux. Il n'y avait plus aucun doute sur ce qu'il était vraiment.

Nous avons continué à nous voir, mais j'étais devenue tellement méfiante que dès qu'il essayait de me manipuler, je le contrecarrais. Notre relation devenait plus que malsaine. Nous étions entrés dans une spirale infernale. C'était à celui qui arriverait à la faire fermer à l'autre le premier.

Le soir du 24 mars 2017, je recevais chez moi une de ses conquêtes avec qui il m'avait trompée. Cette femme et moi avions besoin de réponses, car on savait toutes les deux qu'il nous menait en bateau. Il le savait, car je ne lui avais pas caché sa venue. Il trépignait d'impatience de son côté. Je lui avais demandé de ne pas venir ce soir-là. Elle et moi ne le désirions pas. Nous voulions discuter sans qu'il puisse intervenir à tout bout de champ pour se justifier comme à son habitude. Il me harcela de messages et de coups de téléphone. Mon portable étant en silencieux, je n'ai vu ses appels que deux heures plus tard. J'ai écouté un des messages, où il me disait qu'il était garé derrière chez moi. Pour elle, notre conversation lui suffit et elle me suggéra de lui répondre. Je lui ai donc passé un coup de fil. Il se mit à pleurer, me demanda pardon et me supplia de lui redonner une nouvelle chance. Il insistait pour que je l'écoute. Que cette fois il avait compris et qu'il m'aimait. J'ai fini par accepter qu'il vienne chez moi. Il sentait l'alcool fortement, je n'ai pu me résoudre à le renvoyer chez lui dans un tel état...

Ce fut pour moi la nuit la plus longue de mon existence. Après l'avoir écouté, nous avons fait l'amour comme jamais auparavant. Aussitôt après ce moment rempli de sentiments et d'émotions pour moi, il me demanda de me pendre avec lui... Il était 4 h du matin, mes enfants dormaient tous les trois paisiblement.

Je pris mon courage à deux mains et le mis dehors. Pour m'en sortir, je ne devais plus répondre à aucun de ses messages ni coups de téléphone. J'avais peur qu'il débarque à n'importe quel moment, mais je savais que si je tenais bon, il chercherait une autre proie. C'est ce qui est arrivé.

Ma violence intérieure fut telle que je ne voyais pas le bout du tunnel. Je m'enfonçais de plus en plus chaque jour, c'était la descente aux enfers.

À l'époque, je travaillais de nuit, j'étais aide-soignante dans un service de médecine polyvalente et mes collègues s'interrogeaient car elles me voyaient maigrir, être moins joyeuse. Je ne supportais plus mon travail de nuit car je ne dormais plus. Psychologiquement affaiblie, j'ai fini par leur en parler et elles aussi trouvèrent que cette histoire d'amour était plus que malsaine. Elles avaient beau me dire tout ça, je n'arrivais pas à l'oublier, à avancer.

J'ai pris un jour la décision de changer de service et de reprendre un travail de jour. J'ai tout donné pour obtenir ce poste et quelques mois plus tard je quittais le service de médecine polyvalente pour un service complètement inconnu, celui de la réanimation. Il allait m'apporter du renouveau. Il fallait que je fasse mes preuves. J'avais tout à apprendre et cela me redonna envie de montrer que j'en étais capable. Mes capacités se sont montrées à la hauteur. Le temps passait et je me sentais mieux. Il ne me manquait presque plus. Je fis de nouvelles rencontres professionnelles, amicales, et j'avançai à mon rythme.

Ma seconde rencontre. Une personne improbable et inattendue qui, pourtant, s'est trouvée sur mon chemin. Une rencontre du style « troisième type » …

C'était un samedi soir de septembre 2016 sur mon lieu de travail. Hospitalisée depuis le lundi pour un malaise sur hypoglycémie (insuffisance du taux de sucre dans le sang), elle se demandait pourquoi son séjour était si long. Les médecins ne trouvaient pas la cause de ses malaises.

Elle était jeune et autonome, nous n'avions pas besoin d'entrer à deux dans sa chambre, pour respecter son intimité. C'était donc toujours ma collègue qui entrait jusqu'à ce fameux samedi soir. Ma collègue ouvrit la porte. La jeune femme se trouvait juste derrière la porte et me vit passer dans le couloir.

Nous avions terminé notre premier tour du service et à chaque fin, je m'octroyais une petite pause cigarette sur le bord d'une fenêtre à proximité de la chambre de cette patiente. Je vis son volet remonter et elle ouvrit la fenêtre. Elle me demanda alors si elle pouvait me rejoindre.

Surprise, étonnée, je ne pus lui dire non.

Et là, sans comprendre pourquoi ni comment, elle se mit à me raconter ma vie dans de nombreux détails. J'étais stupéfaite. Comment savait-elle tout ça sur moi alors que nous ne nous étions jamais croisées ? Des frissons me glissaient sur tout le corps... En même temps elle avait su me tranquilliser, me rassurer, mais aussi me surprendre. Je suis retournée à l'intérieur et j'ai expliqué à ma collègue ce que je venais de vivre. Elle aussi fut tant étonnée de mon récit qu'elle en eut aussi la chair de poule.

Lors de notre second tour, qui durait généralement moins longtemps, car nous privilégiions le sommeil de nos patients, je demandai à ma collègue de finir par la chambre de cette jeune dame. Je souhaitais discuter avec elle et j'espérais qu'elle ne dormait pas.

Effectivement, elle semblait nous attendre. J'ai donc remis le sujet de notre discussion en route et me suis permis de lui poser des questions. Qui êtes-vous vraiment ? Avez-vous un don particulier ? Pourquoi moi ? Pourquoi m'avez-vous raconté tout ça ? Dans quel but ?

J'étais quelqu'un de très cartésien et ne m'étais donc jamais intéressée de près ou de loin à ce genre de personne. Avec mes collègues de nuit, la seule chose que nous faisions, c'était de lire notre horoscope du jour, qui était périmé à cause du décalage de nos horaires. Je vous avoue que j'en suis restée complètement bluffée.

Ma troisième rencontre, celle qui me bouleversa. Celle qui m'a pincée si fort dans mon ego, mon orgueil, sans oublier mon corps. Ma putain de maladie ! Nous étions le 3 juillet 2017. Un peu plus de trois mois seulement après ma rupture sentimentale.

Sans prendre de gants, on venait de m'annoncer que j'avais un cancer du sein. La nouvelle m'avait frappée avec une telle violence que j'en avais oublié les gestes les plus simples, comme remettre mon soutien-gorge et boutonner ma chemise. Mes jambes étaient paralysées. Je n'arrivais plus à faire un pas devant l'autre. Seule, abasourdie, j'essuyai discrètement les quelques larmes qui n'avaient pas leur place dans ce couloir.

Je me suis demandé, mais quand est-ce que tout ça va-t-il s'arrêter ?

La vie ne me laissera-t-elle jamais tranquille ?

Veut-elle m'achever ?

C'en était trop pour moi. Enfin c'est ce que je pensais à ce moment-là.

J'ai fini par rentrer chez moi, car mes enfants m'y attendaient. J'ai fait celle pour qui tout allait pour le mieux. Le père de mes enfants arriva pour les emmener chez lui, car nous en avions la garde alternée. Je lui fis part de cette nouvelle épreuve, tout en lui demandant pour l'instant de ne pas l'ébruiter en attendant d'en savoir plus. Il me serra dans ses bras et respecta mon désir de ne rien divulguer. Dès le lendemain je pris plusieurs rendez-vous. J'appelai ma meilleure amie, qui de son côté me prit un rendez-vous dans un institut de Paris qui ne s'occupe que des cancers. Elle savait quoi faire puisqu'elle aussi avait eu un cancer sept ans auparavant.

Les larmes ne venaient pas. Je me sentais un peu en colère, mais je continuais à vivre normalement. Les examens s'enchaînant les uns derrière les autres, je n'avais plus de temps pour m'apitoyer sur mon sort. Je n'en éprouvais pas le besoin.

Une fois toutes les réponses reçues, je décidai de tout dire à mes enfants afin de ne rien leur cacher. Je voulais qu'ils sachent, afin de comprendre pourquoi j'allais être moins disponible dans les mois qui allaient suivre, et je ne voulais surtout pas leur mentir. Ils étaient en droit de savoir. Cela faisait, pour moi, partie de l'école de la vie.

Les voyant réagir sereinement, cela m'a confortée dans ma décision. Je pouvais dès lors mettre l'accent sur la guérison.

Un grand merci à toutes les personnes que j'ai pu rencontrer, qu'elles aient été éphémères ou qu'elles soient encore présentes dans ma vie d'aujourd'hui.

Les gens se présentent dans notre vie pour une raison, que ce soit pour quelques heures, jours ou bien même une saison, quelques années ou toute une vie

D'où une petite phrase que j'affectionne : *« **On ne rencontre jamais les gens par hasard.** »*

Chapitre 2

Les expériences de ma vie

Depuis mon plus jeune âge, je savais que je travaillerais dans le domaine hospitalier. Je rêvais d'être infirmière. J'ai donc grandi sans me poser la question de ce que je ferais plus tard. C'était sans penser que j'allais parcourir un chemin beaucoup plus long pour y arriver.

C'est lors de mes cinq ans que cette idée de devenir infirmière est venue. Mon grand-père venait de s'éteindre. Je me souviens de ce moment, je ne l'oublierai jamais.

Je me souviens de mon père recroquevillé sur le divan. Les larmes coulaient à flots. Je ressentais son désarroi et la gravité de ce qui se passait. Je ne pris pas conscience de ce qu'était véritablement la mort, mon jeune âge ne me le permettait pas.

Ce qui est resté gravé dans mon esprit, c'est le profond mal-être, la détresse et la tristesse de mon père, qui me glaçaient les veines jusqu'aux os.

À ce moment précis, j'ai essayé de trouver ma mère dans toute la maison, mais elle n'était pas là. Je me sentais seule et perdue. Je ne savais pas quoi faire, je me revois tourner en rond autour du salon. Je me suis tout de même dirigée vers mon père, je le regardais pleurer. Son regard croisa le mien et il me serra dans ses bras sans dire un mot. Ce silence était lourd pour moi. Mes larmes s'abandonnaient sur mes joues pour accompagner les siennes. C'était en quelque sorte ma façon de le réconforter et de lui dire, je suis là...

Ce jour-là, il m'a envoyé un des plus beaux messages qui soit ; c'était tout simplement l'amour qu'il éprouvait pour son père. J'ai également ressenti la douleur, la peine et le vide qu'entraîne la mort d'un être cher.

C'est à partir de ce jour qu'inconsciemment j'ai ancré au plus profond de mon âme ce besoin de sauver tout le monde et de ne plus laisser souffrir les gens. Un but inatteignable, je suis bien d'accord. Mais lorsqu'on est enfant, nous ne sommes pas capables de mesurer la réalité de la vie, à cause de notre ignorance et de notre innocence.

Une année plus tard, mes parents divorcèrent et je vis à nouveau le désespoir envahir mon père lors de notre départ. J'avais tout juste six ans.

Je vous raconterai ce départ, dans un autre chapitre, lorsque je vous parlerai de ma mère.

Trois années s'étaient écoulées lorsque nous sommes allés vivre chez notre père. Nous avions donc, mon frère et moi, dix et neuf ans. Il s'était remarié avec une femme beaucoup plus jeune que lui et qui avait déjà trois enfants. Ils en eurent quatre de leur union. Nous étions donc onze personnes à table midi et soir.

Leur histoire était elle aussi bien compliquée. Mon père, qui avait déjà un penchant pour l'alcool, accentua sa consommation au fur et à mesure des années, sans compter les trois paquets de cigarettes chaque jour, ce qui devint invivable pour nous tous. Leurs disputes incessantes résonnaient dans tout le quartier. Nous ne mangions pas à notre faim, le frigo était toujours vide. Je me rappelle que, très souvent, ma belle-mère nous envoyait chez des voisins chercher du lait, un peu de farine, un paquet de pâtes, du riz, du sucre, du café…ou alors elle nous envoyait mon frère ou moi dans l'épicerie du village avec une liste de courses, mais sans argent pour payer. Il fallait affronter le regard du gérant et lui demander de noter l'addition dans son carnet. Pour moi, ce moment de frapper à une porte pour quémander, et qui était devenu une habitude, était de plus en plus difficile à affronter. Un sentiment de honte m'envahissait à chaque fois.

Ma belle-mère avait pour addictions la télévision, la cigarette et le café. C'était juste ce que je pouvais voir à cette époque, mais en fait une autre addiction était présente, la drogue. Je ne l'ai appris que des années plus tard lors d'une conversation anodine. J'avais croisé dans la rue l'ancien éducateur de mon petit frère, lequel avait été placé dans un institut pour enfants en difficultés. En me rencontrant, cet homme voulut prendre de ses nouvelles. Il me reparla de cette époque, sans savoir que je n'avais pas cette information. Je me suis bien gardée de lui dire que je ne savais pas. Il s'était passé presque dix années, je ne voyais pas l'intérêt de le lui dire. Et en même temps, de l'apprendre, cela m'a permis de mieux comprendre pourquoi cette famille recomposée dont je faisais partie à ce moment-là était si dysfonctionnelle.

Elle se contentait du strict minimum au niveau entretien de la maison. Elle ne supportait plus sa vie avec mon père, enfin c'est ce que je pensais à cette époque.

Très souvent, elle quittait le domicile conjugal sans prévenir, en plein milieu de la nuit, en nous laissant mes petits frères et sœurs, mon père et moi. On ne savait jamais combien de temps cela allait durer. C'était toujours une surprise. Cela devenait tellement récurrent que je pris son rôle très souvent, je n'avais pas le choix. Mon père n'assumait plus rien, et mes petits frères et sœurs encore très jeunes avaient besoin qu'on s'occupe d'eux. Je combinais alors ma vie d'écolière et celle de maîtresse de maison. J'avais tout juste treize ans. Les seules choses qui maintenaient mon père encore debout étaient son travail et sa bouteille d'alcool. Cela l'aidait à oublier ses soucis du quotidien. Une femme instable et des dettes qui s'accumulaient. Son manque de courage pour dire stop à ce mariage le détruisait jour après jour.

Je n'avais aucune limite de leur part. Je sortais et rentrais à l'heure que je désirais. Je pouvais même découcher, la seule obligation était de prévenir si je rentrais manger ou pas et de dire où je me trouvais. Pour une adolescente, que demander de plus ? Je n'avais aucune contrainte et très peu de comptes à rendre. Dès que je le pouvais, je fuyais la maison.

Deux ans passèrent et ma vie de famille était toujours la même. Je venais de fêter mes quinze ans quand je fis la rencontre d'un jeune homme âgé de trois ans de plus que moi.

Nous étions le 12 février 1992, pour être exacte.

Je le présentai à mon père et à ma belle-mère très rapidement, car ils n'étaient pas contre le fait que j'aie un petit ami. Cela leur permettait de savoir avec qui je passais tout mon temps en dehors de l'école et de la maison. Ils l'acceptèrent et l'appréciaient beaucoup.

Avec du recul, je me dis que j'ai eu beaucoup de chance de le rencontrer.

Il avait une famille qui était le contraire de la mienne.

Une famille. Que voulait vraiment dire ce mot ? Moi qui étais livrée à moi-même depuis bien longtemps, j'avais appris à devenir autonome très jeune et à faire tout ce qui me plaisait. Sa famille était tout ce dont je pouvais rêver : il y avait du partage, de l'écoute et beaucoup d'amour entre tous ses membres, que ce soit entre ses parents, son frère, ses oncles et tantes, ses cousins et cousines, sans oublier sa grand-mère maternelle qui détenait la sagesse en tout point. Ils m'avaient accueillie à bras ouverts et moi j'avais trouvé ma famille d'adoption, qui grâce à toutes ses bonnes valeurs, attentions et réconfort, avait suscité en moi l'envie de devenir meilleure…et d'avoir une famille aussi extraordinaire que la leur.

Les années « collège » prenaient fin, j'étais en troisième et le moment était venu de choisir mon orientation. Je ne savais pas quoi mettre dans mes vœux. Mes notes étaient bien trop faibles pour pouvoir prétendre aller en seconde générale. Je me suis donc retrouvée en BEP (brevet d'études professionnelles) en hôtellerie. J'ai obtenu mon diplôme sans difficulté, sauf qu'à seize ans et demi, trouver un emploi dans l'hôtellerie s'est avéré mission impossible. J'ai donc arrêté l'école sans faire de vœux pour la rentrée suivante.

Mais tout bascula ! Quand je vis une annonce dans le journal. Une école privée proposait une formation pour un BEP « bio-services ». Je me suis dit pourquoi pas ? Cela ressemblait à ce que je venais de faire, mais en collectivité. Mon père me donna l'autorisation malgré des frais de scolarité qui s'élevaient à soixante-cinq francs par mois (dix euros de nos jours). Une somme qui peut paraître dérisoire, mais qui pour mon père était tout de même importante. Entre les factures, les neuf enfants, l'alcool et le tabac, quand la paye de mon père arrivait, elle était déjà engloutie par toutes les dettes.

Ma première année se passa très bien, mes notes étaient excellentes et j'aimais beaucoup cette petite école conviviale. J'y allais avec beaucoup de plaisir, mais au cours de cette année-là ma belle-mère quitta mon père et ce fut encore une épreuve pour moi.

Mon père n'avait plus les moyens de m'offrir ma seconde année. Je ne pouvais donc pas continuer. J'avais honte de ma famille. Je mentis donc à la directrice de l'établissement en prétextant que je n'y avais pas ma place et que cela ne me plaisait pas.

Elle m'entendit et me laissa partir en respectant mon choix.

À la rentrée de septembre, tout le monde reprit les cours et moi je restai chez moi sans rien faire. Ma soif d'apprendre et le regret de ne pouvoir terminer cette formation m'attristaient.

Un an après, j'ai croisé une amie qui était en troisième lorsque j'étais en première année de BEP. Elle me demanda ce que je devenais. Je lui expliquai alors ma situation. Elle en était désolée pour moi.

Quelques jours après l'avoir rencontrée, je reçus un coup de téléphone de mon ancien établissement. C'était la directrice qui désirait me rencontrer. Je fus tellement étonnée que j'acceptai de la revoir sans en connaître la raison. Je savais quelque part, au fond de moi, que mon amie y était pour quelque chose. Elle avait été vendre la mèche de mon départ à une des professeurs de l'établissement, qui l'avait rapporté à son tour à la directrice.

La surprise fut telle que je n'osais y croire. Elle venait de me proposer de finir ma formation en m'avançant tous les frais de scolarité, c'est-à-dire tout le matériel scolaire, les livres, ainsi qu'une paire de baskets, un jogging et une raquette de ping-pong, car c'était le sport favori de la prof de sport de ce lycée. Je ne pouvais refuser cette offre.

C'était une vraie chance qui s'offrait à moi. Nous avons donc rempli les papiers nécessaires à mon inscription. J'allais sur mes dix-neuf ans, je n'avais pas besoin du consentement de mon père pour signer ma reconnaissance de dette envers ma directrice. Cette dernière stipulait que je devrais rembourser mon année avec les frais annexes dès lors que j'aurais trouvé du travail, et ce sans délai dans le temps.

C'est ainsi que je repris en octobre 1996 les bancs de l'école, avec beaucoup d'enthousiasme. J'obtins mon diplôme d'agent technique d'alimentation en « bio-services » avec un bonus. J'étais major de ma promotion ! Pas seulement dans mon école, mais sur tout le département de la Haute-Marne. Cela fut une satisfaction personnelle pour la directrice, mais aussi pour moi.

À cette époque, je n'avais pas réalisé l'importance de l'opportunité qu'elle m'avait offerte. Pour moi, c'était un coup de bol ! Alors qu'en fait, il y avait bien plus que cela. L'altruisme, la compassion, la générosité dont elle avait fait preuve à mon égard étaient un réel cadeau. Mais le plus beau de tous avait été de me faire confiance et de croire en moi.

C'est grâce à ce nouveau diplôme que je pus trouver un emploi dans la fonction publique hospitalière. Nous étions en octobre 1997. Mon premier poste fut celui d'entretenir les locaux et les chambres et de distribuer les repas. J'étais ASHQ (agent de service hospitalier qualifié), mais je ne perdais pas de vue mon rêve : devenir aide-soignante. Par la voie de la formation professionnelle cette fois-ci, puisque mon père ne pouvait pas me payer cette nouvelle école.

Cela faisait déjà plus de cinq ans que je partageais mon quotidien avec ce jeune homme. Pendant toutes ces années passées à ses côtés et ceux de sa famille, j'avais appris de leurs valeurs, de leurs convictions, et à être plus sereine quand je pensais à mon avenir. Ils m'apportaient tout ce dont j'avais besoin. Je n'avais jamais vécu cela avec ma famille.

Les années passèrent, nos emplois étaient fixes. Il était grand temps de quitter le nid familial. Tout était prêt. J'avais pendant deux ans effectué ma dot, puisque je ne pouvais compter que sur moi. Lui avait mis de l'argent de côté pour l'achat du mobilier. Nos familles respectives ne pouvant pas nous aider financièrement, nous avions pris le temps de tout organiser pour nous installer. C'est ainsi que nous avons obtenu notre premier appartement, il était des plus ravissants. On ne manquait de rien. On avait l'impression que nous vivions là depuis toujours. J'étais fière d'avoir pu réaliser moi-même cette dot. Une nouvelle vie commençait pour nous deux. Notre indépendance venait de prendre place.

Un envol vers la concrétisation d'un rêve devenu réalité.

Quelques mois plus tard, il me confia que l'endroit où nous vivions ne lui convenait pas. Il s'était renseigné auprès de l'établissement où il travaillait et il s'avérait qu'il louait des petites maisons. Nous avons donc opté pour cette solution et avons déménagé.

Notre envie de concrétiser nos projets était de plus en plus présente : construire enfin quelque chose à nous en achetant une maison plus grande et créer notre propre famille. Nous avons donc commencé par consolider notre amour, en disant « oui » devant nos familles respectives et Monsieur le Maire. Nous étions le 20 avril 2001. Un an plus tard, nous renouvelions nos vœux devant le prêtre de notre paroisse et baptisions notre première fille. Cela nous avait laissé du temps pour tout organiser et mettre de côté l'argent nécessaire pour rendre ce jour exceptionnel dans nos cœurs.

Ensuite, nous nous sommes mis à la recherche de notre future maison. Nous avons sillonné tous les villages des environs pour la trouver. Nous avons vécu des moments extraordinaires pendant nos recherches. Nous étions très complices et heureux. C'est ainsi que nous avons à nouveau déménagé, pour cette fois nous installer définitivement dans un lieu bien à nous.

Notre seconde fille a vu le jour en septembre 2004 et notre fils en juin 2007 : notre famille était au grand complet.

C'est deux ans après la naissance de notre fils que ma soif de nouvelles connaissances reprit le dessus. Je mis donc tout en œuvre pour enfin arriver à mon but premier : devenir aide-soignante. C'est après trois tentatives de concours d'entrée à l'école d'aide-soignante que je pus rejoindre celle-ci en septembre 2009. Pour moi, c'était enfin l'accomplissement de mon rêve de petite fille. L'établissement où je travaillais depuis douze ans m'accordait le financement. Je savais donc que je n'avais pas le droit à l'erreur. Je pensais qu'il ne me financerait pas une seconde année si j'échouais. Je me suis mis une pression énorme pour réussir cette année d'études. Inconsciemment, je ne voulais pas décevoir mon employeur, ma famille, mais surtout moi-même.

Mon mari avait repris le flambeau de mon congé parental à temps partiel pour que je puisse me consacrer à mes études. Cette pression que je m'étais mise pour réussir était devenue insupportable pour mon entourage. La cause ? Ma façon de vouloir que tout soit parfait dans les moindres détails. Je voulais que ma famille ne manque de rien. Je voulais toujours tout gérer et contrôler au détriment de mon bien-être et de celui de ma famille. J'avais placé la barre trop haute. Malgré l'obtention de mes différents diplômes et ma réussite familiale, j'éprouvais ce besoin de reconnaissance. Je ne voulais surtout pas échouer ; j'avais trop de choses à me prouver. C'était ce que je ressentais à ce moment-là. J'avais toujours vécu dans l'ombre d'un grand frère plus âgé d'une année, pour qui l'école était si simple. Il avait effectué des études supérieures alors qu'il avait quitté le domicile de nos parents à l'âge de dix-sept ans pour être accueilli par la famille de sa petite amie, qui est devenue son épouse. Ce que j'avais retenu de mon frère, c'est qu'il parvenait à tout réussir sans le moindre effort. Je l'enviais beaucoup.

J'obtins ce nouveau diplôme en étant une fois de plus à la tête de ma promotion. J'en étais très fière au fond de moi, sauf que je ne savourais jamais ces moments de succès. De plus, j'étais toujours très mal à l'aise quand on me complimentait sur ma réussite. Pour moi, c'était grâce à mon travail acharné que j'atteignais mes objectifs, même si cela me conduisait jusqu'à l'épuisement.

En revenant dans mon établissement, on me demanda dans quel service j'aimerais parfaire mes nouvelles compétences. Sans aucune hésitation, je choisis le service d'addiction et de médecine polyvalente. Avec le recul que j'ai aujourd'hui, je comprends pourquoi j'ai pris cette spécialité. Pour la richesse des différentes pathologies qui allaient continuer à nourrir mes envies d'en apprendre toujours plus. Mais surtout, inconsciemment, pour comprendre l'addiction de mes parents et leurs maladies.

Voilà, finalement, comment je suis arrivée à avoir le métier dont j'avais rêvé depuis ma plus tendre enfance. Je ne suis pas infirmière certes, car quand je n'étais qu'une petite fille je ne savais pas qu'il existait d'autres métiers dans ce domaine, mais je suis dans mes bonnes fonctions et cela comble complètement mon chemin professionnel. Et je vais encore évoluer dans mon métier, car je n'ai pas perdu cette soif d'apprendre. Encore et toujours.

Cependant, il y a une chose qui avait changé pendant cette année d'études : c'était le regard de mon mari. La pression que je m'étais mise pendant tout ce temps d'apprentissage avait envahi notre couple. Il ne trouvait plus sa place. Les disputes étaient de plus en plus nombreuses. La communication était devenue, pour tous les deux, impossible. On ne se comprenait plus. Nous avons pourtant essayé de retrouver un équilibre dans notre couple, mais sans résultat.

Nous avons donc décidé de divorcer et de continuer notre vie sur des chemins différents. Nous étions en janvier 2014. Je reviendrai sur des passages de notre vie commune, pour vous exposer ma compréhension de ce que j'ai pu apprendre en prenant du recul.

Revenons maintenant à ma rencontre avec cette personne qui a bouleversé ma vie. Celle d'un personnage qui pour moi ne pouvait exister et qui pourtant m'a appris beaucoup sur moi-même.

Cet homme manipulateur, ce pervers narcissique et moi, une hypersensible et hyper-empathique.

Tout d'abord, j'étais complètement entrée dans cette relation amoureuse. Je m'étais engagée et m'efforçais de faire fonctionner notre couple. Tout cela naturellement en étant moi-même, en essayant de le comprendre.

J'étais bluffée par les petits papillons que je ressentais à chaque fois que je le voyais. Il avait compris la dépendance que j'avais envers lui. Il en joua. Et créa l'illusion de ce que moi je voulais, c'est-à-dire établir une relation stable avec tous les aléas que la vie pouvait mettre sur notre chemin. En fait, il voulait juste se servir de mon empathie et mon hypersensibilité pour assouvir ses besoins. Ceux d'un manipulateur, pervers narcissique. Je lui consacrais tout mon temps libre et lui puisait dans mon énergie et dans tout mon amour pour me contrôler. Je n'ai rien vu venir. Pour moi, il avait des soucis pour aimer à nouveau. Une estime et une confiance en lui très faibles. Rien d'autre. Je voulais l'aider à retrouver une certaine sérénité et à y croire.

Il me donnait d'ailleurs l'impression de le vouloir aussi et je trouvais qu'il faisait des efforts en ce sens.

J'ai donc commencé à dépendre de notre relation. Surtout de lui. À cette époque, il a utilisé un stratagème émotionnel en se présentant comme une victime dans toutes ses anciennes histoires sentimentales, qu'il me relatait. Moi, avec toute mon empathie, je lui ai donné encore plus d'attention et de compassion. Cela lui procurait encore plus de pouvoir sur moi. De mon côté, mon amour pour lui ne faisait que s'agrandir et je ne voyais en lui que ses côtés positifs. Je respectais qui il était et essayais de comprendre pourquoi il agissait de cette manière afin de pouvoir l'aider. Je voulais le sauver. C'était facile pour moi. J'avais toujours respecté la vie des gens qui m'entouraient sans jugement aucun.

J'ai ainsi continué notre relation en ne prêtant attention qu'à ses propres besoins, ne lui parlant des miens que très rarement, de peur qu'il ne veuille pas les entendre, encore moins les assouvir. Tout cela inconsciemment, bien sûr.

Au fil du temps, il m'avait rendue fragile, confuse, faible. Je me rendais compte que cette situation était de plus en plus malsaine. Il a fallu plusieurs ruptures et un geste ultime de sa part pour que je mette un terme à notre histoire. J'ai dû me faire violence pour ne plus lui céder. J'étais entrée dans une souffrance terrible. Je ne comprenais pas. Comment en étais-je arrivée à ce point de mal-être ? Je n'arrivais pas à sortir la tête de l'eau.

Ma dernière expérience, mais la plus fulgurante, fut celle de la maladie. C'est celle qui a tout déclenché en moi, celle qui m'a permis de me poser un instant, de réfléchir, de m'auto-analyser. Oui, cela peut surprendre, mais il est tout à fait possible de le faire. C'est une capacité que l'on sous-estime et qui pourtant est primordiale pour avancer dans notre existence.

J'avais remarqué que, depuis quelque temps, j'observais tout ce qui m'entourait avec beaucoup d'attention. Je regardais le monde avec des yeux d'enfant. Quelle fut ma surprise quand ma fille aînée me le fit constater. J'acquiesçai à sa remarque en lui disant que je le voyais autrement et que j'en appréciais toute la splendeur et l'immensité. C'était comme si j'avais retrouvé toute mon innocence. Je ressentais de la sérénité. Tout était simple, fluide et facile. Je n'avais jamais ressenti tout cela. Pour la première fois de ma vie, je ressentais ce sentiment de paix intérieure. La maladie venait d'ouvrir plusieurs portes en moi, sans savoir lesquelles dans un premier temps. Celles que j'ai pu mettre en mots à l'époque étaient celle de l'observation de tout ce qui m'entourait et celle de vivre le moment qui se présentait à moi sans me poser de question. C'est grâce à ces deux portes-là que j'ai pu prendre conscience que la vie était belle et précieuse.

Je vais donc-vous conter ici comment j'ai vécu le plus bel été qu'il m'ait été donné de vivre ; c'était l'été 2017.

<u>Mon amie, Jessica.</u>

Je vais déjà vous présenter une amie : Jessica. Elle est entrée dans ma vie en 2015. Au début de notre rencontre, c'était juste une connaissance avec qui j'avais passé plusieurs soirées et avec qui le feeling passait plutôt bien. En mars 2017, nous traversions toutes les deux la même expérience. Celle d'une séparation sentimentale douloureuse. Nous nous sommes donc rapprochées et confiées l'une à l'autre sans retenue dans nos émotions, nos sentiments, notre questionnement. En étant honnêtes et sans avoir peur de blesser l'autre dans notre raisonnement. Il y avait là une amitié grandissante, un échange, un partage, une écoute, une communication sincère et authentique. Sans jugement. Nous évoluions chacune à notre rythme, notre amitié était basée sur la confiance que nous avions su instaurer sans nous en rendre compte.

Nous avons vécu ensemble cet été si magique, celui qui marquerait à jamais notre évolution et notre esprit. Celui qui a scellé notre forte amitié. Peu importe où l'on était, ce que nous vivions au moment présent, nous apprenions toutes les deux à respecter nos désirs, nos envies d'être seules parfois, nos choix, mais surtout notre individualité. Je l'acceptai telle qu'elle était et elle m'accepta également telle que j'étais. Notre respect mutuel l'une envers l'autre n'était pas à prouver. Notre amitié était sans équivoque et nous aimions passer beaucoup de temps ensemble. Nous étions amies, mais également un pilier l'une pour l'autre.

Notre nouvelle devise était de ne plus rien attendre de personne. Quelle fut notre satisfaction de voir que cela fonctionnait. Cette devise faisait partie de nos réponses dans notre questionnement. Tout le monde le dit ou en entend parler, mais on ne trouve pas forcément le moyen de le mettre en pratique. Savez-vous pourquoi ? Juste parce que l'intention et l'énergie que l'on envoie dans nos attentes sont souvent limitées par nos propres limites et croyances. Nous l'avions compris grâce à notre différence. Jessica est de nature sûre d'elle ; quand elle entreprend quelque chose, elle vise la lune. Moi, j'étais plutôt l'inverse, je manquais de confiance en moi, je ne visais pas très haut dans ce que je voulais réellement. Je trouvais toujours une raison pour ne pas accéder à mes rêves. Et pourtant, chaque fois que j'avais voulu changer quelque chose dans ma vie, cela avait fonctionné. Sauf que je ne retenais que les mauvaises expériences de ma vie. J'avais donc tendance à me limiter, mais surtout à ne pas croire en moi. Quand nous avons toutes les deux échangé sur ce sujet, nous avons mis en évidence le pouvoir de l'intention et celui de l'énergie que l'on envoyait quand nous pensions à ce que nous voulions réaliser. Cela a transformé notre façon de penser pour concrétiser ce que l'on désirait. Cette différence nous a également permis de trouver un point commun. Celui où nous cherchions toujours à avoir une reconnaissance dans nos relations amoureuses, mais aussi dans nos relations professionnelles, amicales et familiales.

Après avoir effectué quelques recherches, il s'est révélé que nous étions « dépendantes affectives ». En prendre conscience allait nous permettre de travailler dessus. Nous avons donc conclu qu'il fallait tout de même continuer à être soi-même en gardant notre côté généreux et sincère sans rien attendre en retour. C'était déjà une partie de la clé de la libération de la dépendance affective. Nous avons compris que la reconnaissance commençait par soi-même. C'est ainsi qu'ont débuté également une nouvelle estime et une confiance en nous. Nous avions fait un grand pas, mais nous savions également qu'il y avait une partie de notre enfance à comprendre pour pouvoir obtenir cette clé dans son intégralité.

Mon ami saisonnier

J'avais fait la connaissance d'un homme. C'était l'un des amis de ma seconde relation, celle avec ce manipulateur, pervers narcissique, mais il ne me l'avait jamais présenté. J'entendais parler de lui, car ils partageaient ensemble des moments bien à eux. Ils se rendaient à des concerts ensemble et cela sans jamais me demander de venir, jusqu'au jour où nous avons prévu d'aller à un concert tous les trois. Au départ, ce concert était prévu avec une de mes amies. Après son désistement, j'ai donc proposé à mon petit ami d'inviter le sien pour nous y accompagner. Seulement voilà, entretemps j'avais pris la décision de le quitter. Je ne connaissais toujours pas cet homme et je devais me rendre à ce concert avec lui ! Une amie l'avait parmi ses connaissances. Je lui ai alors demandé de me le présenter avant l'arrivée de la date du concert, un mois avant. Nous avons tout de suite sympathisé et commencé une belle amitié. C'est ainsi que nous avons partagé ce bel été ensemble. Nous étions devenus inséparables, et en même temps quand nous n'étions pas ensemble, nous avions une sorte de lien énergétique qui faisait que, malgré l'absence, nous étions ensemble tout de même. C'était assez étrange, et en même temps réconfortant. Nous en sommes venus à nous confier des bouts de vie très intimes et à parler des relations qui nous avaient fait tant souffrir. Ce fut l'occasion de nous apercevoir que nous avions encore du chemin à faire pour vraiment oublier nos déceptions. Quand nous étions ensemble, le temps n'existait pas. Nous partagions tout ce qu'on pouvait vivre en un été, même les choses les plus simples comme ne rien faire et rester plantés devant un bon film ou commenter des émissions par sms. Cela nous faisait bien rire. On s'échangeait énormément de musiques par message, c'était à celui qui toucherait le cœur de l'autre dans l'écoute des paroles, sans oublier le fond mélodieux qui les accompagnait.

Il avait une voiture de sport qui ronronnait tellement fort que je l'entendais arriver de loin. On l'avait baptisée « la voiture petit pois » du fait de sa couleur vert pomme.

Un jour, il me posa une question qui me donna la réponse personnelle à celle que je me posais :

« Comment vois-tu ta prochaine relation amoureuse ? »

Je lui répondis :

« Comme nous, avec les sentiments et le sexe en plus. »

Il approuva ma réponse.

Tout était si simple entre nous. Une complicité, une écoute, une communication sans tabou, un humour partagé, des valeurs, des principes identiques et différents aussi mais complémentaires. J'avais l'impression d'avoir un jumeau, je l'appelais d'ailleurs « frérot » et lui « sœurette ». Je n'avais jamais vécu une telle relation amicale entre un homme et une femme. Mes autres amis remarquèrent également notre belle complicité et m'en firent part plus d'une fois.

Derrière cette remarque je sentais tout de même qu'ils pensaient qu'il se passait quelque chose entre nous. Chose qui n'était pas vraie. Notre amitié était bien réelle et cela nous suffisait. Nous pensions souvent les choses en même temps. Nous nous taquinions sans cesse et nous aimions passer du temps ensemble, il n'y avait aucune ambiguïté pour nous. Nous en avions parlé peu de temps après notre rencontre. Il y tenait car il avait un principe, celui de ne pas avoir de relation avec une ex-copine de ses amis. Ce principe me convenait bien, cela me permettait de ressentir une certaine sécurité intérieure.

Un soir, nous avons programmé avec plusieurs amis d'aller faire un tour jusqu'à Nancy, ville qui se situe à environ une petite heure de là où nous habitions. Juste pour nous faire une petite démonstration de son engin à quatre roues. Il a effectué une petite pointe à plus de 230 km/h sur une portion de route à quatre voies. C'étaient une vraie passion pour lui les voitures de sport, ainsi que la vitesse. Nous nous sommes rendus dans un fast-food que nous n'avions pas dans nos coins. Nous étions heureux, insouciants comme des enfants innocents vivant juste une expérience en la partageant. Nous étions enjoués et voulions profiter de tout ce qui pouvait se présenter à nous.

Cet été-là, nous avons aussi effectué avec huit autres amis un de mes rêves les plus fous : un saut en parachute !

Mon frérot nous accompagna pour passer la journée avec nous, même s'il ne prit pas part à cette folie.

Ma première opération pour mon carcinome était prévue le 1er septembre, aucune contrainte n'avait été retenue par mon médecin traitant, il m'a donc délivré le certificat médical dont j'avais besoin pour pouvoir sauter.

Nous sommes tous restés « sur notre nuage » pendant plusieurs jours. Nous avions sauté en binôme à plus de 4 000 mètres d'altitude. Autant vous dire que ça décoiffe ! Et quel bonheur d'avoir enfin pu le réaliser. Nous ne trouvions pas de mot pour décrire ce que nous ressentions, à part « c'était trop génial » !

Aujourd'hui, avec du recul, je peux vous dire que cela représentait pour moi un réel dépassement de moi. Je me suis souvent considérée comme quelqu'un d'incapable de réaliser des choses extraordinaires. Juste par peur. Peur de ne pas y arriver. Peur de montrer qui je suis réellement. Peur d'être tout simplement « moi » avec ce grain de folie qui anime mon cœur et mon âme. Peur qu'on me rejette, peur de ne pas être aimée pour qui je suis. Ce saut restera gravé en moi comme le premier pas vers quelque chose de plus grand, juste en ayant osé le faire, car cela vibrait en moi comme une évidence. C'était le premier pas vers la reconnaissance de mon être. Une part de moi qui se cachait pour ne pas être jugée. Une part juvénile qui avait besoin d'être reconnue pour vivre tout simplement ma joie et ressentir ce sentiment de bonheur. Une belle prise de conscience qui m'a permis de me dire « que tout est possible ! » quand on se donne les moyens de concrétiser nos rêves.

Un jour, nous sommes allés à Paris dans le plus grand parc d'attractions, celui qui en met « plein les yeux », ce qui nous fit retrouver notre âme d'enfant. Ce fut encore une chose faite sur un coup de tête, comme beaucoup de choses cet été-là.

Nous mangions au restaurant très souvent durant ce mois d'août. D'ailleurs le relevé de compte s'en souvient encore ; c'était assez comique de le lire et cela était devenu une petite touche humoristique entre nous. Lui, Jessica et moi étions très liés, presque comme des « inséparables ». On ne s'ennuyait jamais. Quand nous n'avions rien de prévu, nous nous posions et nous discutions sans porter de jugement l'un envers l'autre.

Je vais finir le paragraphe sur mon ami saisonnier en vous racontant une toute petite anecdote insignifiante au moment où cela se produisit, et qui pourtant aujourd'hui prend un tout autre sens. Vous le verrez dans un des prochains chapitres.

Je vous ai déjà dit que l'on s'envoyait des musiques par messages. Un jour il me fit découvrir un chanteur de rap. C'était un style de musique que je n'affectionnais pas du tout, mais là, je fus complètement transportée par ce chanteur. C'était Scylla. Il avait une voix grave et au travers de ses chansons, il parlait des expériences de la vie d'une façon atypique. Je me suis mise à écouter en boucle plusieurs de ses chansons, car elles arrivaient à mettre des mots sur mes émotions, mes sentiments, et me procuraient un certain bien-être. La musique a toujours été pour moi une façon de me détendre, de me libérer, de m'évader, et cela depuis mon plus jeune âge. J'adorais écouter de la musique avec mon père. Cela s'accentua quand il divorça de ma mère. Il passait des chansons toutes plus tristes les unes que les autres et je voyais toute la tristesse de mon père, jusqu'au jour où il rencontra ma belle-mère. Les chansons devinrent alors plus joyeuses, mais moi je ne me lassais pas d'écouter toutes ces musiques qu'il m'avait fait découvrir. J'ai eu d'ailleurs mon premier Walkman à dix ans et ma première mini-chaîne hifi à douze ans. Le disque compact venait de prendre sa place dans le monde de la musique et je passais mon temps libre à effectuer des enregistrements sur cassette de mes chansons préférées quand elles passaient à la radio.

Revenons sur mon ami saisonnier et Scylla. Un jour, nous étions en train d'échanger quelques ressentis sur les textes de Scylla lorsqu'il me lança :

« Tu n'as qu'à écrire une chanson toi et l'envoyer à Scylla !

— Non mais tu n'es pas bien dans ta tête ! Je ne sais même pas écrire !

— Pourtant tu en es capable… »

Ce jour-là, nous en avons ri et puis nous sommes passés à autre chose.

Quelques jours passèrent et l'envie d'écrire me démangea la main. Je gribouillai donc quelques lignes en fonction de mon état d'esprit du moment. C'était au mois d'août 2017.

Vous trouverez ce texte en annexe 1.

Je ne l'ai envoyé qu'à mes deux amis évidemment ; c'est-à-dire mon ami saisonnier et Jessica.

Il me fit une proposition : aller voir Scylla en concert. J'ai adhéré à cette idée tout de suite et il s'est chargé d'acheter les places. Le concert avait lieu fin octobre, mais notre amitié s'est éteinte avant la date de ce concert. Je lui ai donné ma place qu'il m'a remboursée pour ne rien me devoir, mais pour moi, ce n'était pas une question d'argent. Je perdais une fois de plus quelqu'un à qui je tenais vraiment.

Voilà pourquoi je l'ai appelé mon ami saisonnier. Il est passé dans ma vie le temps d'une saison.

Pour ma part, je venais de comprendre une fois de plus que je m'attachais « trop » rapidement aux gens. Notre amitié débuta par la programmation d'un concert et elle s'est également finie juste avant de se rendre à un autre concert. A priori nous n'étions plus de « concert » pour pouvoir partager à nouveau ce rendez-vous programmé.

Au cours de cet été 2017, Jessica et moi avons participé à une soirée dans les Vosges. Elle était organisée tous les ans par un groupe de personnes qui partagent une passion, celle de la moto.

Les motards qui le souhaitaient pouvaient s'inscrire. Ils partaient le matin et sillonnaient les routes des Vosges en suivant un circuit déterminé à l'avance. Le soir, un repas était prévu pour clôturer cette belle journée tous ensemble. Ces soirées-là sont toujours très festives et bien arrosées. Pour rendre sécurisant le retour de chacun, nous avions la possibilité de planter les sardines de nos toiles de tente dans le terrain des personnes organisant cette journée.

Pour moi, c'était la seconde année que j'y participais. J'y prenais beaucoup de plaisir et cela m'avait permis de rencontrer des merveilleuses personnes. De pouvoir les revoir et de partager un moment convivial rempli de bonne humeur, d'humour, et ce sans prise de tête. J'avais l'impression que le temps s'arrêtait un moment et que plus personne ne pensait à ses soucis quotidiens.

Nous avons rejoint des amis en début d'après-midi à Gérardmer. Eux étaient arrivés le matin. Ils voulaient profiter de cette occasion pour se balader le temps de la randonnée des motards. Nous avons pique-niqué, effectué une balade à pied pour aller visiter une petite cascade qui était un souvenir d'enfance d'une de mes amies. C'était un endroit magnifique !

La nature ruisselle d'endroits où elle nous fait vivre des moments précieux. Elle nous montre toute sa beauté quand nous prenons le temps de la regarder. Après être revenus de cette promenade, nous décidâmes tous ensemble de faire un tour de bateau sur le lac. Là aussi, ce fut l'occasion de profiter du paysage, accompagné d'une bonne partie de rigolade. Nous avons ensuite rejoint le groupe pour passer le restant du week-end tous ensemble et camper dans nos toiles de tente.

Pour Jessica, c'était sa première expérience de nuit en toile de tente. Aussi s'en souviendra-t-elle toute sa vie. Elle a détesté ça ! Mais pour le savoir, il a fallu qu'elle fasse sa propre expérience. Ayant tout pris au second degré, nous en gardons un très bon souvenir.

Le lendemain, la coutume était d'aller faire un tour au marché de la Bresse en moto ou en voiture (pour ceux qui n'ont pas le permis moto). Je ne sais pas par quelle lubie, j'ai demandé à des amis de me faire faire un tour en moto, car je n'en avais jamais eu l'occasion. C'est ainsi que Jessica et moi avons fait notre baptême de moto. Je suis montée derrière un ami qui avait une grande expérience de la conduite à deux roues. Ce fut donc avec une grande confiance en lui que j'ai effectué mon initiation.

Je me souviendrai toujours de ce jour où, encore une fois, je me laissai porter par le moment présent sans me poser de question et sans ressentir ce sentiment de peur de l'inconnu.

Il y a énormément de virages en montagne, pas vraiment d'endroit où doubler. Mon ami s'arrêta à un feu rouge et me demanda si j'étais prête à réellement avoir les sensations de la vitesse en moto. Sans réfléchir, je lui répondis « oui ».

Je me rappelle également l'éclat de rire de sa femme quand elle nous rejoignit à un autre feu rouge. J'avais un casque et des lunettes de motocross, des petits détails qui font la différence. La monture du bas des lunettes atterrissait sans cesse sur le milieu de mes yeux. Je n'avais que le choix de fermer les paupières pour pallier ce désagrément. J'essayais tant bien que mal de les remettre à leur place dès que nous avions un temps d'arrêt, mais rien n'y faisait. J'avais l'impression que le casque allait s'envoler. Ma dose d'adrénaline était au plus haut. Mais je m'en moquais, j'étais si bien.

Néanmoins, je ne vous cache pas que j'étais bien contente d'arriver à destination. Je fis le retour en voiture, mais je ne regrette pas d'en avoir fait enfin l'expérience.

Je vais arrêter de vous raconter tout ce que j'ai fait ce fameux été 2017, car il y a encore beaucoup de choses que nous avons faites, mais je vous ai dit l'essentiel. Le reste fut des visites d'endroits, des rencontres, des soirées, des concerts et des repas improvisés. Je ne calculais rien ; tout venait à moi et je décidais de le vivre au moment où cela se présentait. J'avais pris le temps de vivre, de partager, de donner, de recevoir ce que la vie m'offrait.

Il ne faut pas oublier que, pendant que je vivais ce côté très sympathique, je devais aussi composer avec les différents rendez-vous que la maladie m'imposait. C'était le début, je ne savais donc pas comment j'allais être mangée. Cela m'importait peu. Je me rendais à tous les examens les uns derrière les autres, acceptais tout ce que les médecins me préconisaient, remplissais des tas de papiers, profitais de ce moment de pause forcée pour essayer de vivre différemment.

Pour la première fois, je ne m'inquiétais pas de mon travail, car ma nouvelle cadre et mes nouvelles collègues m'avaient beaucoup soutenue le jour de l'annonce de ma maladie en ayant des paroles réconfortantes. C'est ainsi que je pus partir en congé maladie sereinement. Elles venaient toutes de m'offrir des cadeaux précieux. Ceux de l'écoute, de l'entraide, de la compassion, de la compréhension, du soutien, en trouvant les mots justes.

Une toute petite phrase, un mot peut parfois envoyer tellement d'émotions et déclencher un petit déclic qui vous permet de vous sentir mieux. À elles toutes, elles venaient de me faire comprendre qu'il était grand temps de prendre soin de moi.

La phrase qui m'a le plus touchée à cette époque fut celle de ma cadre :

« Ici c'est une grande famille, aussi bien professionnellement que personnellement, donc il est normal de vous soutenir dans cette épreuve. Filez et ne revenez que lorsque vous serez guérie. »

Cela ne faisait que cinq mois que je faisais partie de cette famille, elle avait su toucher une fois de plus un point sensible en moi. Quelques semaines auparavant, lors de ma première évaluation en tant que nouvelle aide-soignante dans son service, nous avions discuté de ma façon d'être. Un problème gênait certaines personnes de mon nouveau service : je parlais trop ! Avec cette phrase, j'avais reçu comme un petit coup de poignard dans le dos. Je voulais tellement bien faire et rester à ma place sans en faire trop que, finalement, je ne m'étais pas rendu compte que j'avais encore dépassé les limites afin que tout le monde pense du bien de moi et m'aime. Elle l'avait bien compris. Elle m'avait bien cernée, ma nouvelle cadre !

Un grand merci à elles toutes de m'avoir donné ce moment de plénitude qui s'est installé durablement en moi et m'a donné envie de le conserver.

Nous étions le 5 juillet 2017, je pris mes affaires dans mon vestiaire et rentrai chez moi le cœur lourd et léger à la fois. Ma fille aînée entrait en seconde. Il y avait son inscription à finir, mes propres rendez-vous à prendre et la maladie à accepter pour pouvoir continuer à mettre un pied devant l'autre.

En parlant avec mes différents amis, je me surpris à dire à plusieurs reprises :

« Je dois vivre ma vie, comme je vis mon cancer... »

C'est ainsi que je pris le temps d'assimiler cette phrase qui déclencha chez moi une autre façon de penser. Je m'étais rendu compte que mon mental se sentait apaisé malgré la maladie. Chose qui me paraissait étrange. Moi qui ruminais sans cesse et qui cherchais toujours des explications à tout. Moi qui suis une personne très pragmatique, une personne qui ne croit qu'en ce qu'elle voit. Cette fois-ci, c'était bien différent. C'était même plutôt le contraire. Je ne savais rien de ce qui allait se passer pendant la traversée de cette fichue maladie. Et je ne m'en souciais pas. Je n'avais pas de question qui me tourmentait. Je me laissais tout simplement vivre. Vivre le moment qui se présentait à moi. Mon esprit analytique reprit tout de même sa place. C'est ainsi que je fis quelques recherches sur internet.

J'y ai découvert un livre qui me donna quelques réponses. « Le pouvoir du moment présent » d'Eckhart Tolle. Pour quelqu'un de très pragmatique, j'avais dévoré ce livre en trois soirées seulement. De ce jour, avec des mots-clés que j'avais retenus dans le livre et ceux qui venaient de mon esprit, je ne me suis plus arrêtée de chercher ce qui me manquait pour compléter mes ressentis. Ce livre marqua le début de mon évolution spirituelle.

Chapitre 3

Trouver qui je suis

Dans les chapitres précédents, je vous ai parlé de mes rencontres et de mes expériences. Je vais tout au long de ce livre vous les détailler afin de vous montrer comment j'ai pu cicatriser mes blessures. Pour cela il a fallu m'armer de courage et de volonté, ne pas avoir peur d'enlever les pansements qui cachaient mes différentes plaies, pour pouvoir enfin les comprendre et trouver **« qui je suis »** vraiment.

Je vais souvent employer ces petits mots **« qui on est »** ou ce verbe **« trouver »**. Cela est volontaire, donc oubliez le fait que je me répète souvent ; cela fait juste partie de la bonne compréhension de ce qui va suivre.

Nous passons tous, à un moment donné de notre vie, par un côté obscur. Un côté qui nous a plongés dans une dépression, qu'elle soit minime ou profonde. Que ce soit par le biais d'une rupture sentimentale, d'une maladie, d'un accident plus ou moins grave, d'un Burn out ou encore par le décès d'une personne chère.

Avons-nous pris le temps de réfléchir au « **comment** » en suis-je arrivé là ?

Ou nous sommes-nous seulement concentrés sur le **pourquoi** ? Pourquoi moi ? Pourquoi lui/elle ? C'est ce mot « **pourquoi** » qui nous fait rester dans la douleur et engendre une souffrance interminable.

Nous laissons également le temps panser nos blessures. À la fois, c'est une notion que l'on a apprise de nos parents ou de toute autre personne proche de nous. « Tu iras mieux dans quelque temps ! Le temps fera son affaire... » Hélas, c'est ce qui met un terme à toute discussion. Plus d'échange possible afin de nous guider vers la guérison. Juste avec cette seule phrase, nous n'osons plus revenir sur le sujet qui nous a fait tant de mal. ... Nous restons donc avec cette blessure enterrée par le temps avec un joli cataplasme pour la colmater.

Le temps doit être un outil pour respecter le rythme de chacun et non pas pour cacher ce que l'on ressent. Sinon tôt ou tard, le jour viendra où cette blessure refera surface.

Souvent, on me disait :

« Pose-toi les bonnes questions ». (Faut-il encore savoir ce que veut dire « bonnes questions !»)

Chose que je pensais faire, sauf que non, je me posais celles qui me faisaient souffrir, celles qui commençaient par **POURQUOI**.

Reprenons maintenant sur « les rencontres ». Chaque personne qui entre dans notre vie nous apporte une part de nous-mêmes. Il faut donc savoir que dans toutes nos relations, nous pouvons bien souvent voir **qui nous sommes.** En poussant plus loin dans la démarche, elles nous permettent de pointer la part de nous qui demande à être ajustée. Chaque personne nous aide donc à développer ce qui doit l'être pour nous rapprocher encore un peu plus de notre Être. Celui qui demande à sortir au plus profond de nous. Celui que nous avons bien trop souvent écrasé de peur d'être rejetés ou abandonnés. En fonction des épreuves que l'on traverse, cela peut être un apport pour nous aider sur le plan physique, émotionnel, sentimental, familial, professionnel ou spirituel.

Ce que l'on doit réaliser et comprendre, c'est que ces personnes sont là pour un temps déterminé ou pour toute la vie. Elles nous aident à grandir, à nous forger, pour que chacun d'entre nous devienne un maître pour l'autre, c'est-à-dire que nous sommes tous des professeurs pour nous faire évoluer.

Ce partage de connaissances renforce l'estime et la confiance en soi. Cela nous permet d'acquérir une plus grande sagesse intérieure et de trouver **« qui nous sommes »** vraiment.

Lorsqu'un trait de caractère nous gêne chez une personne que l'on côtoie, c'est qu'il y a en nous ce même côté que l'on n'accepte pas ou que l'on voudrait avoir. Les rencontres peuvent aussi nous servir à mettre en avant nos qualités et nos défauts. Elles nous éclairent sur notre personnalité profonde pour mieux nous connaître.

Les **« rencontres »** combinées avec **« les expériences »** que l'on vit nous enrichissent. Pour que cela devienne possible, il faut laisser la place à la compassion.

La compassion pour l'autre, mais aussi pour nous-mêmes. Ne pas entrer dans le jugement pur et dur, que ce soit pour nous ou pour la personne rencontrée. Pour cela il faut être capable de regarder la situation en se mettant à la place de l'autre et de s'auto-analyser en n'ayant pas peur de ce que l'on peut découvrir.

Oser poser nos souffrances nous permet de nous en détacher afin qu'elles ne pèsent plus sur nos épaules. Si nous n'essayons pas de le faire, les sacs à dos que l'on remplit de pierres depuis des années deviennent de plus en plus lourds à porter et nous finissons par nous perdre.

C'est comme marcher dans des sables mouvants. Nous avons plus de chances de les traverser si nous sommes légers, alors que si nous les traversons avec trop de sacs remplis de pierres, il sera difficile, voire impossible de nous en sortir.

Pour ce qui nous fait souffrir, c'est pareil. Comprendre le **« comment j'en suis arrivé là »** nous permet de faire de la place dans notre esprit et ainsi laisser notre tête se remplir des joies de la vie et non pas de la souffrance.

Nous n'oublierons pas ce qui nous a fait souffrir, bien au contraire. Quand une situation semblable se représentera, nous nous souviendrons que cela nous a fait mal et ce souvenir nous évitera de reproduire le même schéma, ce qui est plutôt positif.

J'ai commencé à voir le monde différemment dès l'acceptation de ma maladie. Il fut très rapide ce moment où j'ai dû accepter cette nouvelle épreuve. Je vous en ai déjà exposé une partie, mais je vais refaire un petit tour dessus pour que vous compreniez bien mon cheminement.

Je me souviens à peine avoir versé quelques larmes. C'était le jour de l'annonce. Je travaillais dans l'hôpital où je venais d'effectuer ma mammographie. Je suis montée dans mon service et j'ai annoncé la nouvelle à une collègue de longue date qui rangeait la pharmacie. Ce n'était pas n'importe laquelle, je la connaissais depuis le début de mon entrée dans la fonction publique, en octobre 1997 pour être précise. Nous avions déjà travaillé ensemble dans le service de médecine 3 (addictions et médecine polyvalente). Mon parcours de l'époque consistait à aller dans tous les services, c'est ce qu'on appelait le pool de remplacement.

Un jour, on me proposa un poste fixe dans le service de stérilisation, que j'ai accepté. Nous nous sommes donc perdues de vue un moment. Quand j'ai obtenu mon diplôme d'aide-soignante, rappelez-vous, j'avais choisi de parfaire mes nouvelles compétences dans le service des addictions et médecine polyvalente. Ma collègue était toujours là. Il s'était passé treize années. C'est ainsi que j'ai pu la retrouver. Nous étions en 2010.

Quelques années passèrent et huit ans plus tard, nous étions toutes les deux saturées par notre travail de nuit et les conditions dans lesquelles on nous demandait de travailler. Cela empiétait même sur notre vie personnelle. Nous n'arrivions plus à séparer les deux. Elles se fondaient l'une dans l'autre à cause du mal-être que nous ressentions. C'est à ce moment précis que nous avons pris conscience que nous devions changer de service. Son mal-être était de plus en plus fort. Depuis le début de sa carrière, elle avait quasiment toujours travaillé dans ce service. Moi, j'étais déterminée à changer. Cela faisait un moment que cela trottait dans ma tête. J'ai donc commencé à chercher un autre service. Une annonce apparut pour travailler au bloc opératoire, j'ai donc postulé. Après avoir effectué une mini période d'essai, je l'acceptai. J'attendais avec impatience que l'on me donne une date d'affectation. Pendant ce temps, je continuais à travailler avec ma collègue et notre motivation continuait de décroître. Il lui arrivait de plus en plus souvent de pleurer. Ses larmes étaient la soupape de son malaise et je lui en fis part, essayant de la rassurer, lui disant qu'elle était une très bonne infirmière. Il ne fallait pas qu'elle doute de ses capacités professionnelles. Le changement lui faisait peur. Je finis par la convaincre de postuler ailleurs.

Nous avons passé un chouette moment toutes les deux. Pour le poste qu'elle visait, elle se mit à faire des fiches pour mettre à jour ses connaissances et me demanda de la faire réviser. Ce fut avec un grand plaisir que je l'aidais. Elle m'avait déjà tant appris professionnellement pendant ces huit années de nuit passées ensemble. Elle me donnait encore la possibilité de le faire à travers sa demande. Cela comblait un de mes besoins, celui d'apprendre. Elle venait de m'offrir un cadeau ! Elle fut à la hauteur le jour de son entretien et quitta le service de médecine avant moi.

En effet, le poste pour lequel j'avais postulé n'était plus d'actualité. L'administration en avait décidé ainsi. Je n'ai jamais su le fin mot de l'histoire, malgré ma demande. Je devais à nouveau refaire des recherches. Quand tout à coup, une nouvelle bourse à l'emploi apparut. Il y avait un poste intéressant, sauf que c'était le même service que ma collègue venait d'intégrer. Je sentais bien la question arriver ! Je pris tout de même l'opportunité de postuler. C'est ainsi que j'ai pu changer et retrouver ma collègue, à nouveau.

Nous avions fait un grand pas toutes les deux. Nous avions décidé de quitter ce qui ne nous convenait plus. Pour faire cela, il a fallu qu'on arrive « au bout du bout » de nos limites.

Je me rappellerai toujours le regard de ma collègue quand je lui ai annoncé mon cancer. Elle essaya avec d'autres collègues de me rassurer, mais ce que le médecin venait de me dire sans prendre de gants, il fallait « l'avaler » et je devais faire face.

Quelques jours plus tard, je me sentis assez forte pour affronter tout ce qui m'attendait. Depuis ce jour, je ne me suis jamais arrêtée de me battre jusqu'à la guérison, et ce sans forcément m'en rendre compte, pas après pas ; c'est ce qui est formidable. Je regardais tout ce qui m'entourait avec des yeux d'enfant comme je vous l'ai déjà expliqué auparavant, mais c'était surtout avec toute l'innocence qu'un enfant peut avoir dans son regard, son esprit, et c'est à cet instant précis que j'ai commencé à vivre le moment présent.

Il a fallu que je tombe malade pour ouvrir les yeux sur le monde qui m'entourait. Ce qui m'a permis de le faire, c'est d'avoir eu cette capacité à « me poser réellement » en acceptant mon congé longue maladie. Je ne voulais pas me morfondre sur mon sort. Cette capacité s'appelle le **« lâcher-prise »**.

C'est une force extraordinaire que nous ne mettons pas suffisamment en valeur. On préfère utiliser la souffrance pour nous plaindre, nous faire plaindre, attirer l'attention sur nous. Pour trouver du réconfort. Des piliers sur lesquels nous appuyer. Mais ne vaudrait-il pas mieux trouver notre propre pilier intérieur ? N'est-il pas plus solide que de compter sur celui des autres ? Accepter du soutien, oui, sans aucune hésitation. Mais sans jouer les victimes pour attirer l'attention sur nous afin de sentir que nous existons. On pense très peu à ces personnes qui sont toujours là pour nous tendre la main. N'est-ce pas égoïste ou égocentrique ? Je vous le demande. Elles finissent elles aussi par s'épuiser, car elles ont peur de dire « STOP, ne me raconte plus », « stop, ne me demande plus de t'aider ». Cela est valable dans tous les registres, physique, moral, et même pécuniaire...

Ce qui est essentiel dans ce que je viens d'expliquer, c'est qu'il est important de prendre un moment pour faire **« une pause »**. S'arrêter un instant sur toutes nos différentes expériences vécues pour trouver ce qu'elles ont pu nous apporter réellement, sans se focaliser uniquement sur la souffrance qu'elles ont engendrée. Ne considérer que cette souffrance nous fait tourner en rond, nous fait entrer dans un cercle vicieux. D'ailleurs en y pensant, les réponses ne sont-elles pas toujours les mêmes ? Les différentes expériences ne se ressemblent pas quand on les vit et pourtant le résultat, lui, est identique.

Cela ne vous interpelle pas ? Bien sûr que si. Sauf que vous comme moi ne voyons que la souffrance qu'il en résulte. La peur du changement nous retient dans ce cercle vicieux. Une fois que l'on prend le temps de réfléchir aux différentes questions qui nous font peur et que l'on trouve des solutions, la peur devient moins grande, voire même inexistante. On saute le pas pour changer ce qui ne nous convient plus. C'est alors le premier pas vers ce que l'on appelle prendre ses responsabilités. C'est pour cela que j'ai pris le temps de vous raconter plus en détail le passage de ma collègue et moi-même. Quelle expérience magnifique que de se rendre compte que nous avons su dire « stop ! cela ne me convient plus ». Il est temps pour moi d'ouvrir la porte du changement sans avoir peur.

Pour trouver **« qui on est »**, il est intéressant de se pencher sur nos valeurs et nos besoins.

Pour ma part, c'est ma seconde relation et l'arrivée de la maladie qui m'ont permis de le faire. Ce furent les deux plus grosses expériences de ma vie qui m'ont fait ouvrir les yeux. Le fait d'être en arrêt maladie a accentué ma prise de conscience. Au début, c'était plutôt chaotique. J'avais l'impression de ne pas être seule dans ma tête et ça, je l'avais constaté même pendant ma relation avec ce manipulateur, pervers narcissique. Il m'avait tellement retourné le cerveau que je n'étais plus capable de penser en étant cohérente et en cohésion avec mon corps, mon cœur et mon esprit, ils étaient tous les trois en désaccord.

La cohérence est le fait de penser avec logique en n'ayant aucune pensée contradictoire, ce que l'on pense est léger et harmonieux.

La cohésion[2] *est la propriété d'un ensemble dont toutes les parties sont solidaires, en lien les unes avec les autres.*

---

2 www.larousse.fr

Ici nous parlerons de cohésion avec notre corps, notre esprit, sans oublier notre cœur.

Je m'explique : j'étais devenue incapable de prendre des décisions. Ma raison disait **« non »** et mon cœur disait **« oui »**. Mes pensées étaient contradictoires. Des questions à n'en plus finir se bousculaient dans ma tête. Mon cerveau était en action permanente. Je dormais deux heures par nuit, je ressassais sans cesse ma souffrance. Il avait suscité en moi un immense déséquilibre psychologique et physique. Sur le plan physique, je n'arrivais plus à manger. J'avais des nausées constamment. Le peu de nourriture que j'avalais ressortait. J'ai donc perdu quatorze kilos. Comme je dis maintenant, il a créé en moi un raz-de-marée, un tsunami. J'étais dévastée.

J'espère que les mots cohérence et cohésion sont plus clairs maintenant pour vous.

C'est d'ailleurs en parlant à une amie de tous mes maux et de ce que j'avais découvert sur lui qu'elle me prêta mon tout premier livre sur le sujet. **« Les manipulateurs sont parmi nous »**. Ce livre confirma mes pensées, je n'étais malheureusement pas sortie d'affaire.

Dans le nouveau service où je travaillais, une collègue attira mon attention et je pense que j'ai dû attirer la sienne. Elle avait vécu aussi une relation avec un pervers narcissique. Elle me posa une question toute simple, si j'avais quelqu'un dans ma vie. Ma réponse l'avait surprise, mais pour la première fois, je disais haut et fort que ma dernière relation était avec un manipulateur, pervers narcissique. Elle me répondit : « ma pauvre, je comprends très bien », et de là, nous en parlions un peu dès que nous n'étions que toutes les deux.

Elle me proposa de me prêter des livres sur ce sujet. J'ai accepté sans aucune hésitation.

Une fois les livres chez moi, je les laissai dans un coin. Je voyais tous les jours le sac dans lequel elle les avait mis. Mais je n'avais pas encore le courage de les ouvrir. Je détestais lire, qui plus est sur un sujet qui était encore très dur pour moi à accepter. Dur d'accepter d'avoir été naïve, leurrée, manipulée. Dur de se rendre compte que l'homme que j'avais tant aimé était un manipulateur, pervers narcissique. Dur d'accepter de ne pas avoir compris plus tôt qui il était. Dur de remettre en question cet amour pour lui. Dur de me remettre en question et de me regarder en face. Je fuyais, en vérité, pour ne pas voir où était ma part de responsabilité dans cette histoire d'amour. Peur des réponses que je pourrais bien y trouver. Celles qui allaient m'envoyer tout droit dans les côtés les plus sombres, les plus obscurs de ma personne.

Être chaque jour à la maison à cause de la maladie n'a pas toujours été facile. Quand mes amis repartaient et que mes enfants étaient chez leur père, je m'ennuyais. La solitude prenait une autre dimension sans m'en rendre compte. Au fil du temps, j'appréciais ces moments seule. Et puis un jour, j'ai pris mon courage à deux mains pour regarder les différents livres et j'ai lu. Je les ai dévorés ces livres. Cela m'a permis de comprendre pourquoi il était ainsi et pourquoi, moi, j'avais pu attirer un tel personnage dans ma vie. Cela m'a amenée à me poser une question très importante.

« Qui suis-je ? »

En rangeant le dernier livre lu, je suis tombée sur un autre dont le titre était **« Je suis comme je suis »** d'Isabelle Nazare-Aga. Quelle ne fut pas ma surprise en constatant que j'étais en train de retrouver un équilibre psychologique, puisque j'avais été capable de me poser cette question et que je savais que celle-ci faisait partie des bonnes questions. Je le sentais au fond de moi. C'était le début de quelque chose de nouveau. Je ne savais pas quoi. En attendant, cela me rendait moins triste.

Ce livre me donna encore plus de réponses sur moi-même et j'avançai tranquillement. Je vous invite à le lire, car il peut vraiment vous aider sur la quête **« de trouver qui vous êtes »**.

C'est grâce à ce livre que j'ai pu comprendre certaines de mes valeurs et contre-valeurs. Je vais maintenant vous expliquer ce que j'ai pu en retenir.

Le temps était venu de me poser les bonnes questions. Celles qui allaient me permettre d'y voir plus clair. Celles sur mon passé lourd à porter. Celles qui allaient me faire avancer. Je n'avais plus peur d'aller fouiller dans mes côtés obscurs.

Depuis bien trop d'années, je ne me posais que celles qui me faisaient tourner en rond, rester dans ce cercle vicieux. D'ailleurs, les réponses que j'y trouvais ne m'apportaient rien de plus, sauf rester dans cette souffrance. Mon mental était envahi, parasité depuis bien trop longtemps. Il était temps de déposer mes souffrances, qui prenaient toute la place dans mon esprit. Maintenant, je voulais trouver les questions qui me guideraient vers la sortie de la souffrance pour atteindre cette voie que tout le monde recherche inconsciemment, celle du bonheur. Il était temps pour moi de me permettre d'être heureuse en allant à la rencontre de mes tourments. Je savais et ressentais que le parcours dans lequel je m'engageais n'allait pas être de tout repos. Et pourtant, au plus profond de mon cœur, je sentais que c'était le bon moment pour le faire.

C'est ainsi que j'ai commencé à travailler sur mon manque de confiance et d'estime de moi. J'ai mis mes valeurs sur une feuille, et ensuite je les ai numérotées par ordre de priorité pour moi. J'ai pu, ensuite, faire une liste de mes besoins. Les mettre en évidence. Cela m'a donné des objectifs à atteindre. En prenant une réelle conscience de ce qui était important pour MOI, j'ai pu continuer sur ce chemin qui allait me conduire à la guérison physique et psychologique de mon être. Le voyage s'annonçait long et fastidieux, et en même temps je ne voulais pas lâcher ce bout de ficelle que je venais d'attraper. Mon envie de vivre est devenue à ce moment-là plus forte que la souffrance que j'avais trop souvent ressentie. Il était temps pour moi de détricoter cette boule de souffrance qui était pêle-mêle dans ma tête.

Il est vrai que c'est une période inconfortable de se remettre en question, mais une fois les réponses trouvées, cela procure un bien-être, une sensation de légèreté. Un apaisement de tout notre être.

Pour y arriver, déposer ses craintes est essentiel. Cela va nous conduire tout droit sur le chemin qui est le nôtre. Se retourner sur chaque expérience douloureuse encore présente au fond de nous, les mettre au grand jour avec des mots précis apporte du sens à notre esprit pour ensuite donner un sens à notre vie. C'est ce qui permet de sortir de cette souffrance. C'est déjà une grande étape. Ensuite, il est intéressant d'aller y chercher son contraire. Il nous orientera sur ce que l'on doit transformer en nous. C'est comme ça que j'ai pu trouver le côté positif de ma personne et de mes différentes expériences. J'appelle ceci **« le Processus inversé ».**

Exemple : si je suis une personne qui est souvent frustrée, l'inverse est : comblé/satisfait.

Comment puis-je être comblé /satisfait ?

Un autre : si je suis quelqu'un d'altruiste et pourtant je me sens seul et non reconnu. L'inverse, c'est la reconnaissance et savoir penser à soi. (Grosse partie, cela englobe plusieurs parties de nous.)

Comment je me comporte pour obtenir de la reconnaissance ? Est-ce que je fais les choses pour me sentir utile et rendre service avec cette qualité qui est l'altruisme ? Ou je les fais pour chercher cette reconnaissance à travers ceux qui m'entourent ?

Est-ce bien pour les autres que je le fais ou pour moi-même ?

Comment puis-je trouver cette reconnaissance que je cherche ?

Comment suis-je réellement ? Comment je réagis à telle ou telle situation ?

Quels sont mes qualités et mes défauts ?

Où j'en suis au niveau de ma confiance en moi, l'estime de moi ?

Voilà le style de questionnement que je me suis posé et qui m'a permis de sortir de ma zone de confort. Pour ce faire, j'ai dû accepter les réponses qui allaient avec, car cela a mis mon ego à rude épreuve plus d'une fois.

Ceux-ci ne sont que des exemples, mais qui nous permettent déjà de mieux nous comprendre. Je vous invite à vous poser ce genre de questions pour enfin vous libérer de certaines croyances, celles qui nous limitent dans notre champ d'action et de réflexion. En commençant par changer notre façon de nous questionner, cela nous apporte les bonnes réponses. La souffrance et le mal-être diminueront pour laisser la place au bien-être et retrouver la joie de vivre. Une autre clé est indispensable pour ressentir ce bien-être : **c'est le lâcher-prise.**

Qu'est-ce que **« le lâcher-prise »** ?

Le lâcher-prise est d'arrêter de vouloir tout diriger et contrôler autour de nous. Nos collègues, nos enfants, notre famille, nos amis, nos partenaires, mais surtout notre vie ; beaucoup d'entre nous ont besoin de toujours tout diriger et contrôler pour se rassurer, se sentir en sécurité, mais c'est épuisant moralement et physiquement. Nous sommes exigeants avec ceux qui nous entourent et avec nous-mêmes, cela au détriment de notre bien-être et de celui des personnes qui nous entourent au quotidien. On leur **« bouffe la vie »**. La nôtre également.

On n'accepte pas nos limites et on perçoit **« le lâcher-prise »** comme un renoncement, ce qui nous fait penser que cela est une faiblesse. Bien au contraire, il va nous permettre de progresser, de nous libérer, d'avancer sans ce poids immense qui pèse sur nos épaules et notre dos. Il va surtout nous permettre de voir et penser différemment.

C'est un travail de titan mais tellement enrichissant. Si nous vivons mal certaines situations, relations, c'est qu'il y a quelque chose à y découvrir. Alors bien souvent, il faut faire le lien avec notre enfance, et cela est valable dans tous les domaines de la vie.

« **Le lâcher-prise** » est le début d'une vraie évolution de notre personne pour trouver « **qui on est** ».

« **Le lâcher-prise** » **est également le détachement de nos différentes expériences vécues.**

Nous avons tous les capacités physiques ou morales pour lâcher prise. Ce sont celles qui nous tirent vers le haut. Les plus compliquées à trouver sont celles qui sont abstraites, car on ne peut pas les voir de nos propres yeux ou encore les toucher. Elles touchent notre côté psychologique et sensoriel et, de ce fait, elles nous entraînent vers un sentiment d'inconfort et d'instabilité. Pour une période seulement, juste le temps de la compréhension et l'intégration de « **ce qui nous dérange pour trouver qui nous sommes** ». C'est là que s'opèrent les transformations. Ce qui nous dérange se transforme en force motrice pour continuer à aller à la rencontre de qui nous sommes réellement.

Faites confiance en vos ressources humaines, elles sont immenses, il faut juste savoir comment les déceler, les dénicher pour ensuite les développer et les intégrer.

Je voudrais aussi vous rassurer, il n'y a pas de temps imparti, avancer avec précaution et à votre rythme, c'est très important aussi. Le temps est un facteur à ne pas sous-estimer.

Je voudrais revenir sur nos valeurs et nos principes. Ce sont deux choses bien différentes. D'un point de vue personnel ou selon les critères de la société, **nos valeurs** sont données comme un idéal à atteindre ou comme quelque chose à défendre.

<u>**Exemples de valeurs :**</u> la « sécurité matérielle » ou la valeur de « la justice ». Il en existe beaucoup d'autres. Si vous avez envie d'en savoir plus, allez chercher dans le livre d'Isabelle Nazare-Aga précité. Cela vous aidera à comprendre les vôtres.

Nos valeurs évoluent au fur et mesure que nous avançons dans notre vie. Elles n'ont plus la même hiérarchie. Il est donc important de savoir les reconnaître, de les accueillir et d'accepter que nos valeurs ne soient plus les mêmes qu'auparavant. Une fois de plus, il est intéressant de se poser et de réfléchir sur nos valeurs. Se demander quelles étaient nos priorités avant et pendant notre expérience vécue et si elles sont toujours d'actualité dans ce que nous sommes en train de vivre.

Les principes sont une manière d'agir en fonction de notre prise de position morale.

Autrement dit, nous définissons nos actes suivant l'importance que nous accordons à nos règles de conduite.

Les personnes changent en fonction de leur vécu, les mentalités changent, la société et le monde changent. Une chose est sûre, c'est qu'il nous appartient de nous recentrer sur ce que l'on veut et de ne pas perdre nos objectifs de vue pour aller de l'avant et évoluer en toute conscience.

Si je reprends mon mariage, j'étais très jeune quand j'ai fait la connaissance de mon mari, quinze ans tout juste fêtés. Je vivais dans une famille dysfonctionnelle, très perturbée. Mon père et ma belle-mère étaient tous deux avec des conduites addictives. Et de l'autre côté, une mère étiquetée bipolaire et dépressive qui avait choisi de vivre sa vie sans se préoccuper de mon grand frère et de moi-même, et qui dénigrait mon père avec une telle colère et haine. Comment pouvais-je grandir dans ce monde dépourvu de stabilité ? Comment pouvais-je m'épanouir dans une famille où seules les disputes régnaient ? Il n'y avait aucune limite. Ce n'étaient que conflits sur conflits, avec pour sujets l'argent et la jalousie.

Comment trouver mon équilibre dans tout ce chaos ? Ils m'ont donné beaucoup de responsabilités pour mon jeune âge. Ce qui est incroyable, c'est que je m'en sortais plutôt bien, école, maison, famille, repas, courses. J'allais même payer les factures lorsque les lettres de relance s'amoncelaient. Je n'avais que treize ans et je ne sais pas comment j'ai pu puiser autant d'énergie en moi. Ma mère avait su, malgré tous ses soucis, nous rendre mon frère et moi autonomes dès l'âge de six ans, de par son travail en horaires décalés avec les nôtres et sa maniaquerie sur le ménage. Je lui ai emboîté le pas. Je devins moi aussi une fée du logis. Tout devait être parfait. C'était son exigence. Et je ne souhaitais pas subir ses foudres. Si cela ne lui convenait pas, elle prenait le premier objet à portée de main pour me battre. Je suis moi-même devenue maniaque.

Cela m'a servi pour aider mon père, mes frères et sœurs, mais m'a détruite à petit feu dans mon mariage. À tel point que cela a bouffé l'existence de mon mari, de mes enfants ; je le savais, mais c'était plus fort que moi. Tout devait être parfait. En apparence. La vie à la maison était bien différente.

Je m'investissais dans tout à fond pour qu'aucun reproche ne me soit fait, je voulais être parfaite ! Je voulais qu'on soit fier de moi et de ce que j'étais devenue et, bien sûr, qu'on m'aime.

Si j'ai su trouver un équilibre à l'époque, c'est grâce à la famille de mon mari, que je vous ai déjà présentée au début de ce livre. Ils m'ont apporté tellement de valeurs et de principes. Tellement d'amour dans tous les sens qui puissent exister. L'amour de la famille, l'amour de notre partenaire, de nos enfants, l'amour des choses toutes simples, l'amour de se faire plaisir, l'amour de notre personne, l'amour de la croyance, que ce soit dans la foi de Dieu pour ma belle-mère, mais aussi en soi pour le côté de mon beau-père. J'étais quelqu'un de très cartésien à l'époque et cela ne posait pas de souci à mes beaux-parents. Leur couple à eux était aussi basé sur leurs propres fondamentaux, leurs racines. Ma belle-mère et sa famille proche sont chrétiens et respectent la religion à leur façon, et mon beau-père et leurs deux fils sont athées.

Avant notre divorce en 2014, nous nous étions séparés une première fois pendant une année, c'était en 2012. J'avais très mal vécu cette situation. Mon monde parfait venait de s'écrouler et je ne comprenais pas pourquoi. Moi qui avais toujours tout fait pour que tout soit si parfait. C'est avec le recul que j'ai aujourd'hui que j'ai compris beaucoup de choses.

À l'époque, je m'étais contentée de refaire surface, de remonter la pente et de laisser le temps panser mes blessures. Je n'avais pas été capable de lâcher prise complètement. Oui, j'avais compris que je devais penser un peu plus à moi, être moins parfaite, car personne ne l'est. Le monde non plus d'ailleurs. Il n'y a qu'à regarder autour de nous pour nous apercevoir que les arbres sont tous différents, que d'une année sur l'autre les plantes ne fleurissent pas de la même manière. Nos enfants sont-ils identiques d'une grossesse à l'autre ? Cela veut bien dire que nous sommes tous uniques. C'est notre façon de penser et d'être qui peut nous faire croire que nous sommes comme un tel ou une telle. Nos valeurs, nos principes nous rapprochent, mais il ne faut pas oublier de rester **« qui on est »** pour ne pas se perdre et perdre notre propre identité. Là, pour le coup, mon mari avait certainement perdu la sienne. À cause de moi et de ma perfection. Quant à moi, je n'étais pas la personne que je devais être. J'avais créé ma vie en fonction de ce que je ne voulais pas, c'est-à-dire être comme mes parents.

Je n'avais pas non plus à l'époque la capacité d'analyser et de mettre en lien mes soucis et mon enfance. C'était du passé et je ne voulais pas me dire que cela me poursuivait dans mon quotidien, dans mes relations amicales, dans mon travail, dans ma façon d'être avec mes enfants et ma famille, et bien entendu dans mes relations sentimentales.

D'ailleurs, je me voilais tellement la face et me suis tellement accrochée à notre histoire que nous nous sommes remis ensemble pendant dix-huit mois (jusqu'en janvier 2014), pour finalement divorcer. Nous étions enfin d'accord sur l'issue de notre mariage et nous nous sommes quittés cette fois en faisant les choses dans les règles. Avocat, notaire, communication parfois difficile, mais qui aujourd'hui nous a servi à rester en bon termes, pour nous-mêmes et pas seulement pour nos trois enfants. J'avais accepté tout simplement que nous n'étions plus sur la même longueur d'onde, j'avais accepté notre rupture, nos différences et nos envies d'être enfin heureux. Je suis donc partie trois mois après avoir pris la décision de nous séparer, le temps de trouver un endroit pour mes enfants et moi. Il voulait la garde alternée et donc cela impliquait qu'ils ne changent pas d'école, le divorce était déjà bien compliqué pour eux, nous voulions que cela se passe le mieux possible pour l'amour de nos enfants.

Pendant ces trois mois, nous avions convenu d'un petit planning pour que nous puissions sortir sans que cela pose de souci pour nos enfants. Aucun de nous deux ne posait de question sur les activités de l'autre.

C'est ainsi que je fis une nouvelle connaissance, une jeune dame, vendeuse dans un magasin de meubles, literie et accessoires de toutes sortes. Je venais pour acheter des matelas pour mon futur appartement. Son responsable me lança une petite phrase ironique sur les ex-maris et là elle s'est mise à avoir les larmes aux yeux. Alors avec toute l'empathie et la compassion que j'ai en moi, je lui ai donné mon numéro de téléphone en lui disant de ne pas hésiter à m'appeler. Elle le fit le soir même. C'était un jeudi soir. Le jour où moi je pouvais sortir. Nous nous sommes rejointes dans un restaurant, nous avons parlé de nos ruptures et de ce qui nous faisait souffrir. Depuis ce jour, Audrey est devenue une amie très proche, d'ailleurs je l'appelle « ma copine de divorce ». Pour la première fois depuis très longtemps, j'avais réussi à aller vers quelqu'un et j'en étais fière, car tous mes amis étaient des amis en commun avec mon ex-mari. Il fallait donc que j'arrive à me créer mon cercle d'amis bien à moi. Chose qui n'était pas si simple, car j'avais un tel manque de confiance et d'estime de moi, même si je paraissais l'inverse, que j'avais toujours su sans m'en rendre compte me mettre une carapace énorme. C'était tellement plus simple de faire semblant d'être quelqu'un d'autre. La preuve en est ! Après vingt-deux ans passés avec mon mari, je ne savais pas qui j'étais réellement.

Audrey a su me tirer vers le haut dans sa façon d'être. C'est une personne qui a un esprit ouvert, elle parle de tout et de rien. Elle m'a décoincée de mes conversations très « standards », car je pensais être inintéressante. Ce que j'aime chez elle, c'est qu'elle est capable d'écouter sans prendre la souffrance des autres. Sa façon de répondre aux gens quand quelque chose la dérange. Son pouvoir de dire « non ». D'une certaine façon, elle est authentique, et en même temps elle ne divulgue que très peu son ressenti. C'est comme si ses émotions, ses sentiments étaient anesthésiés. Elle les cache bien. Elle se dévoile derrière un humour discret et respectueux.

En prenant le temps de la connaître, j'ai pu percevoir sa sensibilité. Physiquement, Audrey est de petite taille, mince, et elle a un visage très joli. D'ailleurs je l'admire. Elle a un côté gracieux et elle est très féminine. Pour entretenir cette féminité, j'ai constaté qu'elle possédait un côté « égoïste » dans le bon sens du terme, c'est-à-dire celui de savoir prendre du temps pour elle. Chose que je n'ai jamais su faire véritablement. À son contact, je le développe chaque jour un peu plus. Apprendre à être égoïste n'est pas un défaut. Bien au contraire, tant que cela reste dans l'équilibre, c'est-à-dire en respectant ses propres besoins, tout en étant présents et à l'écoute des besoins de ceux qui nous entourent.

Notre relation amicale a su trouver son équilibre par le simple fait que mon hypersensibilité lui montre qu'il est possible de mettre des mots sur ce que l'on ressent et qu'Audrey me montre que ce n'est pas être égoïste que de se soucier de ses propres besoins. Nous sommes finalement complémentaires, car nous avons su nous apprivoiser en acceptant chacune la différence de l'autre. Nous évoluons chacune à notre rythme en mettant à l'intérieur de nous la différence de ce que chacune possède. Nos différences nous ont unies pour les partager, les échanger et nous faire grandir.

Mes parents me dévalorisaient sans cesse avec mon physique de « grosse dinde », comme ils me disaient. D'ailleurs, mon surnom était « la grosse » alors que je n'étais pas si grosse ; mais par rapport à mon grand frère qui était petit et filiforme, je paraissais forcément énorme à côté de lui. Même au niveau de notre intelligence j'étais loin derrière lui, car il lui suffisait d'écouter seulement en cours pour qu'il retienne toutes les informations qui lui étaient transmises. Ses notes étaient excellentes. Quand mes parents (tous confondus, père, mère, belle-mère) parlaient de mon frère, c'était toujours en valorisant ses capacités. Quant à moi, même en ouvrant mes cahiers pour apprendre mes leçons pendant des heures, mes notes atteignaient le 10/20 dans le meilleur des cas, et bien souvent elles étaient en dessous et ils ne manquaient pas de me le dire.

La phrase qui revenait souvent dans leurs bouches était :

« La grosse, on la voit toujours sur ses cahiers et elle n'y arrive pas. Par contre, M***, jamais on ne le voit travailler et ses notes sont excellentes. Il ira loin. »

Voilà comment et pourquoi j'ai grandi avec une mauvaise estime de moi. Je sais aujourd'hui qu'ils ne le faisaient pas exprès et qu'ils ne voyaient pas le mal que cela m'infligeait.

Il y avait aussi mon mari qui employait toujours une phrase très blessante quand on se disputait :

« Arrête de parler pour ne rien dire ! »

J'ai toujours très mal perçu cette remarque. Il touchait à mon intégrité tout comme mes parents. Cela me dévalorisait. Quel manque d'estime de moi avais-je ! Cela ne faisait qu'agrandir ma colère et le conflit entre nous, car je le laissais faire finalement. Alors que si j'avais su à ce moment-là exprimer mon ressenti en le lui expliquant, il aurait sûrement compris et aurait arrêté de lui-même.

L'égoïsme et l'ego sont deux choses à ne pas mélanger dans leur propre définition. Ils ont tous deux leur place dans notre psyché et les comportements que nous pouvons avoir. Ils sont là pour caractériser ce qui est important dans l'identité d'une personne. C'est même fondamental, tout comme arriver à exprimer ses émotions et ses sentiments. Ce sont des traits de personnalité que nous possédons tous. Mais comment les intégrons-nous dans notre quotidien ?

Il ne faut pas confondre l'égoïsme et l'ego.

L'égoïsme [3], *suivant la définition du Larousse, est un « attachement excessif porté à soi-même et ses intérêts au mépris des intérêts des autres ».*

L'ego [4] *désigne le moi, c'est-à-dire la représentation et la conscience que tout individu a de lui-même. L'ego est souvent perçu comme la substance de notre personnalité dans le domaine psychologique. Dans le domaine spirituel, l'ego est*

3www.larousse.fr

4www.linternaute.fr

plutôt vu comme ce qui nous empêche d'atteindre une forme de vérité, de profondeur.

Nous avons tous besoin d'être égoïstes et d'avoir un ego. Être égoïste c'est savoir penser à soi, à ses besoins, à son amour propre. Avoir de l'ego renforce cet amour propre. Par contre, on doit le faire en trouvant un juste milieu, **« un équilibre »**. Pour ne pas tomber dans la démesure, que ce soit d'un extrême à l'autre. Trop d'égoïsme et d'ego peuvent amener à devenir un manipulateur malsain, mais si on en arrive là, c'est qu'il y a aussi un problème de confiance et d'estime de soi en se cachant derrière un narcissisme démesuré. Ne pas en avoir nous conduit également à un manque de confiance et une estime de soi très basse ; in fine, à manipuler notre entourage par du chantage affectif en le faisant culpabiliser.

Dans les deux cas, nous sommes des manipulateurs… Quel mot difficile à entendre et à accepter !

En tout cas, pour moi cela m'a permis de remettre l'église au milieu du village. En acceptant ce côté de moi, qui peut manipuler, j'ai pu y mettre de l'équilibre en communiquant toujours quand quelque chose me dérange et/ou ne me convient pas.

Il est important pour trouver **« qui on est »** d'accepter nos défauts comme nos qualités. De repérer chez les différentes personnes qui nous entourent ce qu'on aimerait avoir de leur personnalité ou ce qui nous dérange chez eux. Ce qui nous gêne chez les personnes qui nous entourent, ce sont généralement des défauts que l'on a, mais que nous n'acceptons pas dans notre personnalité.

Il faut apprendre à se servir de **« l'Effet miroir »**.

Qu'est-ce que l'effet miroir ? L'autre est un autre soi. Je m'explique.

Nos émotions font partie de nous, elles apportent soit de la joie, soit de la tristesse, de la colère ou de la peur, etc.

Elles sont nombreuses, soudaines, parfois violentes. Les émotions doivent nous servir à comprendre ce qui se passe à l'intérieur de nous. Elles nous poussent à agir ou réagir, que ce soit dans des émotions positives ou non. Grâce à la personne qui nous les fait ressentir, cela nous indique ce qui nous touche. Les émotions ressenties à travers ce que l'autre nous renvoie nous donnent soit l'impulsion pour nous tirer vers le haut, c'est donc un élément moteur, soit elles nous mettent un frein, car nous refusons d'en prendre conscience et cela nous agace.

Bien souvent, la personne qui se trouve en face de nous touche ce qui est enfoui au plus profond de nous-même. C'est bien pour ça que nous ressentons toutes ces vives émotions. Il est donc intéressant de travailler dessus pour mieux comprendre qui nous sommes et ce qu'elles viennent dire de nous.

Prenons un exemple : la jalousie. Elle vous fait prendre conscience que vous avez peur. Peur d'être abandonné, rejeté ou de ne pas être aimé. La peur d'être seul. Vous pensez peut-être qu'avoir telle qualité, tel partenaire ou encore tel travail vous rendrait plus heureux. Ce qui vous amène à ressentir cette émotion qu'est la jalousie. La jalousie représente la peur de perdre ce que l'on a déjà, mais également ce qu'on voudrait avoir et que nous n'arrivons pas à obtenir. Cela provient de l'envie ; envier les autres procure ce sentiment de jalousie.

Il est donc important de prendre conscience de ce qui nous blesse : c'est sûrement la peur de l'abandon, du rejet, de ne pas être aimés pour ce que nous sommes vraiment. La peur de l'échec, une autre crainte, car on ne se sent pas à la hauteur. Ou alors nous avons peur de blesser ceux qui nous entourent et donc nous restons sans rien dire. L'essai / erreur n'entre pas dans notre système de représentation, car nous recherchons la perfection.

Ou encore l'injustice, car nous ne trouvons pas notre place, notre légitimité. Nous recherchons la reconnaissance à travers toutes les différentes dimensions qui puissent exister. La seule façon de la trouver est de la prendre, cette place, car personne ne nous la donnera. Le rôle de la justice est bien celui de « reconnaitre » le préjudice subi.

La trahison de personnes que l'on a beaucoup aimées... Il y a tant de choses qui peuvent nous mettre à mal et qui entraînent cette souffrance. C'est à ce moment-là que doivent entrer *les bonnes questions* dont je vous ai parlé au début de ce chapitre, ce fameux « processus inversé ».

Si je reprends mon amitié avec mon ami saisonnier, elle m'a appris beaucoup de choses sur moi-même. Aujourd'hui, avec le recul nécessaire, nous avions une particularité qui a fait que notre amitié n'a pas duré sur la longueur.

Nous avions beaucoup de points communs sur notre façon de voir la vie, le couple, le travail. Nous avions réussi à créer une grande confiance entre nous, à communiquer. Enfin, c'est ce que je pensais.

Notre dernière conversation eut lieu au téléphone, il avait touché un point sensible chez moi.

Il me fit part, ce jour-là, que j'étais « trop ». Trop comment ? Dans quel sens me disait-il tout cela ? Cela me fit un choc.

Trop, oui peut-être !

Trop émotive, sensible, hyperactive, trop le cœur sur la main, trop bavarde, trop maniaque, trop parfaite !!!

Il ne me l'avait jamais dit avant, alors que l'on discutait de tout et de rien.

D'ailleurs en déversant mes larmes, il me fit la remarque :

« Ne me dis pas que tu pleures ?!

- T'inquiète ce n'est rien, je suis juste un peu tendue et à fleur de peau ces derniers temps, ça va passer. »

Je ne voulais pas qu'il sache que ce qu'il m'avait dit m'avait énormément blessée. Les larmes étaient de trop aussi pour lui. Je l'ai ressenti dans sa façon de me l'avoir dit.

Il y a un point pourtant qui nous opposait. Celui d'accueillir et d'accepter l'autre dans son intégralité et de pouvoir en discuter. J'ai essayé deux ou trois fois de reprendre contact avec lui. Sans réponse. Son choix a été de disparaître complètement de ma vie. Je l'ai accepté et n'ai plus jamais essayé de le revoir ou de le contacter.

Je n'ai compris qu'un peu plus tard que c'était ce point commun qui nous avait aussi séparés. Ce fameux **« trop »**.

N'était-il pas dans l'excès pour être parti du jour au lendemain sans plus jamais donner signe de vie, malgré cette belle amitié que nous avions su instaurer ?

N'avait-il pas trop d'ego, de fierté ou d'orgueil pour ne pas oser revenir vers moi et aplanir les choses ?

N'était-il pas trop catégorique, têtu ?

N'était-il pas « trop » tout simplement, lui aussi ?

Je m'en vais sans me retourner est une façon de prendre la fuite et de ne pas parler de ce qui nous dérange, car cela touche à notre intégrité, notre **« soi intérieur, notre enfant intérieur, notre moi profond »**, peu importe comment nous le nommons. Cela nous fait toucher notre vulnérabilité. La fuite a été sa façon de ne pas aller sur ce terrain de la vulnérabilité. Cela a été sa décision et je devais l'accepter, même si je n'étais pas d'accord. Je me devais de lâcher prise à nouveau et de respecter son choix.

Je voudrais mettre en évidence que dans cette expérience vécue, par ce côté « être trop », le trop pour lui, le trop pour moi, que finalement nous étions tous deux dans un excès à des pôles extrêmes.

Moi par mon hypersensibilité, mes émotions exacerbées que je montrais, et lui par le fait de les fuir et de ne rien vouloir dévoiler. Dès qu'il percevait un point sensible chez lui, il préférait prendre la fuite pour éviter le sujet. Alors que moi, même si cela me faisait souffrir, je finissais bien souvent par en parler, quand bien même je ne faisais à cette époque aucun lien avec mon passé. Juste le fait de pouvoir exprimer ce que je ressentais me permettait de me sentir plus légère et apaisée. C'était déjà un bon début. Il est intéressant de voir le bon côté des choses. Chaque jour, nous avons la chance de pouvoir apprendre à mieux accepter nos émotions par le biais de nos différentes expériences et nous rendre ainsi la vie plus facile en nous connaissant mieux.

Aujourd'hui, j'ai appris à apprivoiser mes émotions et à montrer ma vulnérabilité. En acceptant mon hypersensibilité, je peux vivre en étant **« qui je suis »**. J'ai su transformer ma plus grande faiblesse en faisant d'elle ma plus grande force. Cette nouvelle force me vient tout droit de mon cœur. Et je ne veux plus la perdre, ni la fuir. Elle fait partie de mon être tout entier.

Accepter nos émotions telles qu'elles sont au moment où nous les vivons nous aide à les reconnaître. Les accepter, les reconnaître pour mieux les apprivoiser rend notre vie plus confortable et nous permet d'ôter nos différents masques et de devenir authentiques. Nos émotions finissent par prendre elles aussi leur place dans notre esprit et notre corps. Cela nous permet d'équilibrer encore un peu plus notre être. De sentir que notre cœur reste léger quand nous les écoutons et les verbalisons, tout en respectant l'autre dans notre communication.

L'évitement de nos émotions ne fait qu'accentuer notre souffrance. Nos émotions permettent de communiquer entre notre esprit, notre corps et notre cœur, mais aussi avec les personnes qui sont dans nos différents cercles, que ce soit amical, sentimental, familial ou professionnel.

Reprenons également ma relation avec la personne que j'ai qualifiée plus haut de « pervers narcissique (PN) ».

Lorsque je fis sa connaissance, c'était une période où je me sentais revivre. Mon divorce suivait son cours, j'étais bien installée et mes enfants se portaient à merveille. J'avais repris goût à faire les choses et à ressortir, donc j'étais prête à faire de nouvelles connaissances amicales et pourquoi pas même à entamer une relation sentimentale. C'est ainsi que je l'ai laissé entrer dans ma vie.

Je vous ai expliqué que, quand j'étais en sa présence, je me sentais moi-même, donc je réussissais à vivre les moments présents sans me poser de question quant à l'issue de cette relation. Lui faisait de même, je pense, mais ça n'a pas duré, car il est vite retombé dans ses travers, c'est-à-dire les mensonges, l'infidélité, la jalousie. Ses plaintes constantes pour se victimiser ou se faire plaindre faisaient partie de lui, mais jamais en s'énervant contre moi. Il me disait les choses simplement et moi je le rassurais de la même manière. Cela fonctionnait plutôt bien, puisque que moi, j'étais quelqu'un d'empathique, donc j'avais beaucoup de compassion à lui accorder. Il ne communiquait que sur des sujets qu'il maîtrisait, sinon il s'arrangeait pour que la communication ne soit pas claire ou il niait les évidences. Il savait se défendre ; c'était ce qu'il pratiquait le mieux, la manipulation. Il était armé de raisons logiques, du coup nous ne nous disputions que très rarement, car il arrivait à me faire accepter les choses, même celles que je n'aurais certainement pas approuvées avant. Je devais être parfaite, alors là pour le coup, rien de plus simple pour moi. J'avais toujours pratiqué cette perfection de moi-même, et là pourtant dans notre relation, j'étais bien différente de la relation avec mon ex-mari, avec qui je rentrais souvent dans le conflit et ne lâchais jamais prise.

Avec lui, je réussissais à m'amuser, à boire, à sortir, et même sexuellement, c'était bien différent, je m'étais épanouie. Il me trouvait donc lui aussi parfaite. Mais d'un autre côté, il avait la critique discrète en passant par l'humour, mais celle qui dévalorise à chaque petite dose envoyée. Jusqu'à même me faire douter de mes qualités, voire même de ma propre personnalité. Quand il sentait que je lui échappais, il répondait toujours positivement à ma demande, mais faisait toujours en sorte de ne jamais avoir le temps, il était toujours débordé. Mes besoins, mes désirs ne tenaient aucune place pour lui, même s'il essayait de me faire croire l'inverse. Il était d'une froideur quand il parlait de sentiments, il se vantait que cela ne servait à rien et qu'il était très bien ainsi. J'ai compris longtemps plus tard qui « il était vraiment ». Je me rendis compte que finalement il n'avait pas vraiment de personnalité, qu'il copiait les autres. Ses discours et ses actions n'étaient pas en adéquation, mais j'avais du mal à y croire. Une année s'était écoulée et je m'étais voilée la face presque autant. Il m'avait rendue très vulnérable et il avait fait de moi sa marionnette.

Aujourd'hui, avec le recul, un travail sur moi, et en me posant les bonnes questions, il a été mon effet miroir dans toute sa splendeur ! À des pôles extrêmes.

Je suis souriante et avenante, les gens viennent vers moi naturellement et cela le rendait jaloux, car lui devait faire des efforts pour attirer la sympathie des gens. Il me disait souvent :

« Toi, tu attires tout le monde. »

Je suis une personne empathique, j'écoute, compatis et communique facilement. Je n'attendais rien en retour. Enfin, c'est ce que je pensais à cette époque, car finalement je m'adaptais aux gens pour qu'ils m'aiment.

Il est manipulateur, donc s'adapte également en communiquant, mais dans le seul but de découvrir sa proie. Juste pour savoir à qui il a affaire. Tandis que moi, je ne rentre que rarement dans le jugement pur. Je déteste ça. Je perçois toujours le côté positif chez les gens.

Je suis hypersensible et je n'ai pas peur de dire mes émotions et mes sentiments, même si souvent ils sont durs à contrôler. De ce fait je pleure très souvent et tout me touche beaucoup, mais je les sors tout de même, car cela me fait du bien d'évacuer, même si cela doit passer par les larmes. Lui est d'une froideur émotionnelle terrible et ne dégage aucune sensibilité. Cela dit, je ne l'ai perçu que bien trop tard, il avait déjà cette emprise sur moi.

Je valorise les gens qui m'entourent en les tirant vers le haut. Lui, les dévalorise derrière un humour qui les blesse. Il voit tout de suite le défaut de la personne qu'il rencontre et en joue sans aucune diplomatie. C'est donc pour ça qu'il a peu d'amis, et le peu qu'il a, il ne prend pas le temps d'entretenir le lien. C'est une personne égoïste. C'est toujours aux autres de venir vers lui, je lui ai souvent fait la remarque que cela est un échange naturel et mutuel entre amis.

J'ai des vrais valeurs et principes, lui les copiait car il aurait aimé être ce que j'étais, car comme il me le disait si bien :

« Toi tout le monde t'aime, moi tout le monde me déteste. »

Plutôt intéressant comme phrase...

Il n'avait pas tort. Sauf que c'était quelque chose que je découvrais en même temps que lui. Ses amis m'appréciaient pour ma gentillesse et ma façon d'être. Mon empathie, ma compassion, mon écoute, plus ce qu'il avait su m'apporter, c'est-à-dire de découvrir que je pouvais être festive et vivre les moments présents, tout en étant digne d'être une mère de famille. D'une certaine façon, il venait de m'apprendre une sorte de **« lâcher-prise »**, ce qui m'a permis de trouver la partie de mon identité qui me manquait : la joie de vivre. En même temps, il en a repris une autre et pas la moindre, celle de mon esprit rationnel, qui me permettait d'avoir ce ratio entre ce qui est juste pour moi ou pas. Il avait su me faire perdre mon discernement en utilisant contre moi l'amour que j'avais pour lui. Cette partie de moi qui me permettait d'être stable et de réfléchir avec bon sens.

Quel beau bazar dans ma tête !!!

Chapitre 4

L'évolution

Une fois que l'on a **trouvé qui nous sommes,** il reste tout de même beaucoup de travail. Réfléchir à ses différentes expériences et chercher ce qu'elles ont pu nous apporter de bénéfique. Le « lâcher-prise » va nous poursuivre un moment et il va même nous demander à nous suivre tout le long de notre vie, pour pouvoir continuer à vivre sereinement, et ainsi garder cette béatitude et ce bien-être à l'intérieur de nous.

Quand je regarde mes propres expériences, ainsi que mes rencontres amicales ou sentimentales, on peut retenir qu'elles m'ont permis de « **trouver qui j'étais** » vraiment. De par le père de mes enfants, mon ami saisonnier et ma relation avec un manipulateur, pervers narcissique, sans oublier ma maladie. J'ai également compris que je faisais partie de ces personnes qui « **aiment trop** » et qui, pour le coup, donnent beaucoup et attendent infiniment en retour.

Même si je ne m'en rendais pas compte, en fait j'attendais en retour. J'attendais la reconnaissance. Rien qu'en l'écrivant, cela me touche, mais cette fois-ci avec beaucoup de compassion pour moi-même et sans me juger. J'ai compris à travers mes expériences que la reconnaissance ne peut provenir que de l'intérieur de nous-même. En nous acceptant tel que nous sommes. Attendre cette reconnaissance de l'extérieur, c'est se fourvoyer, se mentir, se créer des illusions. Se cacher derrière des masques. Attendre que l'autre nous reconnaisse à notre juste valeur. Alors oui, cela nous protège un certain temps, c'est un mécanisme de défense qui s'est construit à notre insu. Quand on en prend conscience, il est intéressant de remarquer quand nous utilisons ce stratagème. Afin de pouvoir trouver la réponse à : qu'est-ce qui me fait si peur, pour que je mette un masque dans cette situation que je suis en train de vivre ? Du coup, petit à petit, nous ôtons ces différents masques afin d'être pleinement qui nous sommes, sans plus avoir de crainte à nous dévoiler et nous montrer tel que l'on est. C'est également accepter que l'on puisse être aimé ou pas. Vous allez me dire, tout le monde le sait, ça.

Oui, c'est vrai. Mais qu'en est-il vraiment dans notre quotidien ? L'acceptons-nous ?

Je ne répondrais pas à cette question. Nous seuls ressentons dans notre esprit, notre corps et notre cœur, l'émotion qui se produit quand nous nous sentons rejetés.

Quand notre être ressent la paix et le calme, alors c'est que nous avons intégré cette possibilité d'être aimé ou pas. Cela ne nous touche plus émotionnellement. Apprendre comment nous fonctionnons, c'est aller à la rencontre de soi. Nous trouvons qui nous sommes de plus en plus, jusqu'à trouver notre réelle identité. Nous pouvons ainsi transformer les comportements qui nous font défaut et ainsi nous reconnaitre pour enfin sentir que nous avons notre place dans ce monde.

En voulant être parfaite, je me suis construit une identité qui n'était pas vraiment la mienne.

Je ne voulais tellement pas avoir la vie de mes parents, et surtout pas leur ressembler, que je mis tout en œuvre pour être différente. Alors comme je vous l'ai raconté dans le précédent chapitre, je me suis calée sur les valeurs et les principes de ma belle-famille, et cela très tôt.

Ma belle-famille m'a très bien accueillie malgré mon jeune âge. Ils avaient tout de même cette petite interrogation en suspens, celle de l'âge, car leur fils venait de fêter ses dix-huit ans. Trois ans d'écart ce n'est pas grand-chose, mais dix-huit ans c'est l'âge de la majorité et moi quinze ans, encore mineure. Ils s'inquiétaient du point de vue sexualité, chose que je pouvais très bien comprendre, mais qu'ils ont toujours su maîtriser en laissant leur fils vivre sa vie.

En étant baignée très jeune dans une relation sentimentale, ce fut facile pour moi de m'adapter à leurs principes et convictions. Mon chéri et sa famille m'ont apporté des bases plus solides, ce qui m'a permis de rajouter de la valeur à qui j'étais déjà. Ils ont su à eux tous réunis me faire devenir meilleure et être ce que je suis aujourd'hui. Mais–il y a toujours un **mais**–j'ai oublié de vivre pour moi-même. J'ai vécu pendant vingt-deux ans à côté d'eux sans me rendre compte qu'il me manquait une moitié d'identité.

Je me suis rendu compte à notre divorce, par le biais de la psychologue, que je m'étais complètement perdue durant ces vingt-deux années passées. Cela m'a fait un choc, mais je n'ai pas assez poussé ma réflexion à cette époque. Je me suis arrêtée à la plus simpliste des explications, celle où je vivais à travers le bonheur des autres. Je vivais **« par procuration »**.

Quelle tristesse d'entendre ça, « vivre par procuration ». C'est remplir les besoins de tous ceux qui nous entourent, surtout ceux de notre propre famille, sans penser à nos propres besoins.

Je ne m'en plaignais presque pas, car pour moi, construire sa famille, élever ses enfants, entretenir la maison et travailler en parallèle faisaient partie intégrante de la normalité. Je ne manquais de rien, j'avais tout ce dont une femme pouvait rêver, une famille, une maison, un travail stable, pas de souci financier, et tout le monde était en bonne santé. Je n'avais pas le droit de me plaindre, mais au bout de plusieurs années, une fois bien installée dans ma vie personnelle et professionnelle, je suis devenue aigrie, je râlais sans cesse. Je me sentais débordée, limite dépressive, même si je n'en montrais rien, car je ne voulais pas décevoir mon époux, mes enfants et ma belle-famille. J'avais envie de changement et ma soif d'apprendre reprit le dessus.

C'est ainsi que je revins sur les bancs de l'école pour évoluer dans ma carrière, mais aussi pour accéder au changement car j'étouffais. C'était la solution parfaite pour retrouver un peu de joie dans ma tête, mais surtout dans ma vie. Nous étions en septembre 2009 et c'est ainsi que j'ai intégré l'école d'aide-soignante. Ce fut une année très enrichissante pour moi, j'apprenais mon nouveau métier, je faisais de nouvelles rencontres et je découvrais par le biais des nombreux stages que je ne m'étais pas trompée d'orientation. Le métier que j'avais toujours voulu exercer était à portée de main, je l'attendais depuis douze années. Je me suis mis une énorme pression pour réussir, car mon employeur m'avait accordé le droit d'effectuer cette école en passant par la formation professionnelle, ce qui me permettait d'avoir mon salaire à taux plein pendant toute la durée de celle-ci. Je n'avais donc pas le droit à l'erreur et j'avais aussi beaucoup de choses à me prouver. Celle où je pouvais réussir en ne comptant que sur moi, en me prouvant que j'étais capable d'obtenir ce nouveau diplôme. La pression fut telle que je me suis enfermée dans une bulle pendant dix mois, en continuant de m'occuper de tout ce qui m'entourait, mais aussi en oubliant de respirer de temps à autre pour relâcher cette pression. Une fois de plus, je voulais que tout soit parfait, tout contrôler, tout diriger, que ma famille ne manque de rien, car au fond de moi, je culpabilisais d'avoir repris mes études à leur détriment. Il fallait que j'obtienne mon diplôme, car j'avais beaucoup de chance de pouvoir faire cette école tout en étant rémunérée. J'allais pouvoir me prouver que j'étais capable de tout gérer. J'avais l'occasion de penser à moi pour une fois et j'en ai fait une force pour réussir, mais en infligeant tout mon stress à ma propre famille.

Une fois encore, j'avais pris une de mes valeurs personnelles, qui était celle d'apprendre pour accéder à un de mes objectifs, celui de devenir aide-soignante. Ce fut une chose formidable, car cela m'a permis de réussir, mais une fois encore, j'ai transformé cette force d'apprendre en une pression immense, ce qui a « pourri » la vie des miens et la mienne. Je n'ai pas su déléguer pour pouvoir souffler de temps à autre et **« lâcher prise »**, tout simplement, pour respirer et me sentir plus apaisée. Ce qui est positif tout de même, c'est que j'avais réussi à penser à moi en allant dans cette école, chose que je n'avais jamais vraiment faite auparavant. C'est ainsi que je devins aide-soignante avec, en prime, la satisfaction de faire partie du trio de tête de ma promotion.

Mon objectif était atteint et, pour une fois, je ressentais de la fierté. Je crois que c'était vraiment la première fois que je ressentais cette confiance et cette estime de moi au même moment.

Une des formatrices de l'école d'infirmière me guida pour le mini mémoire à effectuer pendant cette formation. Elle repéra mes capacités, m'en parla, et me suggéra de ne pas m'arrêter en si bon chemin :

« Visez plus haut, me disait-elle, vous avez toutes les capacités pour réussir. » Elle voulait que j'intègre l'école d'infirmière à la rentrée de septembre. Nous étions en juillet 2010.

Je lui répondis :

« Je ne pense pas, je viens de mettre en péril mon mariage pour dix mois de formation, alors trois ans de plus, c'est le divorce assuré. »

Pendant la formation, nous étions plusieurs à rencontrer des problèmes de couple. Un jour, l'une d'entre nous craqua et exprima son mal-être. Une de nos formatrices nous expliqua que oui, malheureusement, cela arrivait souvent qu'après une formation ou pendant, les couples se déchirent, car l'autre n'acceptait pas le changement ou l'évolution de son conjoint. Cela se traduit par une pointe de jalousie pouvant aller à l'extrême et conduire à la séparation.

J'ai effectivement vécu cette pointe de jalousie. Après en avoir discuté avec mon mari, malgré le fait qu'il fût dans le déni au moment où nous avons parlé, car c'est une personne entêtée, il a eu cette pointe de jalousie, car il n'avait aucun contrôle sur ces dix mois passés. J'étais la seule à les vivre. Lui se sentait exclu de cette période et n'avait aucun contrôle sur les gens que j'ai pu côtoyer à cette époque, et de ce fait, il avait du mal à l'accepter. En plus, il devait faire plus pour notre foyer, s'occuper de plus de choses. Cela n'a pas été simple pour lui. J'avais toujours tout fait pour eux, il s'est donc mis aussi la pression, car il avait du mal à tout gérer et cela l'agaçait un peu, quelque part. J'avais toujours su organiser tout pour tout le monde. Alors bien sûr, c'était de ma faute, car je ne lui ai jamais donné la place qu'il aurait dû avoir dans notre couple et dans notre vie de famille, puisque j'ai toujours voulu tout diriger pour que tout soit parfait, mais à la fois, il trouvait ça naturel puisque sa mère avait toujours tout fait pour ses fils et son époux.

Quand je repense à ma relation avec cette personne manipulatrice (PN), il me paraît évident maintenant que j'étais retombée à cette époque dans les mêmes travers que ceux avec mon ex-mari.

Ma façon d'être, c'est-à-dire celle de vouloir que tout soit parfait et d'être aimée, était toujours très présente en moi. Mais cela était enfoui dans mon inconscient. Je repris donc le même chemin. Je me suis ainsi adaptée à lui pour être aimée, je vivais à nouveau par procuration. Pourtant, je vivais cette relation différemment et je me suis laissé porter. Il était tellement différent des personnes que je pouvais côtoyer que j'ai été transportée par sa façon d'être. Je ne voyais en lui que ses côtés positifs, ce qui a fait que je me suis voilé la face très tôt. Être amoureuse m'avait fait devenir encore plus naïve et ça, il l'avait bien deviné. J'étais donc la proie parfaite pour lui.

Comme raconté dans le premier chapitre, il m'a apporté une autre moitié d'identité que je n'avais pas développée, celle d'être une personne festive, car je ne me l'étais jamais autorisée à cause de la dépendance de l'alcool chez mon père. J'avais peur d'être une co-alcoolique [5], chose complètement ridicule quand on y pense. La peur m'a fait imaginer des scénarios qui étaient totalement faux. L'alcool comme interdit. Pour ne pas devenir moi-même une alcoolique.

Quand je rassemble mes deux relations, celle de mon mariage et celle de cette personne improbable pour moi, j'ai pu trouver en moi une identité complète, et pourtant j'ai autant souffert de cette séparation que de celle avec mon ex-mari.

Y avait-il quelque chose d'autre à y comprendre ?

Bien sûr que oui, mais à l'époque, je ne l'ai pas vu sous cet angle. Je me suis infligé une fois de plus beaucoup de souffrances. C'est ce qui m'a interpellée d'ailleurs, pourquoi souffrais-je autant ? Alors que mes deux relations ont été tellement différentes.

En prenant à nouveau un réel recul et en me posant de nouveau « *les bonnes questions »,* je me suis rendu compte que j'étais dépendante affective.

Qu'est-ce que la dépendance affective ?

---

5 : Co-alcoolique : c'est le fait de vivre quotidiennement auprès d'un parent alcoolique, ce qui peut engendrer un risque de dépendance en nous en grandissant.

Je vous renvoie ici au livre « Ces femmes qui aiment trop » de Robin Norwood.

C'est l'incapacité d'être heureux et de sentir bien lorsqu'on est seul. C'est un des premiers signes de cette dépendance. Il en existe une vingtaine, je vous invite à lire des articles là-dessus, internet est un outil formidable pour trouver ce que l'on cherche, alors n'hésitez pas à vous en servir, comme je dis souvent : « **Google** [6] est mon ami ! »

Méfiez-vous tout de même, cherchez la bonne information sur les sites fiables et évitez les « sites d'intox ».

La dépendance affective peut vous faire aller de relation en relation sans jamais trouver la bonne personne. Celle qui nous convient vraiment, car comme on vit par procuration, cela nous entraîne toujours dans le même schéma de construction de notre couple et finit par un échec. Ce qu'il faut comprendre, c'est le comment de cette dépendance et ne plus se faire peur en se mettant la réalité en face. C'est la suite de ce que j'ai appelé, rappelez-vous, *« le processus inversé »*.

Quand on cherche **« qui on est »** vraiment, comme je vous l'ai également expliqué dans le chapitre 3, cela nous fait sortir de notre zone de confort, mais avez-vous essayé de le faire véritablement ?

Non, pas vraiment, car on a peur des réponses que l'on pourrait y trouver et cela nous met dans une position d'inconfort. On préfère donc croire que tout va bien sans approfondir nos pensées, car elles nous font peur. Je vous ai décrit l'expérience de mon divorce où

---

6 Google est tout simplement le plus populaire des moteurs de recherche sur internet. Libre à vous évidemment d'en consulter d'autres que vous estimez fiables.

j'avais compris que je vivais par procuration, ce qui pourtant ne m'a pas empêchée de reproduire le même schéma au cours de mon autre relation avec le manipulateur (PN).

La peur est une émotion qui accompagne la prise de conscience. C'est éprouvant pour notre personne de ressentir la peur, donc on préfère l'ignorer pour revenir dans une émotion plus positive.

Je suis tentée de vous dire que la peur nous fait agir et penser différemment, mais c'est là que l'on se trompe ! La peur ne nous fait que reculer et non avancer, elle nous « **assassine** ». J'y vais fort sur ce mot, mais c'est hélas une des vérités les plus honnêtes que j'ai dû accepter pour continuer sur mon cheminement. La peur nous emprisonne dans notre « égo démesuré » et cela fonctionne tellement bien qu'on commence par se mettre des barrières, ensuite on les solidifie par des parpaings et on monte des murs encore plus hauts. On en oublie de faire une porte de sortie et c'est ainsi qu'on se retrouve prisonnier dans une cage et que nous ne savons plus comment nous en sortir : c'est le Burn out, qui peut dans certains cas être l'antichambre de la dépression. Notre « nous intérieur » est barricadé. Vous avouerez que c'est tout de même dommage d'en arriver à des extrêmes pareils, car au final la dépression nous met bien, elle, dans une zone plus qu'inconfortable où l'on pense que l'on ne s'en sortira pas. C'est la peur de nous découvrir réellement qui nous enferme, pensez-y !

Il est préférable de vaincre sa peur pour trouver nos réponses, cela nous permettra d'avancer dans notre vie et de trouver qui nous sommes vraiment. De ne plus reproduire les mêmes schémas, ce qui nous fait sortir de nos cercles vicieux. C'est plutôt positif, n'est-ce pas ?

Je vais finir ce passage sur la peur avec une note très positive. Ne laissez plus la peur vous envahir, car c'est elle qui vous détruit à petit feu ; faisons de notre peur une force motrice. Cette force s'appelle l'amour ; l'amour de nous-même. Apprenons à nous aimer dans notre entièreté. Cela permet de retrouver en confiance en nous et d'avoir une meilleure estime de nous. C'est le chemin pour sortir enfin de la dépendance affective.

Il faut savoir aussi que la dépendance affective est une chose que l'on acquiert malgré nous. Lors de notre naissance, nous sommes dépendants de notre mère et de notre père, car on ne peut rien faire seul. Sans eux, nous ne pouvons pas nous nourrir, nous laver, nous bercer, nous rassurer, etc. Ils s'occupent de nous pour que l'on puisse vivre, et cela dès notre conception. Nous sommes donc déjà dépendants. Bien sûr, il y a beaucoup d'autres critères qui entrent en considération, comme l'affection que l'on a reçue pendant notre enfance, l'environnement dans lequel on s'est construit, nos différentes relations, qu'elles soient familiales, amicales, sociétales. Les personnes que nous rencontrons et les expériences que nous vivons depuis notre plus jeune âge nous construisent vers l'adulte de demain.

Les personnes que nous sommes amenés à rencontrer peuvent nous apporter un déséquilibre affectif, psychologique et même physique. C'est ce qui s'est produit pour moi.

Pendant mon enfance, la comparaison avec mon grand frère m'a dévalorisée, ce qui fait que la confiance en moi et mon estime de moi étaient moindres. Sans compter que j'ai souvent pensé que mes parents ne m'aimaient pas à cause de cette comparaison. En plus, mes parents n'étaient pas démonstratifs dans leur affection pour nous, leur couple et pour eux-mêmes. J'ai donc cherché l'approbation de l'amour dans mes différentes relations amicales, sentimentales, familiales et professionnelles.

Quelle est la peur la plus terrible qui puisse exister ? Celle de la mort ou celle de ne pas être aimé ?

À travers mon noyau familial ou mon métier, j'ai pu constater tout l'amour qui ressortait du cœur de ces gens endeuillés. C'est pour cette raison que je sais, au plus profond de moi, que c'est celle de ne pas être aimé.

Cette peur de manquer d'amour m'a conduite à deux grosses blessures. **Celle du rejet**, par ce manque d'amour, et celle de **l'abandon** à cause des différentes séparations que j'ai pu vivre, y compris à travers l'expérience du décès. J'y ai été confrontée très jeune, souvenez-vous de ce que je vous ai raconté sur la mort de mon grand-père. C'est pour cela que j'affirme que la plus grande des peurs est de ne pas être aimé. Ce sont tous ces différents contextes qui ont fondé mes craintes et m'ont fait devenir dépendante affective.

Toute ma vie, j'ai essayé de faire tout ce que j'ai pu pour être différente de mes parents, mais cela m'a conduite tout droit dans le mur. Les résultats étaient les mêmes.

Je me rappelle avoir dit à la psychologue lors de mon divorce :

« Je ne comprends pas pourquoi cela m'arrive. J'ai pourtant fait l'inverse de mes parents et je me retrouve moi-même à divorcer alors que tout était parfait. »

Parfait pour qui ? Pour moi, quel beau mensonge ! En tout cas, cela ne l'était plus pour mon ex-mari. Lui avait décidé de me quitter, car il ne voulait plus de cette vie-là. Par contre, au moment où il m'a annoncé son intention de divorcer, je ne l'ai pas compris sous cet angle. Pour moi il me quittait, donc il m'abandonnait. Tout comme ma mère l'avait fait avec mon père et avec nous, mon frère et moi, quand elle avait décidé de vivre sa vie.

Au final, ce sont eux qui ont eu le courage de dire **« stop**, cette vie ne me convient plus »** et de choisir un autre chemin. Une fois encore, on voit par cette expérience de séparation que l'on doit faire les choses pour nous-mêmes, pour respecter qui nous sommes vraiment et non pas pour remplir ou assouvir les besoins des personnes qui nous entourent. Alors autant ne pas avoir peur du changement. Prendre notre courage à deux mains et changer ce qui ne nous convient plus pour aller vers cette quête qu'est le bonheur.

J'aimerais partager avec vous une lettre que j'ai écrite à la demande expresse de mon ex-compagnon, celui que j'ai évoqué précédemment et que j'ai qualifié plus haut de pervers narcissique (PN). Vous la trouverez en annexe 2 : « La lettre, À TOI ».

J'y ai ajouté une lettre écrite par un manipulateur, pervers narcissique en annexe 3.

Vous comprendrez un peu mieux ce qui se passe dans la tête d'un PN et pourquoi j'ai pu attirer ce genre de personnage, même si je vous en ai déjà expliqué la raison.

Avec le recul, et le temps de pause que la vie m'a imposé pour pouvoir me soigner, la maladie m'a fait prendre conscience que la vie était belle et que je devais vivre. Mon amour pour mes enfants et pour toutes les choses qui m'entouraient devint une force extraordinaire. J'avais compris l'essentiel : vivre réellement la vie que je me suis toujours refusée par crainte de ne pas y arriver. D'être déçue. De me sentir rejetée. De ne pas plaire à tout le monde. La peur m'avait tétanisée, pendant bien trop d'années elle avait rendu ma vie morose. Cette fois, il n'était pas question de laisser à nouveau la peur m'envahir. J'avais fait un énorme pas.

Plus jeune, vers mes six ans, j'avais senti au fond de moi que j'étais différente. Je ressentais les émotions de tous ceux qui m'entouraient. Je sentais que toutes ces émotions traversaient mon corps, si je puis dire ainsi. En fait, elles faisaient bien mieux que traverser, elles restaient à l'intérieur de moi. J'étais une vraie éponge émotionnelle.

Comment faire pour vivre avec cette hypersensibilité ? Du haut de mes six ans, je n'en savais rien. J'ai donc continué à grandir avec cette différence sans vraiment savoir ce qu'elle était à l'époque.

À cet âge, j'avais déjà traversé des épreuves compliquées, j'avais dû inconsciemment refuser de ressentir mes propres émotions. À la fois, qui en serait capable à six ans ?

Je me rappelle avoir été suivie par une psychologue pendant le divorce de mes parents, mais je ne pourrais pas vous raconter ce qui s'est dit pendant ces séances, juste que je me rappelle avoir fait des dessins et que je prenais toujours le feutre rouge pour les colorier. La seule chose que je ressentais, c'était de la colère que je n'arrivais pas à exprimer. J'avais juste six ans et ma vie était déjà dans le chaos.

Les souvenirs que j'en ai sont des flashs et quand je les remets bout à bout, cela me permet d'y voir plus clair aujourd'hui.

Comme cette couleur rouge, car je me souviens de la question de la psychologue :

— Pourquoi prends-tu toujours le feutre rouge et non pas les craies grasses ou les crayons de couleur ?

— C'est la seule couleur qui ne laisse pas de trace quand je colorie ma feuille. »

Avec cette seule réponse, je venais de lui dire que je n'acceptais pas le divorce de mes parents, je ne voulais en garder aucune trace. Je me sentais seule et abandonnée. J'avais gardé ça au plus profond de moi jusqu'à ce que je comprenne d'où provenait cette dépendance affective ; j'avais presque quarante-et-un ans.

Je me souviens du jour où ma mère a décidé de quitter mon père. De notre départ. De cette maison que j'affectionnais tant. Elle avait trouvé une amie pour nous conduire dans un centre d'hébergement pour femmes seules avec des enfants. Nous y sommes restés une année.

Assise à l'arrière de la voiture, je regardais mon père qui était sur le bord de la route et qui levait la main pour nous dire au revoir. Ses yeux étaient remplis de larmes et moi, serrant ma poupée Tinnie, poupée qui pleurait toute seule quand on lui retirait sa tétine, je la lui remettais pour qu'elle s'arrête de pleurer et reprenais le flambeau des larmes en silence pour ne pas que ma mère m'entende. Je ne voyais que la tristesse de mon père jusqu'à ce que la route nous fît nous perdre de vue.

J'en ai toujours voulu à ma mère d'avoir fait du mal à mon père. A cette mère qui, jusqu'à son dernier souffle, l'aura toujours dénigré, le 12 octobre 2013.

Malgré tout, mon frère et moi avons passé une bonne année dans ce centre. Ma mère nous confiait sans cesse à d'autres personnes qui vivaient là également, pour qu'elle puisse chercher du travail et un logement. Le centre était juste un point de chute en attendant de refaire surface. Il y avait des activités pour nous, des jeux en plein air, des animateurs qui essayaient toujours de nous faire sourire, et cela fonctionnait plutôt bien pour tous les enfants qui se trouvaient là ; même l'école était à un pas du centre, tout était concentré sur place pour que l'on ne manque de rien.

Mon frère et moi avons bien vécu ce moment de partage dans ce centre et pour moi encore plus, car je n'avais pas ma mère sur le dos. Quand elle nous annonçait qu'elle partait, j'étais heureuse, car je n'avais plus à subir sa mauvaise humeur, ses remarques et ses coups.

Un jour, juste avant leur divorce, je me rappelle qu'elle m'avait frappée tellement fort que je ne l'oublierai jamais. C'était un jour d'été, je devais faire mon entrée en CP. J'avais donc cinq ans et demi, car je suis du 28 décembre 1976. Elle m'avait acheté un cahier de vacances et je n'arrivais pas en à faire les différents exercices. Je ne savais pas lire, ni écrire et compter comme elle l'aurait voulu. Elle s'énervait après moi. Sauf qu'un jour pas fait comme un autre, mon père rentra du travail plus tôt et vit ma mère me frapper d'une telle force qu'il ne put se contenir. Il l'attrapa par le col de sa robe et la colla contre le mur de la cuisine en lui promettant de recommencer à chaque fois qu'elle lèverait la main sur moi. Ma mère venait de me casser le nez et de m'éclater les lèvres contre la table basse carrelée en me la faisant « embrasser » plusieurs fois. Il y avait du sang partout sur moi et sur la table. Mon père a vu rouge. Après avoir prévenu ma mère, il me prit avec lui, me soigna et m'emmena dans le jardin pour respirer.

Mon père a toujours été très gentil, trop même, car la plus grosse de ses faiblesses a été d'aimer tellement fort ses deux femmes successives qu'il s'est laissé littéralement « bouffer ». Il s'est détruit petit à petit en s'enfonçant dans l'alcool. C'est tout de même très contradictoire, car mon père n'a jamais eu peur de se battre contre tous ceux qui pouvaient « l'emmerder », comme il le disait. Il a toujours dit ce qu'il avait envie de dire, sauf à ses deux ex-femmes. Il s'est assagi avec le temps, mais n'a jamais refait sa vie. Quand je discute avec lui aujourd'hui, il détient une certaine vérité qu'il n'ose pas dire pour ne pas blesser les personnes concernées. Je le ressens dans les mots qu'il utilise pendant nos échanges. Je vois bien que c'est important dans son cœur, car ses yeux s'humidifient parfois. De ce fait, je vois ce mélange de colère et de tristesse dans son regard. C'est le même regard qu'au départ de ma mère et à la mort de son père.

Mon père est un homme sensible. Ce qui le tue à petit feu, c'est qu'il ne l'exprime pas. Sa sensibilité, sa vulnérabilité restent enfermées dans son plus profond désarroi. L'amour qu'il porte aux siens, sa famille, ses enfants, ses amis, ne sera jamais exprimé par mon père. Ses émotions et ses sentiments sont bien enfouis et il ne veut pas aller les déterrer. Il a fait le choix de vivre, si je puis dire ainsi, en conservant cet amour, cette colère et cette tristesse rien que pour lui.

Est-ce un acte d'égoïsme, de protection, de peur, ou peut-être tout à la fois ? Cette réponse appartient à lui seul.

À la fois, c'est un enfant de l'après-guerre ; ses parents, l'ayant vécue, ne donnèrent pas la place aux émotions ressenties, ils voulaient juste continuer à vivre en oubliant. Les traumatismes qu'ils avaient pu vivre lors de cette Seconde Guerre mondiale restèrent à tout jamais dans le silence.

Sans oublier la figure d'autorité que représentait mon grand-père. Mon père l'a toujours défié, comme pour montrer qu'il existait, qu'il était bien là et en vie. Leur relation était bien compliquée du coup. Je détiens ces informations de ma grand-mère et de mon père, quand ils se mettaient à me confier leur passé. Mon père recherchait la reconnaissance et l'amour de son père à travers les multitudes de conneries qu'il pouvait faire. Tous les coups étaient bons pour mon père, à partir du moment où il se faisait remarquer, c'était gagné !

En y ajoutant la déception et l'échec de ses deux mariages, l'amour pour lui n'avait plus aucun sens. Par contre, je sais qu'il nous aime à travers les conversations que je peux avoir avec lui. Je ne ressens plus le besoin de l'entendre de sa bouche, ses paroles et ses actes me suffisent à le comprendre.

Il aurait juste aimé entendre ces jolis mots. Ceux qui réconfortent et rassurent un enfant. Lui tout comme moi ne les avons que très rarement, voire jamais entendus.

Vous l'avez bien compris, il s'agit de ceux ressentis dans notre cœur.

Ces trois petits mots « je t'aime ».

Pourquoi est-ce si difficile d'exprimer nos émotions et nos sentiments ?

Est-ce par pudeur ?

Est-ce par peur de ne pas recevoir le même sentiment à notre égard ?

Est-ce par peur d'être déçu ?

Qu'y a-t-il de plus beau que l'amour ?

Je voudrais revenir sur ce mot « différence ». Je vous l'ai déjà expliqué un peu plus haut, je l'ai ressenti très tôt par le fait d'être émotionnellement très sensible. Seulement voilà, une autre expérience que je ne pouvais pas refuser arriva dans le cycle de ma vie, ce fut le jour où je suis devenue une jeune fille.

Nous étions en juin 1986, j'avais dix ans et demi. J'ai détesté ce jour. J'étais déjà formée et ne supportais pas mon corps de « petit bout de femme ». Avoir des seins et ses menstruations si jeune ne me convenait pas. J'étais un vrai garçon manqué. J'aimais sauter par-dessus les fils barbelés, grimper aux arbres, courir à travers les champs pour me rouler dans l'herbe fraîchement fauchée, jouer au ballon et me battre comme un garçon, tondre la pelouse, arracher les mauvaises herbes autour de la maison pour aider mon père. Mais par-dessus tout, en grandissant, j'adorais mes pantalons troués, mes baskets et mon perfecto. J'ai toujours refusé ma féminité et cela quasiment toute mon existence.

J'ai commencé à être un peu plus féminine en divorçant, car je me suis dit que si je restais ainsi, je ne referais pas ma vie. J'ai alors commencé à me maquiller et mettre quelques robes. Cela n'a pas toujours été facile, car je n'aime pas vraiment mon physique et cela est dû à la souffrance que j'ai ressentie jusqu'à ce que je comprenne qui j'étais réellement. Mes kilos en trop, la façon dont j'ai grandi dans l'ombre de mon frère, mes deux relations sentimentales qui m'ont déçue, m'ont également fait perdre le peu de confiance que j'avais en moi, que ce soit physiquement ou intellectuellement. Cela s'arrange progressivement, car mon divorce m'a fait perdre vingt-quatre kilos et ma seconde relation quatorze kilos. Je suis donc aujourd'hui beaucoup plus mince, et pourtant, j'ai encore du mal à m'accepter. À cause sans doute de la société, mais aussi du regard dans le miroir. Certes, je suis une autre femme, plus féminine, plus jolie, plus sereine, mais la maladie m'a fait prendre en considération une autre partie de ma féminité et elle va me conduire aussi à accepter cette nouvelle différence.

Je pensais avoir beaucoup de chance dans le fait que ce cancer du sein ait été décelé précocement. On allait me guérir et les médecins qui me suivaient étaient très optimistes sur ce point. D'ailleurs, ils m'appelaient la miraculée.

C'est vrai, je suis une miraculée ; quelque part, découvrir un cancer à mon âge n'est pas ce qui est le plus important, car nous savons tous que nous pouvons être atteints par la maladie et cela à n'importe quel âge. Ce qui était miraculeux pour eux, c'était de découvrir une tumeur qui se trouvait juste en dessous de cette petite boule de graisse. Beaucoup de femmes ont des petits lipomes au niveau mammaire, heureusement que mon gynécologue du moment m'a prescrit par sécurité une mammographie sinon, comme ils me l'ont si bien dit, six mois plus tard cela aurait été catastrophique.

Après avoir effectué tous les examens qui confirmaient ce cancer du sein, ils me donnèrent mon protocole de soins, qui était finalement plus léger que ce que j'avais pu imaginer. Chirurgie pour ôter la tumeur, trente-trois séances de radiothérapie et hormonothérapie : comprimé à prendre chaque jour, pendant cinq ans. (Ce comprimé consiste à modifier le taux d'hormones pour bloquer ou ralentir la propagation des cellules du cancer du sein.) Le protocole était bouclé. Il n'y avait plus qu'à. Je le vivais plutôt bien comme je vous l'ai exposé au début de ce livre, car j'arrivais à vivre d'une autre façon : celle de vivre les moments présents, ce qui m'a donné une force extraordinaire.

D'ailleurs je ne peux plus vivre autrement, le présent est tout ce qui m'importe aujourd'hui, car il m'a fait comprendre que vivre à travers le passé et créer l'illusion du futur ne me faisait pas être heureuse. Cela me faisait soit rester dans la souffrance à cause du passé que l'on porte comme un fardeau, soit m'inquiéter pour des choses qui n'avaient pas encore eu lieu, et cela je m'en suis rendue compte lors de ce fameux été 2017 dont je vous ai fait part.

J'utilise le temps différemment aujourd'hui : je me suis rendu compte qu'en vivant les moments présents, le temps n'avait plus aucune importance. Quelle trouvaille, je vous assure ! Cela me propulsait dans un état de bien-être, une effervescence incroyable, ce que je n'aurais jamais pu imaginer. J'avais l'impression d'être « un cachet d'aspirine dans l'eau », qui ne s'arrêtait pas de fondre. Les petites bulles qui crépitaient étaient l'état d'esprit dans lequel je me sentais, c'était une vraie bouffée d'oxygène pour moi. C'est une métaphore, je vous l'accorde, mais cela m'a aidée à comprendre cet état de bien-être. Bien sûr, dans ma vie, j'ai connu des moments de pur bonheur, mais ils n'étaient que passagers, puisque je n'avais pas compris comment vivre les moments présents. (C'est comme la fin du cachet, quand il est complètement dissous.) On arrive à les vivre en ne se posant pas de questions inutiles, celles qui nous font cogiter sans cesse. Comme je l'ai dit un peu plus haut, le passé doit être derrière nous, même si on n'en comprend pas le pourquoi sur le moment. Nous ne devons pas être victimes de notre passé. Se victimiser reviendrait à rester dans la souffrance. Qui veut rester dans un tel inconfort ? Personne, je pense. Le futur ne doit pas nous faire peur, car il n'est qu'illusion. Les rêves oui, pour les réaliser et créer notre vie, pas pour avoir des craintes à cause de l'inconnu et les laisser de côté. D'ailleurs, quand on regarde ce mot **« INCONNU »,** il nous fait peur rien que de le dire, le voir ou l'entendre. C'est le fait d'appréhender l'inconnu qui nous rend vulnérables et nous fait sentir la crainte : on se sent en insécurité, la peur est une émotion qui nous met dans l'inconfort.

Si je décortique *à ma façon* ce mot **« INCONNU »**, on peut voir une chose extraordinaire. **« IN »** veut dire en anglais **« dans »,**

« à l'intérieur de ». « CONNU », quelque chose que l'on sait déjà, donc cela donne « la connaissance à l'intérieur », à l'intérieur de « nous », finalement ce mot n'est pas si terrible ! Cela veut dire que l'on peut trouver les bonnes réponses à l'intérieur de soi-même. Soit par une expérience déjà vécue. Soit par une expérience vécue par une personne qui nous entoure. Soit tout simplement en n'ayant pas peur de ce que l'on peut découvrir en réalisant cette expérience, en étant « nous », c'est-à-dire avec nos propres valeurs, émotions, notre personnalité, notre honnêteté, notre sincérité, etc., ce qui fait de nous des êtres à part entière, autrement dit « authentiques ».

Si on choisit de ne pas avoir peur de ce mot, on peut voir le futur beaucoup plus sereinement et cela nous permet d'agir en conséquence pour mettre nos rêves sur « le plan réalisation » et non pas « j'aimerais bien faire ».

Les actions font de notre vie une vraie façon de se réaliser et donc d'avancer, alors que la peur ne nous fait que reculer jusqu'à ce que l'on comprenne que cela ne nous convient plus. Il est tout de même dommage d'attendre que notre esprit ou notre corps nous disent « stop » pour procéder au changement. Il ne faut pas oublier tout de même de se retourner pour faire le point sur le chemin parcouru et mettre en avant tout ce qui a été positif, se dire qu'on est fier de soi d'avoir eu le cran de changer les choses afin de ne pas reproduire les mêmes erreurs, pour pouvoir enfin trouver le bonheur que l'on mérite tous.

Il est important de regarder les mots différemment, pas seulement dans le sens du dictionnaire ou littéraire. En les décomposant, on peut créer une autre façon de penser et se rendre compte qu'ils peuvent avoir un impact sur notre façon de vivre. Comme je l'ai très souvent dit, le poids des mots a une grande importance. LES MOTS sont plus qu'importants lors de notre construction psychique. Ils ont le pouvoir de nous structurer dès notre naissance. Ne pas oublier qu'ils ont aussi le pouvoir de destruction sur une personne. Les MOTS peuvent devenir les MAUX de demain en nous détruisant à petit feu.

En résumé, il est important de se demander ce qui nous fait « **peur** » dans l'expérience où nous voudrions entrer. De poser des mots dessus et de les laisser nous envahir pour se laisser sentir ce qu'il se passe à l'intérieur de nous. Cela nous aidera à avoir moins peur de l'inconnu. Les mots sont essentiels dans notre vie. Je reviendrai dessus dans un autre chapitre.

Plutôt sympathique, non ? Cette nouvelle façon de voir les mots.

Dans ce qui va suivre, je parle de ma différence due à la maladie.

Après plusieurs consultations à l'institut de Paris, on me proposa un test génétique, car il y avait de mon côté paternel beaucoup d'oncles décédés à cause du cancer, mais également mon grand-père. J'ai accepté le test, car pour moi il était important de savoir.

Entretemps, j'avais appris que ma petite sœur de vingt-cinq ans était elle aussi atteinte d'un cancer, celui des ovaires. Nouvelle donnée qui me conforta dans la décision d'effectuer le test. Les résultats allaient prendre du temps, entre cinq et six mois. Il fallait donc être patiente, mais j'avais déjà bien à faire avec mon protocole, donc je ne me mis pas la pression pour l'attente de ces derniers.

J'avais enfin fini mon protocole de soins. L'hormonothérapie était en route quand je reçus les résultats. Il me fallait aller à Paris de nouveau pour les avoir. On m'avait expliqué qu'ils ne pouvaient pas être donnés par courrier ou par téléphone, uniquement remis en main propre. C'était une des conditions du test. Je pris donc rendez-vous et allai les chercher. J'étais très sereine. Je venais de finir le plus gros de mon traitement, j'attendais juste la date de ma nouvelle opération, car j'avais décidé de me faire ligaturer les trompes dans la mesure où je ne pouvais plus prétendre à une contraception hormonale en raison de ce cancer. Le stérilet en cuivre ne me convenait pas, je l'avais testé pendant presque six ans. D'ailleurs, cela m'a valu une discussion très mouvementée avec mon gynécologue. Il me refusait catégoriquement ce nouveau moyen de contraception, alors qu'il m'avait dit « oui » en juillet 2017 lorsque je lui avais apporté les résultats de la mammographie. Je ne me suis donc pas privée de lui dire ce que je pensais de sa réaction. Je ne me suis pas reconnue. C'était la première fois de ma vie que j'avais osé dire ce que je pensais à un médecin, moi qui ai toujours eu peur de la hiérarchie ; mais cela est un autre sujet sur lequel je reviendrai un peu plus tard.

C'est ainsi qu'il me demanda d'aller voir un de ses confrères et de revenir le voir par la suite. Chose que je fis, mais il n'était pas question de le revoir ensuite, car depuis le début de ce cancer, il n'avait jamais osé prononcer les mots cancer, carcinome ou bien encore néo. Je les comprenais tous très bien de par mon métier, chose que je lui ai d'ailleurs signalée en lui rajoutant qu'il était mon médecin-gynécologue et que son rôle était de m'aiguiller, de m'aider, d'essayer de trouver des solutions avec moi et non pas contre moi. Il n'avait pas, de par son statut, à me juger dans mes décisions et me faire part de ses propres valeurs en ce qui concernait « la stérilisation d'une femme ». Je ne me suis pas sentie respectée et écoutée quand il m'a dit qu'il était « hors de question qu'il **stérilise** une femme ».

Il n'avait pas tenu compte de mon dossier et de ma façon de voir les choses, et pour tout vous dire, je doute même aujourd'hui qu'il ait pris le temps de l'ouvrir pour regarder tous les résultats que Paris lui avait adressés. Alors je comprends très bien que je ne suis pas une priorité et qu'il a une forte clientèle, mais j'aurais aimé qu'il me dise aussi simplement que cela puisse être qu'il n'avait pas eu le temps de se pencher dessus et qu'on échangerait nos points de vue afin que cela soit constructif et non conflictuel.

Je me suis donc mise à la recherche d'un nouveau gynécologue et en parlant avec une amie, qui est aussi une collègue de longue date, elle me conseilla d'aller voir une des gynécologues qui pratiquent là où nous travaillons. Je pris donc rendez-vous, lui apportai mon dossier complet et lui expliquai mon avis. Elle en a bien tenu compte et me proposa trois solutions en attendant d'avoir les résultats génétiques, ce qui me convenait très bien.

Mes résultats génétiques se sont révélés positifs, ce qui changeait beaucoup de choses pour la suite du traitement. J'ai eu l'impression de vivre mon cancer à l'envers avec cette nouvelle donne, car la chose que je redoutais le plus arrivait finalement. On me laissait la chance de choisir ce que je voulais faire ; j'avais une année pour me documenter, me renseigner et prendre au moins deux avis sur la question.

Dans un premier temps, on m'a conseillé de faire une ablation des annexes, c'est-à-dire ovaires et trompes. Sauf que le traitement par hormonothérapie peut entraîner un cancer de l'utérus. Un effet secondaire à ne pas négliger. Je pris donc le temps de la réflexion pour prendre la décision d'avoir recours à une hystérectomie (ablation de l'utérus). Cela faisait partie des trois choix que ma nouvelle gynécologue m'avait proposé. Après avoir obtenu trois avis médicaux sur la question et après avoir bien réfléchi de mon côté, je consentis à cette nouvelle opération en acceptant l'hystérectomie et l'ablation des annexes—ce que l'on appelle « une totale » dans le jargon féminin. Je savais aussi que je ne voulais plus d'enfant du jour où j'ai accouché de mon troisième. La décision a été du coup plus simple à prendre. La maternité est une des choses les plus féminines. Mettre au monde un enfant, quel plus beau cadeau de la vie. J'en avais fait l'expérience trois fois. C'est ainsi que j'ai accepté cette nouvelle étape.

L'autre question qui atteignit également ma féminité, c'était celle de l'ablation bilatérale de mes seins. Perdre mes deux seins en sachant qu'il existe la reconstruction ou prendre le risque de la récidive et de retomber dans des traitements lourds en sachant que cela finirait par une ablation.

Vivre avec une épée de Damoclès ou vivre plus sereinement en limitant au maximum les risques ?

Vivre avec un danger constant au-dessus de ma tête n'allait pas m'aider à garder ma sérénité et vivre les instants présents, même si aujourd'hui je sais le faire. Alors il est vrai que l'on peut mourir du jour au lendemain d'un accident ou à cause de tout autre imprévu de la vie, mais là je savais, donc je ne pouvais pas faire la politique de l'autruche et ne pas en tenir compte.

J'aime la vie et encore plus depuis que j'ai découvert comment la vivre au présent. Je me suis débarrassée de mon passé qui était un poids énorme sur mes épaules, alors je n'allais pas choisir de laisser le futur décider à ma place. J'allais tout de même attendre d'avoir bien toutes les cartes en main pour prendre cette décision. Mais au plus profond de moi, j'en connaissais déjà la réponse.

Ce qui est paradoxal, c'est que j'ai toujours refusé ma féminité et aujourd'hui, je dois prendre la décision de la perdre réellement et dans sa totalité. Je vous avoue que mon ressenti ce jour-là a été terrible, car j'ai pris ça comme une punition, Nous étions le 15 février 2018.

Mais je n'oublie pas que la plus belle chose que l'on puisse avoir, c'est ce que l'on dégage par notre façon d'être, notre personnalité, surtout quand on a trouvé **« qui on est vraiment »**.

« L'amour de soi, l'amour des autres et de tout ce qui nous entoure » seront toujours présents si nous savons garder notre authenticité. Voilà où se trouvait ma différence depuis toujours, c'était ma féminité au masculin. Cette féminité non acceptée, celle qui m'a poussée dans mes retranchements les plus extrêmes pour enfin la vivre en acceptant qui je suis.

Qu'est-ce que la différence [7] ?

La différence : *absence d'identité, de similitude entre des choses, des personnes ; caractères qui les distinguent l'une de l'autre. Ce qui reste lorsque*

---

7 www.larousse.fr

l'on soustrait une quantité d'une autre, résultat d'une soustraction. Ce qui cons-titue un écart entre deux ou plusieurs personnes ou choses, entre deux grandeurs.

Absence d'identité, voilà qui est intéressant. À cause de cette absence d'identité, il m'a fallu quarante années pour trouver qui j'étais. Il est vrai qu'à travers mes rencontres et mes différentes expériences, je peux dire aujourd'hui avec une grande conviction que je suis très heureuse de savoir **« qui je suis »**.

Avec le temps, j'ai pu enfin accepter ma différence, et plutôt que d'en faire un défaut qui me procurait de la souffrance, je l'ai transformée en une force. Celle qui a fait de moi, une fois encore, une personne différente, mais cette fois-ci en l'acceptant et l'intégrant à mon identité. Voilà comment encore **« inverser le processus »**.

C'est une manière de faire de nos faiblesses une force. Cela nous permettra de voir les différentes épreuves que la vie nous réserve avec un point de vue différent, c'est-à-dire en inversant nos côtés négatifs en côtés positifs. N'oublions pas que le positif attire le positif, donc faisons de nos expériences vécues une force et non pas une souffrance.

Souffrance et force, deux mots différents qui pourtant nous apportent la preuve « du pouvoir des mots » que l'on utilise. Le mot **souffrance** résonne d'une façon **négative** et le mot **force** d'une manière **positive** ; **« inverser le processus »** de réflexion est une chose extraordinaire. Il faut juste s'entraîner chaque jour à l'utiliser pour que cela devienne une habitude et que l'on conserve ainsi notre plénitude au quotidien sans oublier de vivre les moments présents, ce qui commence à faire une vraie recette pour enfin vivre et non survivre.

La différence pour moi a été dure à vivre, car j'avais peu d'amis à l'école et cela depuis mon plus jeune âge. Personne ne voulait jouer avec moi, car j'étais brute dans mes gestes et je ne voulais pas jouer à la corde à sauter ou à l'élastique. Les garçons, quant à eux, ne voulaient pas d'une fille dans leur équipe de foot, de handball ou de basket-ball. J'ai dû m'adapter à cette situation en faisant semblant pour avoir un minimum d'amis et ne pas me sentir seule. Néanmoins, le fait de ne pas être moi dans ma globalité m'a fait devenir une personne qui m'était étrangère, d'où encore une perte d'identité à cause de stéréotypes dus à la société et que l'on nous transmet de génération en génération.

J'aimerais ajouter une petite phrase : **« La différence est un atout ou un défaut, tout dépend où l'on place la barre ! »** C'est une phrase que j'ai écrite le 22 décembre 2016. Aujourd'hui, j'ai fait un atout de ma différence, car elle m'a permis de me remettre en question et de la comprendre. Alors même si je dois perdre ma féminité, je sais ce que je vaux et qui je suis. Je vais donc conclure ce petit paragraphe sur la différence avec une citation.

« Ne vous confondez pas ma personnalité et mon attitude. Ma personnalité, c'est qui je suis et mon attitude, elle, dépend de qui vous êtes. [8] »

Ce qui va suivre parle de la société et encore de la différence. Elle fait partie une fois de plus de mon propre vécu.

---

8 Citation d'un inconnu, tirée de www.pinterest.com

Regardons de plus près ce phénomène de **« société »**. C'est un gros morceau qui entre dans notre vie et cela depuis notre plus jeune âge.

La société dans laquelle nous vivons nous inculque une façon de vivre dans notre quotidien.

C'est elle qui nous permet de prendre des repères et de nous organiser, par l'obligation de la suivre dans le sens où l'on doit avoir un travail, créer sa propre famille, payer ses factures. Tout nous pousse dans la consommation de tout et de rien. C'est une société de consommation où, sans s'en rendre compte, on évolue au fil de tout ce qu'elle nous envoie.

Depuis notre plus jeune âge, on nous façonne à travers la télévision, les médias, et qui plus est les réseaux sociaux maintenant. Il est donc difficile de trouver notre propre personnalité à travers tout **« ce » et « ceux »** qui nous entourent. Nous grandissons à travers les valeurs des autres, c'est-à-dire celles de notre famille, nos parents, des différentes institutions telles que « l'école » et de ce que l'on voit ou perçoit.

J'ai été la première à faire regarder la télévision à mes enfants par le biais des DVD, ceux qui racontent des histoires de princes charmants, ceux qui donnent des leçons de morale, qui nous aident à faire grandir nos enfants avec un côté ludique pour eux et un côté qui donne la tranquillité à nous parents pour pouvoir effectuer nos différentes tâches quotidiennes.

Alors écrit comme ça, cela paraît dur à entendre, mais c'est bien ce que l'on fait pour pouvoir s'organiser, diriger et contrôler tout ce que nous avons prévu de faire dans la journée et occuper nos enfants. On culpabilise moins en les occupant de cette manière, juste pour que nous soyons en paix avec nous-mêmes.

Pour continuer sur ce paragraphe **« société »**, je vais aussi vous parler de **« l'effet mouton »**.

Qu'est-ce que **« l'effet mouton »** [9] ? On entend également ce terme : « le mouton de Panurge ».

Cela signifie : faire la même chose que les autres, suivre une mode, se conformer à une idée dominante, en éliminant tout sens critique.

Dans un troupeau, nous en l'occurrence, on trouve toujours un chef. Quelqu'un ou quelque chose qui nous pousse à le suivre bêtement sans réfléchir au pourquoi on fait ceci ou cela, donc on ne s'interroge pas sur le fait de savoir si cela nous convient vraiment, c'est ce que l'on appelle **« l'effet mouton »**.

La société représente tout ça parfaitement et c'est ainsi que nous entrons dans un système où l'on se conforme aux idées ou idéaux de cette dernière, donc cela ne nous aide pas non plus à trouver notre propre personnalité.

Reprenons à nouveau mon mariage, vingt-deux ans passés ensemble à construire notre vie, ayant des rêves que l'on a concrétisés au fur et mesure en respectant nos valeurs, nos principes et notre

---

9 www.google.com

façon de penser. Nos valeurs étaient identiques à tous ces moments précis où on les a mises en place.

Par exemple, **la sécurité,** (d'être en couple, d'avoir un emploi stable) : ce qui renforce cette valeur, c'est la puissance de la force de vouloir être ensemble, trouver un travail stable, c'est ce qui apporte la stabilité, donc **la sécurité.** On se sent plus fort à deux et cette force nous porte jusqu'à la concrétisation du projet à réaliser. Autre exemple, **la valeur matérielle :** c'est de ne manquer de rien pour subvenir à nos propres besoins, mais aussi à ceux de nos futurs enfants ou encore à tous ceux qui nous entourent. Les biens matériels ont pris une place importante à ce moment-là et par l'apport de cette valeur « **sécurité** ». Nous n'avons pas peur d'acheter ce que l'on veut ou ce dont on a besoin.

Ceci juste pour vous faire comprendre le raisonnement que l'on a quand on a des valeurs communes et dans la même hiérarchie. Cela nous permet de marcher main dans la main en avançant sans se retourner. Mais cela nous permet également d'entrer dans la société, dans ce qu'elle veut qu'on fasse pour en faire partie. Faire comme tout le monde de peur d'être jugé.

Avons-nous réellement envie de faire partie de cette société où l'on nous impose, d'une certaine façon, comment construire notre vie et comment la réussir ?

N'oublions-nous pas une chose importante sur ce chemin tout tracé ?

Je vais vous raconter une expérience personnelle, dont je ne vous ai pas encore parlé.

Parmi mes trois enfants, qui sont bien différents dans leur façon d'être, j'en ai un qui sort du lot. Vraiment, comme on dirait chez nous, « il ne rentre pas dans le moule ».

J'ai toujours su qu'il était très à part, mais quel mal j'ai eu à le comprendre. Pourquoi était-il ainsi alors que nous les élevions de façon quasiment identique ? Avec nos mêmes valeurs sur l'éducation, nous avons, malgré toutes les difficultés, continué à l'éduquer de la même manière que les deux précédents.

Après de multiples tentatives de compréhension qui ont été très dures pour moi à cette époque, le jour finit par arriver où mon fils avait tellement puisé dans mon énergie que j'en suis presque venue à en baisser les bras. Mais pas n'importe comment. Mon besoin en tant que mère était de trouver une solution pour son bien-être, le mien et tous ceux qui l'entouraient. Sa maîtresse de dernière année de maternelle n'en pouvait plus non plus et m'interpella deux fois par semaine pour me décrire son ras-le-bol face à mon fils. Je n'ai rien nié. Je la comprenais. Seulement voilà, entendre parler de son fils de la sorte, c'en était trop pour moi. J'ai donc craqué. Il me fallait de l'aide.

Je pris alors la décision de prendre un rendez-vous avec mon pédiatre sans l'emmener avec moi. Je voulais pouvoir parler de mon enfant en toute sincérité sans que cela ne le blesse. À ma grande surprise, après une description de sa façon d'être, le pédiatre m'annonça qu'il avait une pathologie. Mon enfant était bien différent, alors que je pensais que cela n'était que caprices et autres subterfuges pour attirer notre attention. Cette pathologie ne se voit pas physiquement, mais dans son comportement. Le jour où j'ai accepté le fait que mon enfant était différent, je n'ai plus jamais arrêté de me battre pour lui. Pour qu'il puisse trouver enfin un équilibre. Pour qu'il trouve enfin sa place à l'école, mais aussi au sein de notre famille sans que sa différence ne lui pose de souci. Ce n'est pas chose facile, car dès qu'un enfant a de multiples dysfonctionnements, l'école dans notre société d'aujourd'hui, cette institution gratuite qui permet à nos enfants de s'instruire et d'évoluer en même temps qu'ils grandissent, n'est pas conçue pour ces enfants-là. Il existe très peu d'écoles publiques en France pour apprendre à ces enfants, si différents qu'ils soient, à s'épanouir en fonction de leurs autres capacités. Je trouve cela bien dommage, car une fois encore cela reflète que nous devons nous conformer à l'institution qui a été définie par notre pays il y a fort longtemps. Suivant le gouvernement mis en place, il y a des petits pas, mais cela reste bien insuffisant. Ces enfants ont un besoin qui n'est pas dans les manuels scolaires. Ces enfants si différents des autres ont juste des besoins d'apprentissage différents. C'est en passant par l'expérience, la manipulation des objets, pouvoir bouger, dire leurs ressentis, qu'ils peuvent apprendre.

Bien que nous vivions dans un pays démocratique avec notre libre choix face aux décisions que nous avons à prendre, nous devons quoi qu'il en soit nous plier à son fonctionnement. Nous devons « rentrer » dans le moule que l'on nous impose d'une façon ou d'une autre.

Je n'ai rien contre toutes ces lois ou autre système de fonctionnement qu'est notre belle Constitution, que nos ancêtres ont su construire à travers les différentes guerres et en se battant pour avoir cette liberté d'expression et devenir des personnes libres. Le 4 août 1789, ne l'oublions pas, a été le jour où les droits de l'Homme ont vu le jour. Il faut des limites dans tous les domaines pour éviter l'anarchie, mais je trouve seulement regrettable que l'on ne nous écoute pas plus souvent en intégrant le partage, la solidarité, la communication constructive, l'écoute pour avancer d'une manière à nous tenir la main pour progresser ensemble. C'est l'union qui fait notre force à tous. Nous avons tendance à omettre ce détail dans la vie de notre société. Pourtant, quand nous regardons notre schéma familial, amical et sentimental, c'est bien dans l'écoute, dans la communication constructive, en partageant et en étant solidaires avec les gens qu'on aime que cela fonctionne et nous rend heureux.

Ce que je retiens sur **« notre société »,** c'est que oui j'accepte qu'il y ait des règles, mais sans oublier que j'ai le libre arbitre de mes décisions en respectant qui je suis afin de ne pas me perdre à nouveau et de suivre mes critères, mes valeurs et mes principes. Celles que j'ai trouvées et mises en place en fonction des expériences que j'ai vécues et celles que je serai amenée à vivre. Je fais le choix de vivre en n'ayant plus peur de changer l'ordre de mes priorités et la hiérarchie de mes critères, principes, valeurs, en tenant compte de mon regard et non plus uniquement de celui des autres ou de la société. Je ne serai plus un mouton !

Pour conclure cette expérience que je viens de partager avec vous, j'attire votre attention sur le fait qu'avoir voulu élever notre enfant de la même manière que nos deux précédents n'a pas été la solution. Nous avions à ce moment de notre vie toujours les mêmes valeurs. Elles n'avaient pas changé de place dans nos priorités sur l'éducation de nos enfants. Et pourtant la vie en avait décidé autrement. Nous avions un enfant imparfait. Imparfait aux yeux de qui ?

De la société seulement… ? Non, pour nous ses parents bien sûr, pour nous faire comprendre que justement rien n'est parfait.

Je voudrais également vous faire part d'une autre crainte qui se présenta tout au long de ma vie, car je n'en avais pas compris le sens jusqu'à ce que je l'identifie : la hiérarchie.

La hiérarchie [10] a plusieurs significations.

C'est une classification dans laquelle les termes classés sont dans une relation de subordination, chaque terme dépendant du précédant et commandant le suivant.

1.Dans une collectivité (société, institution), organisation qui classe les personnes, leurs états, leurs fonctions selon des échelons subordonnés les uns aux autres, chaque échelon correspondant à un degré (de pouvoir, de responsabilité, de compétence, de dignité etc.) supérieur à celui de l'échelon immédiatement inférieur : Hiérarchie sociale.

2.Ensemble de personnes qui sont au sommet de la hiérarchie, qui décident, dirigent : La hiérarchie l'a décidé ainsi.

3.Classification dans laquelle les éléments sont ordonnés en une série croissante ou décroissante, selon un critère de valeur ou d'importance : Hiérarchie des salaires.

Nous pouvons voir dans ces différents sens que nous sommes confrontés à la hiérarchie dans bien des domaines et elle nous suit sans cesse.

---

10 www.larousse.fr

La première est la figure d'autorité. Celle qui commence au moment où nous voyons le jour ; vous l'avez bien compris, il s'agit de la hiérarchie parentale.

Nous nous plions aux exigences de nos parents par respect, car ce sont eux qui nous nourrissent, nous éduquent, nous inculquent des principes, nous guident, nous protègent jusqu'à ce qu'on puisse voler de nos propres ailes.

Ensuite, il y a la hiérarchie au sein du monde du travail où, suivant notre place dans l'entreprise, on se fait diriger.

Il y a bien sûr celle de la France, qui est représentée par notre président et son gouvernement, où nous nous trouvons une fois de plus dirigés et contrôlés par une multitude de lois, de décrets et d'ordonnances.

On peut donc voir que, tout au long de notre vie, nous sommes dirigés et contrôlés de bien des manières différentes.

Quelques petites anecdotes, qui m'ont fait prendre conscience d'où venait ma peur de la hiérarchie.

Dès notre entrée au CP, les dictées de mots commencent, et plus on monte dans les classes supérieures, plus les dictées se transforment en phrases, pour finir avec des textes plus complets. Tout ceci fait partie de l'apprentissage scolaire. Jusque-là, tout est normal. Enfin, pas pour moi. J'éprouvais énormément de difficultés dans cette matière. Je perdais tous mes moyens dès que j'entendais le mot **« dictée »**. La dictée est un mot qui demande de la confiance en soi, c'est-à-dire d'écrire tous les mots de la dictée sans avoir de doute sur leur orthographe. Je me retrouvais avec des zéros pointés, sans compter

que certains de mes instituteurs arrivaient à mettre des notes négatives et qu'ils reprenaient ces points négatifs sur les dictées suivantes.
En plus, ils rendaient les copies en disant tout haut et par ordre dé-
croissant les notes de chacun. Imaginez le stress et le sentiment de
honte qui augmentaient quand vous entendiez que les notes descen-
daient et que votre nom n'était toujours pas prononcé. En prime,
on avait le droit aux petits commentaires de l'instituteur, sans oublier
ceux des camarades de classe. Cette phrase, aussi petite soit-elle, a
résonné longtemps dans mon esprit : « Virginie, zéro, comme d'habitude ! »

Avec du recul, je me suis rendu compte que le temps aussi jouait
dans cette pression que je ressentais. Le temps imparti à la réflexion
était trop juste pour moi. Et pourtant, quand je me souviens de ces
moments de dictée, qu'est-ce que le temps était long.

Ma crainte venait de la peur de l'échec. Je n'ai jamais réussi à me
concentrer à cause de cette peur. De quoi avais-je peur ? Plutôt de
qui ?

C'est ainsi que j'ai continué à grandir en pensant que j'étais nulle.
Cela n'a fait qu'accentuer mon manque d'estime et de confiance en
moi, sans oublier que cela augmentait d'un autre côté ma peur de
l'autorité. Souvenez-vous de la façon dont ma mère me traitait déjà
quand il s'agissait de me faire faire mes devoirs. J'avais tellement
peur de mes parents, à cause de leur côté très autoritaire, que je n'ai
osé leur dire ma façon de penser que très tardivement. Je n'ai que
rarement défié leur autorité. Quand cela se produisait, c'est que mon
ras-le-bol était au summum. Je gardais bien trop souvent cette colère
au fond de moi.

Il y avait aussi autre chose qui me faisait peur et qui, aujourd'hui, prend du sens : c'était l'orage.

Quand un orage se préparait, je sentais en moi l'angoisse augmenter. J'étais confrontée au bruit assourdissant du tonnerre, accompagné des éclairs ; mon cœur battait la chamade. J'étais tétanisée face à ce phénomène météorologique. Quand je me trouvais chez moi et qu'un orage approchait, je me camouflais sous mes couvertures afin d'atténuer le bruit et de ne pas voir les éclairs. J'étais comme paralysée. J'avais un sentiment d'impuissance et d'insécurité.

Ma peur de l'orage à cette époque représentait ce qui se passait à la maison. Les disputes à répétition entre mes parents et les cris de colère de ma mère contre moi.

Comment pouvais-je faire pour ne pas avoir peur ? J'étais si jeune.

Tous deux étaient censés me rassurer, me protéger. En réalité, ils n'en firent rien.

J'ai grandi avec des angoisses et de l'anxiété jusqu'à que je n'y prête plus attention, enfin que je ne les ressente plus. À la longue, je m'étais juste coupée de mes émotions sans m'en rendre compte, en me repliant sur moi. Je n'osais plus parler de mes ressentis et encore moins demander de l'aide.

Par cette petite expérience de dictée, on peut voir encore une fois que le poids des mots peut contribuer à une perte de confiance en soi. Ce qui, inconsciemment, nous dévalorise. Ajouté à ceci toutes nos expériences vécues comme des échecs, cela fait de nous des êtres en souffrance. Cette peur de l'autorité m'a conduite à la crainte de la hiérarchie, mais aussi à la peur du conflit. Nous acceptons tout sans condition, même si cela ne nous plait guère. Voilà encore une chose qui fait que, pour ne pas décevoir et ne pas se sentir rejetés et être aimés de tout le monde, nous mettons notre propre personnalité et nos propres besoins de côté. C'est une dépendance affective profonde qui s'installe, avec une confiance en nous qui se trouve pour le coup affaibli. Nous nous dirigeons donc vers des personnes qui pourront nous aider et combler ce besoin qui nous manque.

Lorsque ces personnes nous aident, nous nous soumettons à leurs exigences sans rien dire et nous les laissons nous diriger ou nous contrôler pour ne pas les perdre, car nous pensons que, sans elles, nous n'y arriverons pas. Cela démontre le pouvoir qu'elles ont sur nous.

Ou plutôt, quel pouvoir nous leur donnons.

C'est ce que j'ai pensé quand j'ai divorcé : sans mon mari je n'y arriverais pas, et cela me terrifiait au plus haut point. Un jour, une de mes tantes m'a dit :

« Tu y arriveras. Tu as toujours tout fait chez toi. La seule chose qui va changer, c'est qu'il ne rentrera plus tous les soirs. »

C'est ainsi que j'ai commencé à accepter mon divorce et à ne plus lui laisser le pouvoir de décision sur moi. Cela nous a valu des discussions très mouvementées, mais j'avais compris que je devais me prendre en main. Seule.

L'histoire avec le compagnon, celui que j'ai appelé le pervers narcissique (PN), se résume à la même chose, ne plus lui donner le pouvoir de me contrôler. Cela a été difficile car je l'aimais passionnément. Comme dit le dicton : « L'amour rend aveugle. »

Je me rends compte une fois de plus que la peur avait pris le dessus et cela depuis mon plus jeune âge, à cause d'un mot, « **dictée** », qui entraîne le mot « **dictature** », qui entraîne le mot « **pouvoir** », ce qui nous emmène vers « **l'autorité** », **peur du pouvoir que l'on peut avoir sur nous en passant par l'autorité supérieure, qui est la** « **hiérarchie** ». Ce qui nous conduit à perdre nos moyens devant les gens qui sont classés dans cette hiérarchie à cause du manque de confiance en soi. Nous devenons donc des personnes vulnérables, dépossédées de toutes nos capacités, par peur de dire ce que l'on pense. Je me suis rendu compte également que j'avais peur de mon propre pouvoir : celui de montrer **qui je suis réellement.**

Nous pensons être redevables envers les gens qui nous tendent la main. OUI, nous devons leur faire connaître notre gratitude, mais en aucun cas devenir des personnes qui disent « **Amen** » à tout dans le seul but de ne pas décevoir ou de ne pas perdre ces gens qui comblent nos besoins, d'où l'importance de trouver « **qui on est** » afin de pouvoir nous affirmer. Nous sommes tous capables de trouver nos propres capacités et de les développer pour montrer ce que l'on vaut vraiment, c'est-à-dire sans compter sur les autres pour remplir nos besoins ou les leurs. Cela va nous faire tendre à devenir des personnes autonomes et indépendantes en gagnant en confiance en nous.

Apprendre à dire « **NON** » est une chose qui demande beaucoup de courage, car nous avons peur des représailles, de nous faire rejeter ou de perdre les gens qu'on aime. Mais si les choses sont dites en mesurant l'impact des mots utilisés, la communication sera présente, les personnes à qui nous dirons « **non** » prendront en considération notre point de vue. Cela ne changera pas leur façon de nous voir, car elles nous apprécient pour ce que nous sommes, et non pas à travers nos actes. C'est ce que j'appelle **le respect de soi et des autres.** Cela permet à chaque personne d'avoir une ouverture d'esprit plus grande. N'oublions pas : cela est valable dans tous les domaines, l'écoute et la compassion font partie intégrante d'une bonne communication. Si cela ne se révèle pas être le cas, c'est une communication à sens unique et l'on va se retrouver face à des complications. Il serait alors judicieux, pour ne pas se heurter à un mur, d'accepter les différents points de vue et d'en tirer le meilleur parti pour nous faire avancer et non pas entrer dans le conflit.

C'est plutôt constructif, non ?

Et, du coup, beaucoup plus valorisant pour les deux parties. Il faut voir ça comme un échange de bons procédés et acquérir une certaine stabilité. Confiance et estime de soi, mais aussi une nouvelle façon de mieux se comprendre et comprendre l'autre. Pour que cela puisse exister, il ne faut pas être obtus, orgueilleux et entêté.

N'ayons plus peur de dire ce que l'on pense à partir du moment où cela nous permet d'être qui nous sommes et d'en sortir grandis par le biais d'une communication constructive.

N'ayons plus peur de ce mot « hiérarchie », qui ne désigne rien d'autre qu'une organisation de l'autorité et qui devrait simplement servir à nous respecter réciproquement.

En conclusion de ce chapitre, je retiendrai que mes rencontres et mes expériences m'ont fait grandir et devenir plus forte.

En prenant le temps de me poser, d'analyser ce qu'elles ont pu m'apporter de positif et de lâcher prise sur mon passé, cela m'apporte un bien-être et une paix intérieure. La sérénité retrouvée pour continuer à marcher vers un lendemain sans m'en inquiéter. C'est ce qu'on appelle le pouvoir du moment présent, rappelez-vous. Je peux aujourd'hui les vivre, ces moments présents, sans avoir de regrets, de rancœurs et de ressentiments. C'est un réel confort de pouvoir vivre au quotidien de cette façon. À chaque nouvel événement dans ma vie, je me pose les bonnes questions, celles qui me donnent de bien meilleures réponses et non plus celles qui tournent en boucle, car j'ai constaté que ces dernières me faisaient rester dans la souffrance. J'ai réussi à dire stop à cette souffrance en ayant le cran de me découvrir. Cela m'a permis d'ôter les différents masques qui m'empêchaient d'être authentique. J'ai enfin trouvé mon propre pouvoir, celui d'exister enfin pour qui je suis.

Chapitre 5

L'amour avec un grand « A »

Il y a tellement de choses à raconter sur ce joli sujet que je ne pourrai pas entièrement l'aborder. Mais je vais vous parler de l'essentiel et de ma façon de le voir.

L'amour se retrouve dans bien des domaines. L'amour de sa famille, de son travail, dans les relations amicales, spirituelles, sans oublier ce que tout le monde recherche, l'amour d'un partenaire de vie.

N'oublions pas non plus toutes ces petites ou grandes choses que seule la nature a le secret de nous dévoiler tous les jours si on prend le temps de regarder autour de nous.

Rappelez-vous quand je vous ai raconté que je regardais le monde avec des yeux d'enfant. J'avais l'impression de découvrir tout ce qui m'entourait pour la première fois.

Qu'est-ce que l'amour ?

Il appartient à chacun de trouver l'amour qui lui convient, cependant le vrai amour est celui de l'Amour inconditionnel. Je vais développer, mais ne vous y méprenez aucunement, car pour l'atteindre, il y a un long chemin à parcourir. Et seul notre **« nous intérieur »** peut nous y conduire.

Le **« nous intérieur »** dont je vous parle ici est le même que celui que je vous exprime depuis le début de mon livre, trouver **« qui nous sommes »**. C'est aussi ce que l'on appelle notre âme. C'est notre SOI profond, celui qui nous donne le tempo, celui qui indique le chemin si nous cessons de l'ignorer. Celui qui ne demande qu'à exister tel qu'il est. Sans ne plus craindre **d'être** tout simplement. C'est cette petite voix intérieure qui nous parle, du moins si nous l'écoutons.

Depuis que j'ai découvert qui je suis réellement, je n'attends plus de retour concernant mes actions, c'est-à-dire celles que je mets en place pour aider mon prochain. J'aide les gens, mon entourage **avec qui je suis.** Aider, écouter, guider, accompagner, rendre service sont des parties intégrantes de ma personnalité. De par ma profession, je l'ai toujours su et ressenti au plus profond de moi. Ce que je n'avais pas saisi, c'était que finalement, j'attendais en retour de mes « bonnes actions » une reconnaissance de la part des autres. Aujourd'hui, je sais que peu de personnes me la donneront. Je suis la seule à pouvoir me l'accorder en prenant tout simplement ma place. Ma place dans ma vie de femme, de mère, dans ma vie familiale au sens plus large, dans ma vie professionnelle, amicale, et aussi spirituelle. Je vis en me suffisant à moi-même. C'est ainsi que je suis enfin parvenue à m'aimer dans ma globalité. Je suis devenue une personne entière, et j'ai enfin trouvé ma complétude. Cela me permet de ne plus m'oublier et de garder l'équilibre de mon être. Pour y arriver, j'ai dû apprendre à repérer mes besoins et les respecter en faisant le choix d'écouter mon corps, mon cœur et mon esprit.

Je tendrais donc à dire qu'il existe plusieurs sortes d'amour, mais un seul avec un grand « A ».

Personnellement, j'en ai vécu trois.

L'amour partagé.

L'amour passionnel.

L'Amour inconditionnel.

J'aimerais faire un petit aparté sur certains mots comme les émotions, les sentiments, la conscience, l'inconscient, la couleur rouge et l'union, pour que l'on comprenne bien leur signification.

Les émotions sont des réactions affectives provoquées par notre environnement. Elles peuvent être plus ou moins intenses. Elles modifient notre façon de ressentir les choses dans notre corps. Par exemple, la peur accélère notre rythme cardiaque et nous donne des frissons dans tout le corps. Une joie intense peut entraîner également ces changements physiologiques. Mais une fois ces réactions passées, tout rentre dans l'ordre, c'est ce que l'on appelle une réaction affective transitoire. Il existe cinq émotions : la joie, la peur, la tristesse, la colère et le dégoût.

Une sixième et voire même une septième peuvent également apparaitre, celle de la haine et celle de la surprise. En ce qui concerne la haine et la surprise, elles ne sont que peu reconnues dans le monde des émotions à mon avis et pourtant, elles existent bien. Seulement, elles apparaissent au bout du bout de l'insupportable et/ou quand on s'y attend le moins.

Prenons l'émotion de la haine, qui à elle seule est un moyen de dire STOP. La haine est une émotion qui indique un trop plein. Trop plein de colère, trop plein de dégout, trop plein de tristesse, trop plein de peur. Je pense que la haine nous envoie un message puissant, un message de prise de décision quand la coupe est plus que pleine. C'est ce que je pense mais cela est mon avis personnel.

La haine peut être un moteur extrêmement puissant et il est important de la considérer comme une émotion avant qu'elle nous apparaisse comme un sentiment car elle peut nous faire prendre des décisions où le retour en arrière est impossible. Quand la haine nous fait prendre des décisions positives, c'est très bien. Mais il existe aussi des décisions qui peuvent être prises sans plus avoir de discernement. C'est le trou noir complet. Le suicide en fait partie. Très peu de personnes comprennent ce qu'est vraiment le suicide. Pour avoir eu moi-même des pensées aussi sombres, je pense qu'entre l'amour et la haine, il n'y a qu'un pas. Un basculement qui ne nous fait plus réagir, car notre force de vie est tellement infime, que mettre fin à ses jours reste la solution qui nous parait la seule possible. Alors oui, il y a une chose importante qui se passe à ce moment-là. Suis-je capable de demander de l'aide ? Ai-je encore une lueur d'espoir ? Est-ce que je la perçois ? Personnellement, je l'ai toujours ressentie, aussi petite fit-elle. Je sais également que pour d'autres, cela n'est pas possible. Ma mère a essayé plusieurs fois de mettre fin à ses jours. Cela lui a valu énormément de souffrances physiques par la suite.

Son corps était plus qu'abimé. Sa psyché également. Elle n'a jamais retrouvé cette force de vie. J'ai mon opinion sur le suicide, mais je ne l'exprimerai pas. Pourquoi me diriez-vous ? Tout simplement parce que chacun a sa propre vision et opinion du suicide. C'est donc tout simplement par respect pour chacun que je garderai pour moi l'opinion que j'ai sur cette question pour le moins existentielle.

Chacun réagit en fonction de l'émotion ressentie et du « moment » où l'on ressent cette émotion ; on peut choisir de la fuir ou de l'accepter.

Quand je parle du « moment », c'est de l'instant T.

Immédiatement ;

Ou en prenant du recul, en laissant l'émotion redescendre, ce qui change notre façon de réagir et d'agir.

Réagir, pour moi, serait une réaction immédiate due à l'émotion ressentie, qui est basée sur l'intensité de l'émotion.

Par contre, agir serait plus de l'ordre de prendre un moment de recul pour prendre le temps de décider de quelle action je désire mettre en place. L'émotion étant moins intense, cela nous permet d'agir plus sereinement et non pas sur un coup de tête.

Les sentiments sont difficiles parfois à distinguer, on peut même les confondre avec les émotions s'ils ne sont que de passage et plus ou moins rapides. Les sentiments proviennent de notre conscient. Ils sont affectifs et intuitifs, d'où la perplexité à les reconnaître. Ils nous donnent également la capacité d'apprécier un ordre de choses ou de valeurs, dans le sens littéraire du terme. Par exemple, le sens de la beauté n'aura pas la même signification pour tous, ou encore le sentiment d'amour que vous éprouvez pour une personne est-il partagé ?

Les sentiments font partie de notre mode de pensée et nous envahissent dans certains de nos raisonnements, ce qui revient à dire entre le cœur ou la raison. Je suis sûre que vous vous êtes au moins posé cette question une fois dans votre vie et que cela a été un vrai dilemme pour comprendre la situation dans laquelle vous étiez à un moment précis. Les sentiments peuvent être d'origine physiologique et/ou psychologique. Pas simple de s'y retrouver, n'est-ce pas ?

La conscience [11], *c'est la connaissance intuitive ou réflexive immédiate que chacun a de son existence et de celle du monde extérieur. Représentation mentale claire de l'existence, de la réalité de telle ou telle chose. Exemple : l'expérience lui a donné une conscience aiguë du danger.*

En psychologie, c'est une fonction de synthèse qui permet à un sujet d'analyser son expérience actuelle en fonction de la structure de sa personnalité et de se projeter dans l'avenir.

Inconscient [12] : *nom masculin, (sens psychologique). Domaine de la pensée qui échappe à la conscience.*

En résumé, l'inconscient nous permet de vivre par des automatismes qui ont un rôle sur nos différentes fonctions physiologiques et psychologiques. Ce dernier nous permet de créer des systèmes de

---

11 www.larousse.fr

12 www.linternaute.fr

défense en cachant et/ou en oubliant certaines informations de notre vécu pour nous permettre de continuer à vivre.

Notre inconscient nous échappe. Nous n'avons aucun contrôle dessus, et pourtant, il nous envoie sans cesse des signaux, des messages pour nous faire prendre conscience de nos actes, nos paroles, nos ressentis. Bien trop souvent nous le négligeons, l'ignorons, et pourtant il est notre meilleur allié.

L'inconscient [13]

On peut en distinguer plusieurs rôles :

« (…) Le premier rôle de l'inconscient est de nous maintenir en vie. L'inconscient active chaque seconde toutes nos fonctions vitales (respiration, battement du cœur, système immunitaire, etc.). La fonction de l'inconscient agit sur notre physique. Toutes les actions vitales de notre corps se font naturellement. Notre conscience ne détermine pas les battements de notre cœur, le mécanisme est automatique, et si nous pouvons retenir notre respiration, ne plus respirer définitivement est impossible. On observe donc que l'inconscient agit sur notre corps de manière autonome et automatique. L'inconscient répète des tâches, comme un engrenage qui tourne dans une machine bien huilée.

Dans ce domaine, Sigmund Freud reste encore aujourd'hui un acteur important en nous montrant que l'inconscient agit aussi sur la partie de notre psychisme. Notre cerveau répond donc à des

---

13 www.hypnotherapie-hypnose.fr « Le rôle de l'inconscient », Antoine Depoid

fonctions inconscientes. Vraisemblablement, ces fonctions se font aussi de manière tout aussi automatique. Ce système naturel permet de la même manière de nous maintenir en vie... »

Je vous invite à lire cet article [12] si vous voulez en savoir plus sur l'inconscient.

Pour mieux nous connaître, découvrir **« qui nous sommes »**, il est important de s'en préoccuper. L'inconscient est une des clés pour trouver la paix intérieure. Son pouvoir est de nous libérer de ce qui ne nous convient plus. Il nous invite ainsi à sortir de nos schémas répétitifs si nous l'écoutons. Ce qui est le plus difficile, c'est de l'entendre, de le voir par les différents signes qu'il nous envoie et, pour ceux qui sont coupés de leurs émotions, de les ressentir. Tous ces différents canaux sont bien des messages à travers lesquels notre inconscient nous parle.

En prenant le temps d'écouter notre corps et notre esprit, nous arrivons à développer une capacité dont tout le monde a déjà entendu parler : celle que nous appelons l'intuition. Plus nous écoutons « qui nous sommes », plus nous la développons. Et devinez quoi ? La souffrance va nous quitter. C'est une des capacités que le corps humain a, mais que nous refusons de voir ou que nous ignorons. Ne trouvez pas ça ridicule, car vous avez déjà entendu parler de ces gens qui, après un accident ou une maladie ou bien encore une grosse dépression, se sentent renaître ; ils parlent de leur **« soi intérieur »**. Ils entendent leur intuition et se laissent tout simplement vivre. Leur être tout entier est en harmonie, aligné. C'est ce que j'ai vécu quand j'ai traversé la maladie, sans comprendre ce qu'il se passait.

On associe souvent le mot « amour » à la couleur rouge. Les roses rouges sont très souvent offertes pour exprimer ce dernier. Même la nature dégage cet amour, mais une fois de plus, je le répète, on nie trop souvent cette évidence qui se trouve devant nos yeux chaque jour. En me rendant compte que je regardais le monde avec des yeux d'enfant, je me suis laissée transporter de façon inconsciente, et quand je me suis arrêtée un instant pour le constater, c'est-à-dire avec ma conscience, j'ai trouvé ça formidable. J'avais retrouvé une certaine innocence, tout comme les enfants. Si leurs regards sont tellement beaux quand ils découvrent toutes les merveilles du monde, c'est parce qu'ils se sentent en sécurité de par leur innocence. C'est ce qui m'a fait comprendre comment vivre les moments présents.

Se sentir en sécurité, c'est le fait de ne pas avoir peur. Quand on est adulte, la peur prend le dessus à cause de nos expériences vécues ou de nos échecs. Cela nous met dans une situation d'inconfort, dans un mal-être, dans un état de cogitation. C'est ainsi que notre mental, celui qui pédale à toute vitesse, prend le dessus. C'est aussi à ce moment-là que nous perdons la connexion avec notre soi. De ce fait, nous ne vivons plus les moments présents. Avoir retrouvé une partie de cette innocence me fait vivre différemment. Je regarde tout ce qui m'entoure et en apprécie toute la beauté. Même les choses les plus simples retrouvent une vraie valeur. J'observe avec plus de conscience et cela redonne du goût à ma vie. L'amour commence aussi par l'action volontaire d'apprécier le monde qui nous entoure.

La couleur rouge a également plusieurs significations qui peuvent être contradictoires. C'est une couleur chaude. Elle nous fait penser à la chaleur et cette chaleur, où la ressentons-nous ?

Dans notre cœur. Qu'est-ce que le cœur ? C'est certes le moteur de notre corps physique, c'est l'organe le plus important de notre corps, mais il y a une chose que nous avons tendance à oublier, c'est qu'il est aussi l'organe de la psychologie. Celui par quoi toutes nos émotions, nos sentiments s'inscrivent, comme gravés dans le marbre. Nous sommes tous d'accord qu'au niveau psychologique il représente l'amour, puisque dès qu'on le dessine, on le colorie en rouge. Je vous ferai part à ce sujet d'une expérience effectuée avec mes enfants un peu plus loin.

On peut dire aussi que la couleur rouge est une couleur de caractère. Elle est le siège des émotions, tout comme le cœur. Elle peut représenter à la fois l'amour, la passion, la vie bien évidemment. Elle symbolise le feu, la force, la puissance, l'énergie, la terre, le pouvoir, sans oublier la persévérance, la détermination, le combat, la couleur du sang, la sexualité, la sensualité.

Dans les contradictions, elle symbolise l'interdit, le danger, l'agressivité, la colère, la haine. Elle joue sur les paradoxes et remue les sentiments et les émotions, sans aucun doute.

L'union, je vais commencer par vous parler du chiffre deux. C'est le chiffre que l'on appelle bien souvent celui de la dualité, mais pas seulement. Le deux est un chiffre qui offre une ouverture sur l'association. Oui, vous l'avez bien compris, c'est celui également de l'union. La dualité est très bien représentée dans notre quotidien, (homme et femme ; bien et mal ; vie et mort, yin et yang, féminin et masculin, jour et nuit, terre et ciel, soleil et lune, etc.). Ce nombre apporte une véritable force. Par deux, on fonctionne plus efficacement, d'où l'importance pour bon nombre d'entre nous d'être accompagnés. Partager est une très belle chose. On échange par le dialogue, la sexualité, notre ouverture d'esprit, notre force à chacun qui aide l'autre quand celui-là se sent démotivé. Nous n'avons aucun mal à tirer l'autre vers le haut quand l'amour est présent. On lui donne de l'aide à travers notre amour quand il est en plein doute, en pleine faiblesse, et vice et versa. Le partage, l'échange sont essentiels dans toute relation, ainsi que la communication.

L'union nous fait devenir plus forts, plus solides, plus beaux. L'union due à l'amour nous fait aller plus loin. Elle nous rend heureux car nous formons **un tout, tout en étant deux.** Chose qu'il ne faut pas sous-estimer, car il faut garder et respecter chacun sa propre identité. Ce chiffre représente également l'équilibre. Les anciennes balances à poids avaient deux plateaux et, pour trouver le bon équilibre, il fallait le même poids de chaque côté ! Je vous laisse imaginer le reste, à votre convenance de déduire quel est votre propre équilibre, mais aussi celui de votre compagnon de vie.

Par ailleurs, je reviendrai sur l'équilibre dans l'un des prochains chapitres.

L'union fait partie de notre **« nous intérieur »,** mais nous n'en avons pas conscience. Quand vous arriverez à trouver ce qui fait votre unité, c'est-à-dire ce qui vous rend unique, vivant et quand vous ressentirez cet équilibre au plus profond de vous-même, alors vous aurez trouvé le plus beau cadeau que vous puissiez vous offrir, celui d'être tout simplement « qui vous êtes ».

J'ai appris une nouvelle table aujourd'hui, celle que jamais personne ne m'avait expliquée : 1+1 = 3. Il y a lui ou elle, il y a l'autre (lui ou elle) et il y a cette troisième entité que nous appelons le couple.

J'espère que vous ne verrez plus jamais l'union de deux êtres comme étant égale à UN.

Je vais vous raconter maintenant une petite expérience avec mes propres enfants. Elle m'a particulièrement touchée, car elle est partie de rien pour en arriver à un résultat auquel je ne m'attendais pas. On peut donc dire que j'étais surprise !

Mes trois enfants sont alors âgés de seize, treize et dix ans. Nous sommes le 8 février 2018. Je vous transcris cette histoire avec les mots utilisés par eux.

C'était un soir d'hiver tout à fait ordinaire, nous passions à table et là, mon fils de dix ans me pose une question sur la lumière qui est juste au-dessus de nos têtes.

« Comment fonctionne cette lumière, maman ? En plus, je trouve que c'est beau car ça brille !

— Oui, c'est vrai, c'est joli la lumière. »

Et de là, je pris mon dictaphone ; je l'avais toujours près de moi en écrivant ce livre pour y mettre toutes les idées qui me passaient par la tête. Je le mis en route et leur posai la question suivante :

« Qu'est-ce que la lumière ? »

Mon fils (I) répond :

« On doit l'allumer. Pour l'allumer, il faut trouver l'interrupteur. »

Ma fille de treize ans (F) réplique :

« C'est une source d'énergie. »

Ma grande de seize ans (C) continue :

« Oui, une énergie très positive et cette énergie ravit l'esprit et l'âme.

F : — La lumière donne le sourire aux gens et il ne faut pas fréquenter des personnes qui ont des mauvaises ondes.

I : — C'est quelque chose que l'on a près du cœur.

C : — Il ne faut pas laisser entrer l'obscurité, mais plutôt laisser la lumière prendre le dessus et ainsi pouvoir éclairer chaque cœur. »

Vu la direction que prenait cette discussion, je leur demande alors :

« Qu'est-ce que représente le cœur pour vous ?

C : — C'est ce qui fait vivre un homme.

Moi : — Mais aussi ?

C : — Un cœur, cela peut être aussi sous forme d'amour.

Moi : — Ah, voilà un mot intéressant, alors qu'est-ce que le cœur ?

C : — C'est l'amour.

Moi : — Donc la lumière, c'est... ? »

Et là, tous les trois répondirent en même temps :

« L'Amour ! »

J'ai été complètement bluffée de la façon dont cette conversation avait pu tourner. Même des enfants de cet âge sont capables de prendre un mot dans le sens « définition du dictionnaire » et de le transformer dans une forme littéraire. Le mot « lumière » pour eux saura être aussi l'égal du mot « Amour ». Et pour ça, je les ai félicités de leur grande ouverture d'esprit.

Quand mon fils dit qu'il faut trouver l'interrupteur, il a complètement raison. Nous le possédons tous et le trouver n'est pas aussi simple. Alors oui, bien sûr, cela est une métaphore, mais pour expliquer les choses qui sont abstraites, surtout en psychologie, nous utilisons différents moyens pour pouvoir les comprendre. L'interrupteur, ici, représente le bouton sur lequel nous devons appuyer pour trouver cette lumière qui est en nous. Cette lumière provient de notre « nous intérieur ». **C'est notre être profond.** Celui qui vient du cœur et non pas du mental. Le mental correspond à notre Moi égocentrique, celui qui nous fait entrer dans un système de douleur et de souffrance, car on ne nous a jamais expliqué ce que c'était qu'un **être profond.**

L'être profond se trouve dans notre inconscient qui fait résonance avec notre cœur. C'est pour cela qu'il est difficile de le trouver ; une fois de plus, l'abstrait nous fait croire que ce n'est qu'une illusion. Tout du moins c'est ce qu'on nous inculque à travers ce mot « illusion ». On nous a toujours parlé de notre corps physique, de notre cerveau, ce qui nous a amenés à penser qu'il n'existait que cela. Mais on nous a également appris que l'on n'utilisait que dix pour cent de notre cerveau, alors où se trouve le reste ? Là, dans notre inconscient et dans notre cœur.

Quand on prend conscience de ceci, nous commençons dès lors à faire basculer dans le conscient ce qui se trouve dans notre inconscient. C'est le début de la liberté. D'une nouvelle façon de penser, et surtout, d'un déclic pour trouver qui nous sommes au plus profond de notre être.

Notre être profond est infiniment grand. L'espace où il se situe n'a aucune limite. Vous venez d'ouvrir la porte du changement et vous commencez à utiliser votre cerveau à plus de dix pour cent.

L'amour est un sentiment très complexe. Il est vécu de manière différente par chacun d'entre nous. Il dépend de la façon que l'on a de le donner, de le recevoir, de nos expériences vécues et de comment nous les avons acceptées, c'est-à-dire comme beaucoup de monde, comme un échec s'il y a eu séparation, rejet, abandon, trahison, mensonges, injustice et/ou humiliation. La honte, la culpabilité, le ressentiment etc. sont des sentiments qui nous empoisonnent. A long terme, ils deviennent néfastes et notre corps physique répond à ces différents sentiments qui perdurent en les transformant en des maladies qui peuvent nous être fatales si nous ne prenons pas soin de notre psychisme.

Notre enfance aussi contribue à notre manière de le voir, car le premier amour donné commence dès notre conception, si nous sommes des enfants voulus ou pas, et comment nos parents nous ont aimés et transmis cet amour.

Le décès aussi fait partie de l'amour. Je m'en expliquerai plus loin dans ce chapitre.

Revenons à nos trois sortes d'amour.

1 : L'amour partagé

Je peux dire que pour moi, l'amour partagé, je l'ai vécu avec le père de mes enfants. Rappelez-vous, nous nous sommes connus très jeunes. Que connaissions-nous de l'amour ? Pas grand-chose.

Nous avons appris à nous connaître et à faire grandir cet amour. Plus nous passions de temps ensemble, plus nous aimions l'être. Nous avons connu des hauts et des bas, comme beaucoup de couples. Nous nous sommes même séparés une fois, j'avais dix-huit ans à cette époque, et je l'avais très mal vécu, car il m'avait quittée pour ma meilleure amie. J'avais perdu l'homme que j'aimais depuis trois années et ma meilleure amie en même temps. Je vivais dans un désarroi total. Le chaos entre mon père et ma belle-mère, donc à l'intérieur de ma propre famille, le chaos en moi-même, et en plus, plus personne à qui me confier. J'étais entrée dans un tel état de colère que dès que je croisais mon ancienne meilleure amie, je la rouais de coups pour soulager ma douleur. C'était assez facile, elle habitait trois étages au-dessus du mien et je connaissais son emploi du temps par cœur. Je m'arrangeais pour être là devant elle, à chaque fois qu'elle entrait dans l'immeuble. Quelle tristesse ! À ce moment-là, je ne pouvais pas m'imaginer vivre sans lui et je me suis accrochée à cette idée. Un beau jour, presque une année après, il est revenu et à partir de là, on ne s'est plus quittés. La suite, vous la connaissez déjà.

L'amour partagé est celui qui grandit au fil du temps. Il nous emmène vers la construction de notre vie en la bâtissant sur un plan déterminé, c'est-à-dire en créant des bases solides en le faisant exister. En organisant les différentes façons de voir notre avenir et de les réaliser en suivant ce schéma préétabli, l'amour partagé nous fait assembler, composer, combiner nos divers projets.

Pour moi, au moment où j'ai compris que je l'aimais, je voulais passer le reste de ma vie avec lui. Je savais qu'il serait le père de mes enfants. Alors j'ai tout fait pour qu'il me revienne.

Nous avons donc construit notre empire en suivant notre plan, mais aussi en suivant celui de la société. Nous sommes entrés facilement dans les schémas, puisque nous pensions tous deux que la vie était ainsi.

Mais au fur à mesure que les années passaient, nous nous sommes engouffrés dans la routine avec de plus en plus de responsabilités qui pesaient sur nos épaules. C'est ainsi que, sans nous en rendre compte, nous nous sommes perdus en tant que mari et femme, mais également dans notre « être intérieur ». Des questions traversaient mon esprit, et en même temps je les réprimais. Je ne voulais pas admettre que j'étais malheureuse. Nous étions tellement bien insérés dans cette société où tout nous montrait que nous étions à notre place. Ce culte du couple parfait, nous l'avons incarné pendant tant d'années. Nous avons vécu ainsi pendant plusieurs années sans nous concerter pour en discuter. Et pourtant, notre communication était devenue conflictuelle et non plus constructive. Le fait de se voiler la face l'un et l'autre a fait voler en éclats notre couple et nous a conduits au divorce.

Comme je l'ai déjà dit plus haut dans ce livre, c'est lui qui avait décidé de dire stop à cette situation. J'étais une fois de plus mise à terre et, cette fois, avec trois enfants en prime. Pour moi, cela me paraissait une épreuve insurmontable que de divorcer. Je me suis remise en question après cette nouvelle séparation, mais je ne voyais pas le bout du tunnel. J'ai donc repris l'ancien stratagème, je me suis battue pour qu'il me revienne à nouveau.

Une année plus tard, après de multiples discussions, nous nous sommes remis ensemble pour essayer de reconstruire notre univers et être à nouveau une famille.

Cela n'a fonctionné que cinq ou six mois ; nous sommes retombés dans nos travers et, au bout de dix huit mois, juste après les fêtes de fin d'année, nous avons décidé d'un accord commun de divorcer et cette fois d'aller jusqu'au bout. Nous avions tous deux réalisé que notre couple reposait seulement sur la sécurité d'être deux par peur de la solitude, donc par habitude, la sécurité financière et matérielle nous poussant à vouloir rester ensemble par amour pour nos trois enfants. Nous avons arrêté de nous voiler la face sur nos sentiments, qui étaient devenus des sentiments de complaisance. De respect juste par peur de franchir ce nouveau cap qu'était le divorce. La peur de se dire qu'on ne s'aimait plus suffisamment pour continuer notre route ensemble était passée de l'inconscient au conscient, et c'est ainsi que nous sommes arrivés à l'accepter et à nous séparer.

Notre plus grande souffrance a été de devenir des parents à mi-temps. Mais avec le temps et notre bonne entente, nous sommes parvenus à continuer nos rôles de parents dans leur globalité.

Nous n'avons peut-être pas réussi notre mariage sur toute une vie, mais nous avons réussi notre divorce et tout ça au nom de l'amour partagé. Pour l'amour partagé de notre passé commun, qui aujourd'hui s'est transformé en un énorme respect qui nous unira jusqu'au bout de nos vies par le biais de l'amour que nous partageons pour nos enfants.

2 : L'amour passionnel

L'amour passionnel est sans doute celui qui est le plus convoité. C'est un amour tellement vivifiant qu'il donne des ailes. Qui ne rêve pas de connaître cet amour ?

Pour certaines personnes, ce genre d'amour est le plus solide, le plus merveilleux.

Ce qu'on ressent à l'instant où l'on trouve cet amour nous transporte d'une façon à en perdre la tête et on voudrait que cela ne s'arrête jamais.

Que veut dire exactement passionnel ?

C'est un adjectif qui découle du mot passion, alors cherchons la définition de passion [14].

Je ne mettrai pas tous les sens de ce mot, sauf ceux qui nous intéressent.

 Sens littéraire.

État affectif intense et irraisonné qui domine quelqu'un, (surtout pluriel) : *Vaincre ses passions.*

Mouvement affectif très vif qui s'empare de quelqu'un en lui faisant prendre parti violemment pour ou contre quelque chose, quelqu'un : *Juger sans passion.*

---

14 www.larousse.fr

Amour considéré comme une inclination irrésistible et violente : *Un film où la passion est dominante.*

Penchant vif et persistant : *Avoir, être pris par la passion du jeu.*

Dans la philosophie scolastique et classique, ce qui est subi par quelqu'un ou quelque chose, ce à quoi il est lié ou par quoi il est asservi, par opposition à l'action.

J'ai connu cet amour passionnel avec ce manipulateur, pervers narcissique, je vous l'ai déjà confié. Enfin, passionnel, il l'était pour moi. Mais, mélangé avec sa personnalité, cela n'a fait qu'accentuer ma perte psychologique.

Le soir où l'on s'est rencontré, j'ai suivi mon intuition en disant à une amie que j'étais tombée sur un « cinquante nuances » ! Tout est parti de là ! J'ai voulu le connaître davantage et aller plus loin dans notre relation. J'ai su rapidement que j'étais amoureuse de lui. Au bout de trois mois, mes sentiments avaient tellement évolué à son égard que je ne voulais qu'une chose, continuer de creuser pour l'aimer d'avantage et vivre pleinement cette nouvelle relation qui pour moi était inconnue.

Avoir un tel sentiment d'amour dépassait mon entendement. Cela me procurait un tel bien-être, surtout que je pensais ne plus pouvoir aimer. J'avais peur d'être déçue de nouveau. J'avais un tel manque de confiance en moi, physiquement et intellectuellement. Je n'ai pas fait de grandes études et j'ai toujours pensé que j'étais inculte. Je me suis donc très peu affirmée dans mes opinions en échangeant avec toutes les personnes qui m'entouraient.

C'est ainsi que j'ai compris qu'il existait différentes sortes d'amour et c'est ce qui m'a permis de me lancer dans cette nouvelle aventure.

Quand je reprends les mots-clés des différents sens du mot « passion », cela me confirme que j'étais bien dans un déni complet de cette relation. Je comprends pourquoi j'étais devenue irrationnelle, en plus du lavage de cerveau qu'il avait su instaurer petit à petit.

Je vais les décrire les uns derrière les autres et essayer d'en faire une phrase qui va déclencher un certain petit choc émotionnel.

Passion : définition globale écrite avec ma vision personnelle

La passion est un état et un mouvement affectif intense, irraisonné, très vif, violent et persistant, qui s'empare de quelqu'un en le dominant, pour l'asservir à ce à quoi il est lié en opposition avec ses actions, et j'ajouterai même en contradiction avec ses pensées.

Une fois encore, on peut constater que le pouvoir des mots est vraiment important.

Ma définition, énoncée ainsi, fait peur. Les mots tels que « irraisonné, violent, dominant, asservir, opposition, contradiction », sont incompatibles avec l'amour que l'on cherche, surtout avec un partenaire de vie.

Ces mots contradictoires nous font fuir, et pourtant, le seul que l'on retient c'est le mot « passion », car il nous a été défini et inculqué d'une façon à le vivre, à le trouver par la magie qu'il représente à nos yeux.

On peut voir ici que ma relation avec ce PN m'a réduite à un état de dépendance complète. Sans m'en rendre compte, il a su me priver de ma liberté de penser et d'action. J'étais soumise à ses convictions, à sa façon de penser, car il avait toujours une raison logique pour arriver à me faire changer d'avis. Additionné à la sexualité qui était fusionnelle, je vous laisse imaginer l'emprise que finalement il avait su instaurer. Je me suis laissé faire juste parce que la passion avait pris le dessus. Il m'a déchue de mon pouvoir le plus primaire. Celui d'être moi. Tout ça en étant conscient de ses actes. Une fois que l'on ouvre les yeux, c'est ce qui est le plus dur à accepter. Vivre une relation avec une telle personne est toxique et destructeur. On se sent faible, désappointé et seul, car on se dit que personne ne nous comprendra. C'est là également que se pose la question de la dépendance affective, car on croit que par amour, on doit tout accepter pour que la relation fonctionne. C'est là où se situe la plus grosse erreur. On veut juste combler notre besoin d'être aimés en comblant leurs propres besoins et non pas les nôtres. Une fois de plus, juste par passion, j'avais reproduit le même schéma qu'avec mon ex-mari. J'ai cru que, si je comblais les besoins de ceux que j'aimais, cela me suffirait pour être heureuse. J'ai vécu une fois de plus par procuration. Pour le comprendre, il a dû me pousser au bout de mes limites de l'acceptable en me proposant, souvenez-vous, de me pendre avec lui !

Mon cerveau, à ce moment précis, a fait le tour en un centième de seconde. Il venait de me demander de choisir entre vivre ou mourir...ensemble pour l'éternité ou rien ?

La passion est ressentie comme un sentiment tellement intense que l'on oublie qui on est vraiment. La seule chose que l'on retient de ce joli mot, c'est l'amour qu'il nous procure. Mais une fois mis en conscience, c'est-à-dire entré dans l'espace mental rationnel, ce mot « passion » prend une tout autre dimension. Une partie de notre mental n'est que l'illusion de ce que l'on a créé, à cause du conditionnement accumulé depuis notre tendre enfance par la société, notre entourage et le pouvoir des mots.

Vous connaissez certainement les histoires passionnelles de Roméo et Juliette, Bonnie et Clyde ou encore Thelma et Louise. Elles ont trois points communs. L'amour interdit, premier point. L'interdit nous attire encore plus, franchir les limites que l'on nous donne et/ou qu'on se donne. L'interdit renforce ce désir d'être ensemble et nous conduit à une passion telle que nous ne voyons plus le mal. Le second point est l'amour passionnel. Il grandit à chaque instant pour défier cet interdit. Le troisième point commun, c'est l'issue finale de ces trois relations, qui est tragique ; tous les six sont morts au nom de l'amour passionnel et c'est bien à ce moment-là que les stéréotypes commencent. On n'en retient que l'amour passionnel qu'ils avaient les uns pour les autres. On ne retient pas les différents crimes qu'ils ont pu commettre. On trouve ces histoires magiques, belles et pleines de romantisme, et nous rêvons tous d'un tel amour.

N'oublions pas que la passion nous rend irresponsables, irraisonnés, violents, et nous domine. Nous nous laissons manipuler comme des marionnettes au nom de l'amour ! L'amour rend bien aveugle dans ces histoires-là.

Est-ce cela le vrai amour ? En arriver à un point tel que la mort s'ensuive ?

Perdre notre identité en prenant celle de l'homme ou de la femme qu'on aime malgré nos propres convictions et valeurs, car on en perd la tête ?

Dans ces trois histoires, les personnages deviennent des criminels par amour en tuant des innocents, en faisant leur propre justice, pour au final finir au fond du gouffre. Je devrais plutôt dire, au fond du trou !

Alors oui, ils s'aimaient d'un amour passionnel, mais qui les a tués, car ils en avaient perdu la tête.

La mort pour un amour passionnel, non merci. La vie est beaucoup plus belle et précieuse que l'amour passionnel et la preuve en est : mon cerveau a réagi aussitôt. Il a choisi alors que ça faisait une année que je me trouvais tourmentée par amour. Je n'étais plus capable de prendre la décision de le quitter définitivement à cause de cet amour passionnel, malgré la souffrance qu'il m'infligeait.

Ne vous méprenez pas une fois de plus, car toutes les personnes qui me connaissent pourraient dire que je suis une personne plus que rationnelle, mais cela ne m'a pas empêchée de tomber dans le piège de l'amour passionnel.

3 : L'amour inconditionnel

Je vais commencer ce paragraphe en décortiquant une fois de plus le mot « inconditionnel ».

IN / CONDITIONNEL : en ajoutant le préfixe IN à un adjectif, cela donne le sens contraire du mot.

CONDITIONNEL : adjectif qui provient du mot condition.

Donc cela donne : l'amour inconditionnel se résume à aimer sans condition. C'est ici que commence l'amour, le vrai. Celui avec un grand « A ».

Pour aimer véritablement, cela implique de s'aimer soi-même. Alors je sais d'avance ce que vous allez me répondre : je m'aime.

Mais avez-vous réfléchi à ce que cela entraîne réellement ? Personnellement je croyais m'aimer, mais on peut voir dans mes deux relations passées que cela était faux. Pour me sentir aimée — je me répète certes, mais c'est important — je remplissais, comblais les besoins des personnes avec qui je partageais ma vie sans m'occuper des miens. Comment peut-on s'aimer ainsi ? C'est impossible.

Notre mental égotique nous le fait croire, mais au plus profond de nous, dans l'inconscient, nous sommes loin de nous combler. Si vous êtes honnête avec vous-même, je suis sûre que vous vous êtes posé la question suivante au moins une fois dans votre vie : « Suis-je réellement heureux ? ».

Malgré tout ça, vous vous dites oui, bien sûr ; j'ai une vie professionnelle, une famille, ma propre famille, une maison, financièrement tout va bien. Je ne manque de rien et ma famille non plus. J'ai une maison, la santé, un cercle d'amis, ce serait mal de dire que je suis malheureux alors qu'il y a beaucoup de gens qui n'ont pas la chance que j'ai.

Une fois de plus, les schémas se répètent, les idées reçues et les préjugés prennent le dessus. Quand on trouve le « qui je suis » réellement, on se voit et se regarde différemment. On entreprend les changements nécessaires pour vivre cette fois-ci de la façon que nous voulons sans se préoccuper du regard des autres. Avoir le cran de se découvrir nous fait sortir de notre zone de confort, celle que l'on trouve sécurisante par habitude, car nous ne savons pas faire autrement. Mais la vie est toute autre. Ça, je vous l'affirme avec une grande conviction et toute mon humilité.

Aimer fait partie intégrante de chaque individu. Nous sommes tous à la recherche de la « bonne personne ». L'amour est la plus belle chose que l'on puisse donner ou recevoir. Mais nous oublions une chose essentielle à notre besoin d'amour, « NOUS ». Cela peut vous paraitre très égoïste de parler ainsi. Le besoin d'être aimé ou de donner de l'amour ne doit pas être confondu avec le vrai sentiment d'amour, c'est-à-dire qu'il ne doit pas être un besoin pour combler notre confiance et estime de soi. L'amour commence véritablement par soi.

J'ai compris qu'il me fallait être heureuse seule et non pas en comblant ce manque affectif par le biais d'une relation amoureuse. Il m'a fallu un divorce et une relation toxique qui m'a dévastée pour enfin intégrer cet amour-propre. Je tiens à préciser que l'amour-propre ne doit pas non plus être considéré comme un attachement exagéré envers sa personne. L'amour-propre, c'est avoir une bonne opinion de soi, c'est une forme d'amour tout à fait légitime. Le mot « amour-propre » n'est pas un mot négatif, il donne tout au contraire une force inestimable. Je dirais même qu'il est l'adversaire le plus dur à combattre, surtout si vous faites partie de ces gens chez qui l'empathie, la compassion et l'altruisme font partie de la personnalité. L'amour-propre doit faire partie de nous sans entrer dans le système de la vanité, de l'égocentrisme démesurés. Utilisons-le avec dignité, en respectant qui nous sommes et les gens qui nous entourent. En faisant de notre amour-propre une qualité morale, utilisée dans l'équilibre, il ne posera aucun souci.

Qu'est-ce que l'Amour inconditionnel ?

C'est l'amour de soi. Celui qui renforce l'estime de soi et nous donne confiance en nous. Il nous permet de nous emmener là où nous devons être. Le « moi » additionné au « soi » forment notre « être » dans sa globalité. Le moi au service du soi, pour rencontrer notre « être profond » et nous sentir à notre juste place. C'est tout simplement être qui je suis avec tout ce que je possède à l'intérieur de moi.

Au niveau spirituel, cela s'appelle être uni. L'Unicité. L'Être complet.

Avoir le courage de se découvrir, de sortir de sa zone de confort, nous emmène, nous guide vers notre être. Ne pas se dévaloriser soi-même ou laisser d'autres personnes le faire, croire en nous, guérir nos blessures, qu'elles soient superficielles ou profondes, nous permet enfin de ressentir le bien-être et le bonheur que tout le monde mérite. De sortir du soigner, le « soi nié ». Trop longtemps, j'ai cru soigner mes blessures. Au final, pendant plus de quarante années, je ne faisais que les nier. J'étais en mode survie tout simplement. Juste par peur de ne pas avoir voulu regarder, entendre, écouter et ressentir ce qui se passait à l'intérieur de mon être. Le regard des autres sur nous ne nous aide pas non plus si nous sommes attachés à ce qu'ils pensent de nous. Laisser ceux qui nous entourent nous dire qui nous sommes, c'est leur donner le pouvoir sur notre être. C'est peut-être dur à entendre, à lire, et pourtant ce sentiment d'impuissance provient bien de notre « être profond ». Il est juste réprimé à la même profondeur que notre puissance de l'être, qui s'appelle « l'essence de notre être ». Puissance et impuissance en parité sur le même niveau de conscience, cela bouscule notre ego dans sa plus grande vulnéra-bilité, celle que j'appelle Humilité.

Me direz-vous peut-être, qui suis-je pour me permettre cette audace de vous raconter tout ça ? Et vous auriez bien raison !

Je vous répondrai simplement :

« C'est juste mon histoire, mes expériences, ma vie et ce que j'en ai ressorti pour pouvoir enfin me libérer de mes chaînes, de mes sché-mas répétitifs, de mes carcans. »

J'insiste sur une chose importante. À partir du moment où vous allez avoir le cran de vous découvrir dans votre globalité, vous allez sortir de votre zone de confort, mais je vous encourage à con-tinuer votre quête intérieure, car rien n'est plus vrai que de trouver qui nous sommes. Cela risque d'engendrer des conséquences comme la perte d'amis, d'un partenaire de vie ou d'un travail. Une remise en question qui va très certainement vous envoyer dans une posture inconfortable, mais qui vous permettra de trouver les ré-ponses que vous aviez tant attendues. Les craintes que vous aviez pour entreprendre les changements vont se dissiper et vous passerez à l'action. Passer à l'action, c'est la guérison assurée. Vaincre ses peurs ! N'ayez aucun doute. N'oubliez pas que la peur n'est qu'une illusion de notre mental. Prendre son courage à deux mains est le premier pas vers le changement, la transformation de votre Moi égo-tique, celui qui bien souvent prend toute la place dans votre esprit. Faire ce premier pas est une des clés qui nous réconciliera avec notre « être profond », mais également avec la vie. J'aimerais aussi revenir sur le fait de trouver la personne qui nous convient. Celle avec qui on veut partager notre vie. Celle qui nous donne envie chaque jour d'être la personne que nous sommes vraiment. Celle avec qui nous pouvons être entiers sans nous poser de question. Vous trouverez cette personne à une seule condition, celle de la laisser être « qui elle est », tout comme vous, vous voulez rester qui vous êtes. Pour qu'une relation fonctionne vraiment, on ne doit pas faire de l'être aimé la personne que l'on veut qu'elle soit. On ne doit pas la faire changer. On doit l'accepter avec ses qualités mais aussi ses défauts, comme elle doit nous accepter de la même manière. Cela apportera quelques conflits, mais le plus important c'est de communiquer, de faire quelques compromis pour que tout se passe bien. Le respect de vous et de l'autre apportera la sérénité au sein de votre relation et personne n'aura à changer son être. Vous aurez alors trouvé l'amour avec un grand « A ».

Un peu plus haut, je vous ai déjà parlé des émotions. Je voudrais y revenir un instant. Les émotions sont ressenties dans notre bas-ventre. Savoir les reconnaître en prenant le temps de les ressentir va nous indiquer comment faire face à une situation donnée. C'est à ce moment-là que notre ego peut nous jouer des tours, c'est-à-dire qu'il peut nous bercer d'illusions et nous faire perdre le sens de la réalité. Notre esprit est comme dans le brouillard. Faire des choix à ce moment-là nous paraît confus.

Ressentir ses émotions, c'est écouter ce qu'elles nous procurent dans notre corps. Elles sont partie intégrante de notre être intérieur et bien souvent, si nous prenons le temps de les écouter, les entendre, elles vont nous guider. C'est ici que notre intuition nous parle. Elle ne se trompe jamais. L'intuition parle à notre cœur. L'écouter n'est pas si simple, car il faut apprendre à l'apprivoiser et à avoir confiance en elle. Cela fait partie de la découverte de **« qui nous sommes ».**

Pour ressentir une émotion, il faut pouvoir la reconnaître. On pense souvent que cela provient d'un événement extérieur, mais en réalité, c'est une réponse qui provient de l'intérieur de notre être, d'où l'importance de savoir quelle est l'émotion ressentie. Une émotion ne doit pas être perçue comme bonne ou mauvaise. Elle doit être un indicateur pour nous faire avancer. La refouler reviendrait à dire que l'on s'ignore. Faire une telle chose est se convaincre que l'on se protège, car nous ne voulons plus souffrir, mais cela nous empêche d'être authentiques et pour le coup nous pousse à ne pas l'être avec ceux qui nous entourent.

L'authenticité fait partie de l'amour avec un grand « A ». Je l'ai déjà formulé mais d'une autre manière.

Refouler ses émotions à long terme peut transformer la personne que vous devez être. Cela va vous rendre aigri, en colère pour un oui ou pour un non, vous allez entrer dans une spirale de rancœurs, de reproches et de ressentiments. Vous allez vous perdre et vous rendre malheureux. C'est ainsi que vous allez entrer dans un système de survie et non de vie. Celle à laquelle vous êtes destiné.

J'ai moi-même pris ce chemin, rappelez-vous quand je vous ai parlé de mon mariage, où je pensais que je n'avais aucun droit de me plaindre du fait que je possédais tout.

Je vous encourage une fois de plus à trouver qui vous êtes en apprenant à vous aimer, à vous respecter, à prendre vos responsabilités et à vous rester fidèle quoi qu'il vous en coûte.

L'authenticité est la clé universelle vers le chemin de la liberté.

Universelle : uni-vers-elle, uni vers cette personne que vous devez être. C'est l'union, l'alliance de votre moi et votre soi.

J'aimerais faire un aparté en ce qui concerne deux mots : la culpabilité et l'inquiétude. Nous avons tous déjà ressenti ces deux sources d'angoisse.et/ou d'anxiété. Nous avons le don extraordinaire de nous saboter le moral en nous culpabilisant pour des choses auxquelles nous ne pouvons rien changer : ce qui est fait est fait ; ce qui s'est passé est passé et fait juste partie de notre vécu. Ce sont nos expériences, celles qui ont été là pour nous donner l'impulsion de transformer ce qui ne nous convient pas, de continuer notre évolution en traversant ces différentes épreuves. C'est l'impulsion qui nous révèle la leçon à apprendre pour sortir de nos schémas destructeurs.

Tout comme nous sommes très forts pour nous inquiéter des événements ou choses qui n'ont pas encore eu lieu. Nous leur accordons trop d'importance, ce qui nous rend vulnérables et ne nous pousse pas à passer à l'action par crainte de ce qui pourrait se produire. Tout cela n'est qu'une illusion. Identifier nos peurs, cela nous conduira vers la compréhension de ce qui nous tourmente, nous aidera à saisir ces occasions pour ne plus reproduire les mêmes erreurs.

Au final, ce qui nous fait nous inquiéter ou culpabiliser, c'est juste le résultat de l'expérience déjà vécue ou le scénario que l'on s'imagine d'une chose qui ne s'est pas encore produite. Ce qui doit arriver arrivera par n'importe quel moyen. Aujourd'hui, je me dis qu'il y a toujours quelque chose de positif, même dans les moments difficiles. C'est ce qui me permet d'avancer et d'apprendre un peu plus chaque jour. La culpabilité et l'inquiétude ne nous permettent pas de vivre les moments présents.

Rappelez-vous quand je vous ai expliqué comment j'ai fait pour vivre ces instants présents, c'est quand je me suis rendue compte que je regardais le monde avec des yeux d'enfant, sans inquiétude et en retrouvant cette innocence qu'un enfant a naturellement, juste parce que la peur ne prend pas le dessus. Ma peur des lendemains avait disparu alors que je devais vivre avec la maladie. C'est un des plus beaux cadeaux que je me suis fait en le constatant. Une nouvelle clé pour me sortir de cette angoisse, anxiété, de la peur.

Nous sommes des êtres pleins de ressources et de capacités. Il faut croire en nous et agir en fonction de ce que nous désirons, accueillir toutes les expériences qui s'offriront à nous et en faire des opportunités pour apprendre. Nous avons le libre arbitre de nos décisions, peu importe le résultat.

Comment vivre l'amour sans attachement ?

Comment le vivre pleinement ?

J'en ai déjà beaucoup dit juste auparavant. L'attachement. Qu'est-ce que cela peut bien sous- entendre ?

Attachement [15]**, définition** : *sentiment d'affection, de sympathie ou vif intérêt qui lie fortement à quelqu'un, à un animal, à quelque chose : Avoir de l'attachement pour son chien.*

---

15 www.larousse.fr

Cet exemple est plutôt concret, quand on y pense. Oui, nous avons de l'affection pour notre animal de compagnie.

Comment promenons-nous notre chien, bien souvent ?

En laisse !

Qui aimerait qu'on le tienne en laisse dans le monde des êtres humains ?

Personne.

Attachement, vu sous ma propre définition : vient du mot attacher, mettre un fil à la patte à la personne aimée, que ce soit familial, amical ou une relation amoureuse, et surtout à soi-même. Ce n'est pas ça l'amour de soi, l'amour pour les autres.

Une fois de plus, le poids des mots montre son importance.

L'attachement à notre propre histoire, nos différentes expériences, c'est aussi garder cette chaîne qui nous lie à notre parcours de vie. Pouvons-nous vivre ainsi ? En baladant toutes nos expériences attachées à cette seule chaîne ? Je ne pense pas. Cela est bien trop lourd à transporter, je devrais plutôt dire à tirer.

Se délivrer de ce qui nous a tourmentés, c'est briser cette chaîne appelée « souffrance » en laissant derrière nous les expériences du passé. Viendra un moment où la compréhension fera surface et c'est à ce moment précis où je vous invite à briser cette chaîne pour voyager plus léger. Je ne dis pas que c'est quelque chose de simple, par contre cela se saura quand ce sera le juste temps pour vous de le faire. Nous ressentons à ce juste instant que c'est le bon moment pour rompre avec cette culpabilité qui nous envahit depuis bien trop longtemps.

Je pense que le vrai amour doit se vivre sans attachement, c'est-à-dire sans attente de la personne avec qui on partage cet amour. L'envie d'être avec la personne aimée ne doit pas devenir obsessionnelle, sinon c'est qu'il y a de la dépendance affective. La dépendance affective ne nous fait pas aimer véritablement. On s'attache au fait d'être en couple, c'est sécurisant. On s'accroche à des valeurs qu'on nous a inculquées, reçues par l'environnement dans lequel nous avons grandi. Nous nous devons d'être heureux seuls. Souvenez-vous de mes expériences, qui au final m'ont apporté beaucoup de souffrance à cause de l'attachement.

L'attachement nous prive d'un de nos besoins le plus précieux : celui de « La liberté », notre liberté.

L'Amour avec un grand A doit être une cerise sur le gâteau.

Un bonus qui s'amplifie avec le temps, en respectant notre propre identité. En acceptant que chacun soit le libre arbitre de ses décisions et maître de sa vie.

Pour le vivre pleinement, il est nécessaire de reconnaître et écouter ses besoins. De savoir se respecter et respecter l'autre dans sa globalité.

Nous avons tendance à mettre derrière le mot couple, « tu m'appartiens ». Seulement, personne n'appartient à personne. Visiter toutes les parts de votre gâteau, pour mieux vous connaitre. Mieux vous respecter. Apprendre comment vous fonctionnez. Et ensuite, placez cette cerise sur votre gâteau. Elle vous représente. La seconde cerise que vous y ajouterai, sera celle de la personne aimée.

L'amour entre deux personnes doit être basé plutôt sur le terme de « relation ». Avoir une relation, c'est entrer dans le sens du partage, en toute simplicité. C'est une relation naturelle qui est fluide, simple, facile, qui nous apporte de la plénitude. La communication est présente, on se livre et s'écoute mutuellement sans jugement. Sans se dénigrer. Sans se faire des reproches. Les reproches engendrent du ressentiment et de la rancune. C'est ce qui fait que la relation devient toxique, car nous essayons d'avoir le contrôle sur l'autre, et c'est là que généralement le couple vole en éclats.

L'amour véritable doit nous conduire à un épanouissement commun et individuel. Nous devons laisser à l'autre l'espace et la liberté de faire ce qui lui plaît, de continuer à être qui il est. J'appellerai ceci l'auto-responsabilité de la relation, c'est-à-dire que chacun contribue à son propre bonheur sans l'attendre de l'autre. Cela crée un climat harmonieux où personne ne se sent emprisonné, attaché, tenu en laisse, si vous me permettez l'expression.

On peut dire que dans une relation, il y a le toi, le moi et le nous, ce qui permet à chacun de rester authentique. L'authenticité est une des plus belles preuves d'amour de soi, mais aussi d'amour envers la personne qui partage notre vie. C'est ce qui nous liera ; le respect de cette authenticité rendra la relation solide.

Je ne peux pas vous parler d'amour sans vous parler de la mort. La mort est un sujet qui est encore difficile pour beaucoup d'entre nous.

Qu'y a-t-il de plus beau que l'amour ?

Qu'y a-t-il de plus obscur que la mort ?

On cherche tous l'amour et nous voulons qu'il soit éternel. Quand on le trouve, on ne veut plus que cela s'arrête.

Quelle est la chose qui peut mettre un terme à cet amour si puissant et inconditionnel pour l'autre ?

Vous l'avez compris ; la mort. Elle seule peut nous séparer physiquement de ceux qu'on aime. On le sait depuis la nuit des temps. Quand la mort vient frapper à notre porte et qu'elle nous prend ceux qu'on aime, elle nous frappe de plein fouet, nous sommes foudroyés. Notre souffrance est insurmontable, car nous savons que le retour est impossible, irréversible. L'être perdu ne reviendra jamais. On ne pourra plus le toucher, le voir, l'entendre, l'écouter, le sentir. La quasi-totalité de nos sens en perd son latin. Notre cerveau n'arrive plus à relativiser tellement nous sommes dévastés. Cela crée un véritable tsunami dans notre corps, notre esprit et notre cœur. Nous sommes en déséquilibre total, d'où une souffrance interminable et inoubliable pour certaines personnes. Parfois même, notre esprit se met sur pause pour nier l'évidence, pour arrêter de penser, évacuer ces pensées qui se multiplient à grande vitesse et envahit tout notre être. C'est le côté obscur de ce que la mort nous fait vivre. Nous ressentons à ce moment précis notre impuissance face à la mort.

L'être aimé est parti pour toujours. Il est parti pour l'éternité.

Cependant, quand les personnes aimées nous quittent, l'amour pour eux ne s'éteint pas avec leur départ. Et si elle était là justement, notre puissance, celle de continuer à vivre en gardant cet amour vivant malgré l'absence. Rendre hommage à ce défunt à travers l'amour. L'amour pour eux, l'amour pour nous, l'amour pour la vie. S'ils pouvaient nous parler à nouveau, ils nous donneraient cette autorisation de vivre, car la vie est bien trop précieuse pour ne pas en profiter pleinement. C'est en continuant d'avancer dans notre vie que nous perpétuons cet amour.

Quand on regarde de plus près ce que je viens d'écrire, l'Amour traverse tous les temps. Il continue à vivre même après la mort. C'est le plus beau cadeau que l'éternité puisse offrir.

Alors, oui, la mort est l'éternel, mais l'Amour, lui est présent pour l'éternité.

La mort, c'est l'éternité d'un Amour éternel que personne ne pourra nous enlever.

Finalement, l'amour pour l'être perdu ne s'arrête pas après sa mort. On continue de chérir et d'aimer cette personne. N'est-ce pas là la plus belle preuve d'amour inconditionnel et éternel que l'on puisse trouver ?

L'amour et la mort sont deux mots bien distincts, qui pourtant s'accordent parfaitement.

Seul le temps panse cette blessure du deuil si lourde à porter pour ensuite laisser la place aux souvenirs des bons moments passés avec cette personne. C'est ainsi que nous retrouvons le sourire et que nous ressentons à nouveau le véritable amour. La souffrance s'affranchit de cet amour éternel.

Je me souviens de la mort de mon ex-beau-père, j'ai vécu une semaine remplie de tensions, forte en émotions. Je sentais ce poids peser sur mes épaules.

Il était hospitalisé dans le service où je travaillais. Je savais qu'à chacune de ses visites son état se dégradait. Ses hospitalisations se faisaient de plus en plus nombreuses et rapprochées. Je sentais ce moment arriver à grands pas.

Il se battait depuis trois années contre le cancer de la prostate, qui était inopérable. Il savait qu'il n'en guérirait pas. Lui, sa femme et les médecins qui le suivaient avaient choisi de faire de la chimiothérapie de confort pour gagner du temps sur la vie, sauf que le cancer s'était généralisé après deux ans et demi de combat. Il se voyait diminuer, perdre de l'autonomie et ça, il ne le supportait pas. Sa femme voulait absolument qu'il continue de s'alimenter, car elle se disait que s'il mangeait, il irait mieux. Elle était dans le déni total. Pour lui, cela devenait de plus en plus difficile. Son foie étant atteint, son corps refusait de garder le peu de nourriture qu'il pouvait ingérer. En accord avec les médecins, on lui posa une sonde alimentaire parentérale (c'est une sonde pour passer une alimentation liquide) pour qu'il se sente moins faible, avec un traitement antiémétique (anti-vomissement) et la continuation de la chimiothérapie, mais cela ne lui convenait pas non plus. Ses vomissements étaient de plus en plus présents. Il revint vers nous une nouvelle fois un mois après. C'est à ce moment-là qu'il sentit que la fin de sa vie était proche et qu'il ne retournerait pas chez lui. Il avait décidé de rester hospitalisé pour se reposer et fuir le regard de sa femme et ses deux enfants. Il avait besoin de calme et de réfléchir à sa situation.

Je prenais toujours le temps de le saluer et d'échanger quelques mots avec lui. Je me sentais, malgré tout, toujours très gênée envers lui. Cela était déjà le cas quand j'étais l'épouse de son fils. C'était un homme qui représentait tellement pour moi. Il dégageait une telle prestance, une force physique et morale. J'ai toujours été impressionnée par mon beau-père et cela est dû au fait que je l'ai connu très jeune. J'avais quinze ans, rappelez-vous, il incarnait donc pour moi une figure paternelle et autoritaire. Je n'ai jamais pu appeler mes beaux-parents par leurs prénoms, malgré le nombre d'années passées à leurs côtés. Ma belle-mère me l'avait suggéré, mon beau-père refusa cette idée, et du coup, je n'ai jamais réussi à appeler ma belle-mère par son prénom non plus. À cette époque, je pris le refus de mon beau-père comme une sorte de rejet, mais aussi comme une forme de respect envers eux et envers moi. Je le ressentais et cela me suffisait. J'ai donc continué à les appeler « Monsieur et Madame T** ». J'ai compris, bien plus tard, que c'était pour garder une certaine distance, pour maintenir sa figure d'autorité. Il dégageait à travers lui le respect avec un « R » majuscule. Je n'ai jamais ressenti ce respect chez mon père à son égard, ni envers celui qu'il accordait aux autres d'ailleurs. Et pourtant, lui tout comme mon père avaient reçu cette image de respect de leurs parents. Laquelle pour mon beau-père, je ne sais pas. Par contre, pour mon père, c'était bien celle de mes grands-parents, sans aucun doute. Mon père a toujours défié le sien en transgressant les règles de la maison, comme s'il cherchait les limites à atteindre. Pour ma part, j'ai aussi défié le peu de cadre que mon père essayait de mettre dans notre famille recomposée. C'était juste pour lui dire que j'existais. Bien sûr, je ne le voyais pas ainsi à cette époque. Je ne faisais que lui envoyer ma colère à son égard, qui finalement restait dans les limites de ce que je m'autorisais à lui montrer. Cela, il ne l'a jamais compris, et même encore aujour-d'hui. Mes limites, étaient-elles ses limites ? Je pense que oui.

Quant à ma mère, elle m'imposait sans cesse son cadre quand elle décidait de revenir dans ma vie quand bon lui semblait. Je l'ai accepté trop souvent sans rien dire. La communication entre elle et moi ne fonctionnait pas. J'ai pourtant essayé encore et encore sans résultat. Je ne supportais plus son sarcasme et sa violence à mon égard. J'ai donc choisi de couper les liens entre nous.

Comment trouver le juste équilibre du respect envers soi dans de telles conditions ?

Je suis aujourd'hui reconnaissante d'avoir trouvé sur ma route des beaux-parents qui m'ont montré ce qu'est le respect. Tous deux m'ont tellement apporté dans la vie.

Cela faisait deux ou trois jours que mon ex-beau-père était hospitalisé. Je le voyais tellement souffrir. Plus psychologiquement que physiquement. Nous étions un samedi soir. Le service était plu-tôt calme. Je pris donc sur moi et demandai à ma collègue si je pou-vais aller discuter avec lui. Elle accepta ma demande. J'étais peu fière d'aller dans sa chambre, comme je vous l'ai déjà exposé juste avant. Il était peu loquace, mais son mal-être était plus important que tout à ce moment-là. Je pris mon courage à deux mains et me dirigeai vers sa chambre en me disant que je pouvais y arriver, que je devais lui parler comme aux autres patients. C'est ainsi que ma « blouse blanche » prit le dessus et ma peur de lui parler s'envola.

J'ai entamé la discussion avec beaucoup de compassion et « d'Humanitude » [16]. Je voulais qu'il retrouve un soupçon de bien-être. Pour l'avoir vécu avec de nombreux patients, je me doutais de ce qu'il pensait. Je devais m'en assurer afin de ne pas me tromper, car ce qui allait suivre derrière cette discussion allait changer nos vies à tous. Je pensais à sa femme, ses deux enfants et ses petits-enfants, parmi lesquels se trouvaient les miens.

J'ai commencé par lui demander :

Comment il se sentait ?

Comment il se voyait ?

Ce qu'il savait sur sa maladie ? Et sa chimiothérapie ?

J'ai ressenti tellement d'émotions pendant ce temps d'échange.

Il répondit très clairement à toutes mes questions, mais ne savait pas comment s'y prendre pour le faire entendre à sa famille. Il était réaliste sur son état de santé et ne voyait pas l'avenir, mais la mort.

Sa souffrance était devenue trop grande pour lui, il n'arrivait plus à traverser son salon et sa cuisine. Il n'avait plus aucun plaisir face à la nourriture. Il n'arrivait plus à se lever pour aller jusqu'aux toilettes ou se laver. Lui qui avait été très indépendant, il ne voulait pas vivre ainsi. Se voir diminué à ce point était trop insurmontable pour lui. Il ne voulait pas que sa famille soit ses bras, ses jambes,

---

16 Livre lu pendant ma formation d'aide-soignante en 2009/2010 : « Humanitude » écrit par Yves Gineste et Jérôme Pellissier, publié aux éditions Armand Colin (320 pages)

malgré l'amour qu'il leur portait. La souffrance la plus dure qu'il ait eu à affronter a été de dire : « stop, je n'ai plus la force de me battre, comprenez-moi. » Après notre discussion, il s'est senti compris et apaisé. Il me donna son accord pour partager avec ceux qu'il aimait son souhait.

Le lendemain matin, après une nuit remplie d'émotions, je téléphonai à mon ex-mari et lui exposai la situation. Il fut surpris, mais avait bien compris par respect pour son père qu'il devait accepter sa décision. Celle de le laisser partir. Je lui ai demandé d'en faire part à sa mère et à son frère, en précisant que je m'occuperais des enfants ensuite.

Le lundi matin, après une nouvelle conversation téléphonique avec mon ex-mari en quittant mon travail, il m'expliqua qu'il avait discuté avec sa mère. Avec les mots qu'il employa pour me rapporter les ressentis de sa mère, je compris qu'elle était dans le déni face à la mort imminente de son époux. Je lui fis part de mon ressenti sur sa mère en lui posant la question fatidique : « Est-ce que tu as pu dire à ta mère que ton père ne voulait plus se battre, que son souhait était de mourir ? »

J'entendis dans sa voix qu'il avait bien essayé, mais qu'il ne voulait pas blesser sa mère.

Mon respect et mon amour pour cette famille d'adoption, comme je le disais bien souvent, m'ont fait avoir une telle volonté tout au long de ma vie que j'ai pu trouver la force d'aller la voir. Ceci juste après avoir raccroché le téléphone d'une conversation avec son fils. Ce fut plus fort que mon envie d'aller me coucher après ce week-end de travail de nuit, bien riche en émotions. Je pris le temps d'échanger avec elle. Je voulais être la plus douce possible et pouvoir lui raconter tout ce que son époux ressentait. Le discours qu'elle me tenait me montrait bien ce refus de la réalité que j'avais perçu au téléphone en écoutant son fils. L'objectif de son époux était de partir avec dignité. Je ne perdis pas de vue son objectif pour arriver à exprimer à mon ex belle-mère les vœux de son mari.

J'ai dû employer des mots très durs, comme :

« Il veut mourir. Il faut respecter son choix maintenant, refuser de voir la réalité qui est la sienne n'est pas juste pour lui. Je comprends tout à fait votre envie de vouloir le garder près de vous. Lui ne veut plus de toutes ces souffrances. Il s'est battu jusqu'à ses propres limites pour vous tous, pour lui. C'est à vous maintenant de lui rendre tout cet amour et de le laisser partir en toute dignité en acceptant sa décision. Il est temps de lui dire que vous l'aimez et toutes les choses que vous avez envie de lui dire. »

Je venais de blesser mon ex-belle-mère au plus profond de son âme. Une chose est sûre, cela s'est fait avec toute ma compassion et mon humilité. Les larmes coulaient sur nos joues. L'amour que nous ressentions à ce moment-là était plus fort que tout. Ce mélange subtil entre l'amour pour soi, l'amour des siens, l'amour des autres, l'amour pour la vie et la mort. Ce départ vers l'au-delà venait d'être mis en conscience pour pouvoir traverser cette expérience douloureuse. Chacun d'entre eux a pu dire au revoir à un époux, un père, un grand-père, un frère, un oncle, un ami. Un voyage sans nom pour cette famille de cœur.

Il s'est éteint le dimanche qui suivit. Les larmes coulaient à nouveau. C'étaient celles de la tristesse, celles de la compassion, celles de l'amour, celles de se dire que tout est fini. J'ai accompagné mon ex-beau-père jusqu'au bout et je suis fière de l'avoir fait, car son objectif de vouloir partir avec dignité a été atteint.

Commençons par nous aimer, en trouvant « qui nous sommes » vraiment pour pouvoir ensuite aimer l'autre dans son entièreté. Cela ouvre les champs de l'empathie et de la compassion pour nous-même mais également envers ceux qui nous entourent.

L'amour est un sentiment tellement fort, puissant, que le donner et le recevoir nous porte dans notre quotidien pour traverser les multiples expériences de la vie.

Nous portons tous cet amour naturellement. Nous le donnons sans nous en rendre compte, surtout à nos proches. Je dirais même que c'est la chose la plus innée. On naît avec, mais suivant comment on nous le transmet, comment nous apprenons à grandir avec, mais aussi suivant les expériences que l'on a vécues, nous avons du mal à le recevoir et/ou le donner. De peur d'être déçu, de se sentir blessé. Osons dire ces jolis mots... « Je t'aime »

Chapitre 6

La révélation

Dans les chapitres précédents, je vous ai déjà raconté comment j'en suis arrivée là. Le mot révélation me parle, mais je préfère utiliser le mot « réveil ». Le réveil de mon être tout entier, c'est-à-dire celui de mon âme.

Certains d'entre vous vont me demander :

Qu'est-ce que l'âme ?

Comment la trouver ?

Et d'autre comprendront tout de suite de quoi je veux parler.

L'âme est un mot que je connaissais, mais pas de la façon où je le comprends aujourd'hui. Ce mot est devenu pour moi une vraie liberté ; liberté de l'utiliser à chaque fois que j'en trouve l'occasion.

Il fait partie de mon nouveau vocabulaire, c'est pourquoi je vais vous en expliquer la signification, celle qui m'appartient une fois de plus.

L'âme fait partie de nous, de notre être tout entier. Je n'en avais simplement pas conscience. Je ne m'étais jamais interrogée sur ce sujet. Je peux vous dire, par contre, que quand nous la cherchons réellement, ce que nous y trouvons, nous laisse sans voix. Les blocages dans lesquels je me trouvais avaient du sens. C'est à ce moment-là que j'ai ouvert les portes et que j'y ai trouvé mon âme. J'avais réussi à faire sauter les verrous qui m'emprisonnaient dans la souffrance.

Quand je parle de portes, ce sont celles que nous avons peur de pousser par crainte de voir ce qui se trouve derrière. Quand cela se produit, bien souvent, c'est notre « moi égotique » qui prend le dessus. Celui qui nous auto-sabote. Le moi égotique est notre pire ennemi. Il nous envoie tout droit dans le passé de nos expériences vécues. Pour être plus précise, c'est ce moi égotique démesuré. Il nous rappelle sans cesse le résultat négatif de ces différentes expériences vécues. C'est là que la souffrance refait bien souvent surface et nous empêche de passer à l'action, juste par peur d'obtenir le même résultat. La nostalgie est la plus grande séductrice de notre état d'esprit.

Prendre conscience que nous possédons une âme, c'est la placer de l'inconscient au conscient. Faire cette démarche, c'est déjà une nouvelle porte qui s'ouvre en nous.

Rappelez-vous du passage où mes enfants ont su décrire la lumière, quand mon fils de dix ans parle d'interrupteur. Il nous parle de là où il se situe. Notre cœur possède l'interrupteur pour trouver notre âme. Il n'est pas simplement le moteur de notre corps physique.

Définition de l'âme [17] :

Je ne vais pas mettre toutes les définitions que le dictionnaire Larousse propose, juste celles qui peuvent vous aider à comprendre.

1. Principe de vie, de mouvement et de pensée de l'homme, différent de l'esprit, conçu comme activité intellectuelle et fréquemment opposé au corps, du moins dans la tradition judéo-chrétienne.

2. Littéraire *: siège de l'activité psychique et des états de conscience de quelqu'un, ensemble des dispositions intellectuelles, morales, affectives qui forment son individualité, son moi profond ; esprit, intellect, cœur, conscience : Connaître l'âme humaine, avoir l'âme d'un poète.*

3. Ce qui donne à quelque chose son originalité, ce qui l'anime et fait qu'il touche la sensibilité : Une ville sans âme.

4. Personne considérée sous l'angle de ses qualités morales ou psychologiques fondamentales : *Un roman qui devrait plaire aux âmes sensibles.*

Définition personnelle

Principe de vie, oui. Le regard que nous portons sur ce mot « âme » nous appartient. Nous sommes tous uniques et nous possédons tous notre façon de voir les choses.

Mouvement et pensée, notre âme est en perpétuel mouvement, tout comme notre cœur, sauf que celle-ci possède des mouvements qui ne se voient pas, ne s'entendent pas directement, même avec

---

17 www.larousse.fr

l'aide d'un outil quelconque. C'est notre subconscient qui nous parle. Il nous envoie des pensées que nous avons du mal à entendre juste parce que ces pensées sont subtiles, furtives et brèves. Comme une petite voix très douce et peu audible qui chuchoterait.

Activité psychique, souvent, on se dit que c'est impossible. D'où le refus d'écouter ces pensées furtives qui traversent notre esprit pour prendre des décisions. Cela nous apparaît comme irrationnel. Et pourtant, elles sont beaucoup plus présentes et nombreuses que les pensées qui proviennent de notre cerveau, celui qui se veut rationnel. L'être humain a besoin de se sentir en sécurité. C'est pour cela qu'il préfère voir de ses propres yeux. Car l'homme a besoin de voir pour croire. Il aime ce qui est concret, palpable, touchable. Et pourtant, les émotions, les sentiments nous touchent. Simplement, ce sont des ressentis. Quand nous les ressentons, il se passe bien des transformations physiologiques comme les frissons, la chaleur, le cœur qui s'accélère, etc. Tous ces phénomènes sont bien perceptibles par le corps, et pourtant, nous les repoussons alors qu'ils nous indiquent ce qui se passe dans notre corps. Notre âme nous montre, par ces côtés plus subtils, la voie à emprunter. C'est une intelligence qu'on ne nous apprend pas, celle que l'on appelle l'intelligence du cœur.

Ce qui donne à quelque chose son originalité ; pour cette partie-là, je parlerai de trouver « qui nous sommes vraiment ». Quand on entend son âme, nous sommes au cœur de notre essence. Cela nous donne notre carburant, celui qui donne du sens à notre vie. L'essence de notre être profond. Ce qui fait de nous une personne originale, une personne unique.

Je vais vous raconter comment j'ai pu trouver la mienne.

Au début de la maladie, je ne comprenais pas pourquoi la vie s'acharnait contre moi, et c'est peu dire écrit ainsi. Toutes les choses que j'entreprenais mettaient du temps à se concrétiser. Elles n'arrivaient pas au résultat que j'en attendais, voire même aboutissaient à l'échec complet. Je me suis battue ainsi toute ma vie pour pouvoir atteindre mes objectifs. Bien sûr, tout n'a pas été négatif, j'ai comme tout le monde eu des hauts et des bas.

Aujourd'hui, je ne me bats plus, je laisse faire la vie. Je ne me pose plus autant de questions, j'ai une idée, je mets tout en œuvre pour passer à l'action et je vous affirme avec une grande conviction que l'action, c'est la guérison ! Le temps n'a plus la même valeur qu'auparavant. D'ailleurs je ne porte plus de montre ! Car tout se fait naturellement sans que j'aie besoin de courir et cela me permet de ne plus me mettre la pression ou de me stresser, de me battre contre vents et marées. Tout ce que j'entreprends se fait sans effort. Le signe qui m'indique que je ne suis pas dans le bon « timing » ou pas sur le bon chemin, c'est la fatigue. Qui dit fatigue, dit résistance pour moi. La résistance de quoi ? Tout simplement à ce qui doit être. Je ressens de plus en plus ce temps, celui qu'on ne voit pas.

Est-ce que c'est ce que l'on appelle le temps biologique ? Cette horloge interne ? Je pense que oui.

Regarder le monde avec des yeux d'enfant, ressentir cette innocence qui me permet de vivre les moments présents, ne plus regarder l'heure, me fait vivre d'une nouvelle façon. Je suis beaucoup plus sereine. Ces nouveaux ingrédients me donnent une recette à laquelle je n'avais jamais pensé.

C'est comme cela que j'ai commencé à découvrir comment vivre et sortir de mon mode survie.

J'étais seule, c'est-à-dire personne dans ma vie sentimentale pour me soutenir, malade, et pourtant heureuse ! Alors bien sûr, mes enfants et mes amis étaient présents. J'ai accepté leur aide aux moments les plus délicats de la maladie et pour ça, je leur serai éternellement reconnaissante, peu importe si certains ont quitté ma vie, de leur plein gré ou du mien.

Cela peut paraître paradoxal, c'est vrai. Et pourtant c'est réellement ainsi que j'ai découvert que la vie était belle. Peu importe le temps qui passe.

Le jour où j'ai compris cela, je me suis mise à écrire des mots sur un cahier. Je les écrivais toujours par trois, et cela m'interpella. J'ai donc décidé de les appeler des **« trinités »**. Non pas pour le côté religieux du sens de ce mot, juste parce que les trois mots que j'associais étaient bien distincts et pourtant complémentaires. Ils s'unissent, tout en respectant l'identité de chacun.

Je vais vous en donner des exemples.

Exemples

Conscience, inconscient, subconscient.

Corps, cœur, esprit.

Cohérence, cohésion, authenticité.

Ressources, capacités, actions.

Lâcher prise, acceptation, résilience.

Confiance, estime de soi, amour.

Donner, recevoir, demander.

Comprendre, intégrer, transmettre.

Émotions, sentiments, intuition.

Travailler, chercher, apprendre.

Écouter, entendre, voir.

Evolution, créer, révélation.

Rêves, synchronicités, temps.

Pardonner, avancer, libérer.

Sérénité, liberté, apaisé.

Amour, paix, harmonie.

Accueillir, accepter, transformer.

Passé, futur, présent.

Rien, tout, équilibre.

Dissocier, assembler, unir, etc.

Je pourrais continuer encore et encore. Vous pouvez faire les vôtres, celles qui vous parleront, qui auront un sens pour vous. Le but est de trouver son âme.

Trouver notre âme, c'est trouver notre essence, notre identité complète. Le « moi » et le « soi » s'assemblent, deviennent des alliés. Ils constituent notre âme, appelée aussi le « ça ». Vouloir trouver son être profond, c'est se donner le pouvoir d'être un être humain dans son plein potentiel.

Chercher nos propres ressources développe de nouvelles capacités. Le pouvoir, c'est surtout avoir le courage de nous découvrir et d'accepter qui nous sommes. Le pouvoir, c'est également transformer nos pensées les plus petites en pensées les plus élevées et les faire vivre en se respectant et en respectant les autres. Le pouvoir, c'est s'affirmer en étant soi, en restant authentique. Le pouvoir, c'est arrêter de résister à ce qui est.

Avoir du discernement pour acquérir cette confiance en nous qui ne demande qu'à s'exprimer à travers la vérité de notre âme. La vérité, c'est de trouver qui nous sommes pour avancer pas à pas vers la liberté. Être libre d'être en tout simplicité.

Apprendre l'art de nourrir notre propre bonheur, c'est savoir être fidèle à soi. Le souffle de la liberté se trouve à l'intérieur de nous. Libérer ce souffle vers l'extérieur, c'est montrer qui nous sommes réellement sans plus se cacher.

La recherche de la reconnaissance des autres se termine au moment où nous avons reconnu notre authenticité, notre essence, notre âme.

Quand j'ai réussi à trouver mon âme, les maux de mon corps ont disparu peu à peu et c'est ce qui m'a permis de traverser le cancer avec une grande sérénité. Je n'avais plus peur de vivre. J'avais réussi à trouver l'interrupteur pour allumer mon « être profond ». Celui d'être qui je suis en m'acceptant et de ressentir tout cet amour en moi. C'est la première fois que j'ai ressenti ce qu'était l'amour inconditionnel pour moi. Je me suis offert le plus beau des cadeaux.

Pour être plus précise, j'avais réussi à réunir mon corps, mon cœur et mon esprit, ils ne faisaient plus qu'un. C'est à ce moment précis que j'ai vu la lumière entrer en moi. Cette flamme qui aujourd'hui ne cesse de briller. Ne me trouvez pas « perchée ». Quand je parle de lumière, je parle de complétude. Ce sentiment harmonieux où tout est en en accord. Tout est aligné, tout est clair et perceptible par le sentiment de cet amour inconditionnel. Je pouvais toucher ce sentiment d'amour, car je me suis laissé toucher par mon âme. C'est un sentiment profond, inestimable.

Un état de bien-être complet. Une sérénité. Un apaisement. Un soulagement. Un sentiment pur de liberté, de paix qui nous envahit chaque jour. C'est un état de grâce, je ne peux pas le dire autrement.

Nous avons tous la capacité de nous épanouir. Pour cela, il faut croire en nous. En nos ressources. Créer l'environnement favorable à notre évolution. Remettre à jour nos propres besoins.

Savoir faire du tri, comme dans nos armoires. Faire de la place pour accueillir de nouveaux vêtements. Pour trouver notre âme, c'est le même principe. Trier, ranger, archiver. Cela nous ouvre de nouveaux espaces pour accueillir les ressources enfouies au plus profond de nous. Pour trouver son « être profond » qu'on peut aussi appeler « l'âme », il ne faut pas oublier son corps et son esprit. Ce n'est pas une chose si facile à faire, car nous avons tendance à oublier notre corps physique ou inversement à en prendre soin avec exagération. Qu'en est-il de notre esprit ? Un bon nombre d'entre nous oublient leur psyché.

Nous pensons seulement à notre psychisme que lorsque nous prenons conscience que nous avons besoin de faire le vide dans notre esprit car la dépression ou le burn-out sont proches, voire même déjà présents. Et pour ce qui est de notre corps, c'est quand nous nous rendons compte qu'il est bien présent qu'on le ressent. Quand j'ai été touchée par la maladie, je me suis dit : « mon corps ne me suit plus, il est épuisé. » Nous le portons depuis le jour de notre naissance mais nous ne l'écoutons pas suffisamment. Les maux de notre corps nous envoient également des messages. Même les personnes qui prennent soin de lui n'ont pas forcément conscience qu'il fait partie de notre « être profond ».

La maladie m'a fait prendre conscience de mon corps. Je l'ai toujours mis à rude épreuve en le poussant à bout avec mon hyperactivité, qui d'ailleurs se répercutait sur mon esprit. J'en faisais toujours trop. Je ne trouvais jamais de moment pour me reposer, j'avais besoin d'être toujours en action, et tout ça pour me prouver que j'existais.

J'avais tellement peu d'estime pour moi que j'ai fini par m'épuiser moralement et physiquement. Notre corps, en quelques mots, est la partie matérielle de notre être. Souvent, il est en opposition avec notre esprit, d'où l'importance de trouver des activités qui nous permettent, sans nous en rendre compte, de l'équilibrer en évacuant ce qui est en opposition. Cela peut passer par le sport à outrance, l'hyperactivité, en trouvant tout et n'importe quoi à faire, se plonger dans le travail jusqu'à des heures tardives. Sans oublier toutes les addictions comme le tabac, l'alcool, la drogue, les médicaments, la nourriture pour d'autres, juste pour ne pas entendre ce que notre âme a à nous dire. La peur d'être face à soi renvoie à la solitude. Cette peur provient de la peur du vide. Elle crée en nous un trou noir dans lequel on ne va pas s'aventurer par peur de mourir.

Qui n'a pas peur du vide ?

D'où ce besoin de remplir tous les moments morts de nos journées.

Nous avons tendance à mettre dans notre esprit la douleur et la souffrance sans penser à notre corps et c'est là que nous commettons la plus grosse erreur. Notre esprit et notre corps doivent être en accord pour nous permettre d'être en harmonie. Notre corps est le baromètre de notre esprit.

Plus nous laissons notre mental prendre le dessus sur la souffrance, plus notre corps réagira à ce mal-être jusqu'à en arriver à la maladie si nous n'en prenons pas conscience. Notre cerveau ne retient malheureusement que les fautes, les erreurs, les échecs de nos expériences, jusqu'à ce que nous les comprenions et les intégrions. Rappelez-vous du cercle vicieux dont je vous ai fait part au début de ce livre.

La nature de notre esprit, mélangée à l'état d'esprit que nous renvoie la société, ne nous rend pas service pour trouver notre âme. Nous avons tendance à vouloir ressembler ou à faire comme les autres, d'où cet appel à la reconnaissance par le biais des personnes qui nous entourent. Quand on y pense, ne serait-ce pas une recherche d'approbation qui viendrait de l'extérieur ? Je vous laisse répondre et ressentir la réponse à cette question.

Notre esprit a tendance à ne retenir que les résultats négatifs de nos expériences. Sur une dizaine d'expériences, si une seule est négative, c'est bien souvent celle-ci que nous retiendrons et qui nous « pourrira » l'esprit. On n'en aura gardé que la souffrance et la douleur que cela aura provoqué. Où sont passées les expériences positives ? Aux oubliettes !

Pour ma part, je pense que je ne m'attachais qu'aux expériences douloureuses de mon passé, donc à ma souffrance. Toutes mes réussites n'avaient pas d'importance, car j'accordais ces différents succès à la chance. Cette chance où l'on se dit qu'on était au bon endroit au bon moment. Ces chances que l'on redonne aux personnes qui ont pu nous aider et sans lesquelles le but à atteindre n'aurait pas était possible. Du coup, on leur attribue tout le mérite en nous oubliant.

Je suis certaine d'une chose que je n'avais pas réalisée avant, c'est que pour créer cette chance, j'avais effectué des actions à travers lesquelles j'avais atteint plusieurs de mes buts en sachant demander de l'aide au moment opportun ; sauf que je ne me sentais pas méritante, car je ne les avais pas accomplies seule. Voilà où se trouvaient mes croyances les plus ancrées.

L'absence de mes parents quand j'avais besoin d'eux a joué un rôle essentiel dans la façon dont je me suis construite. Du coup, je me débrouillais souvent seule ou alors demandais de l'aide à la seule personne présente, mon grand frère. Ce faisant, je lui donnais une grande importance car si je réussissais, c'était grâce à lui et non à moi-même. Avoir le courage de demander de l'aide représente une belle capacité. Celle de l'humilité. Je ne le voyais pas ainsi à ce moment-là.

Il y a aussi cette croyance selon laquelle je me sentais incapable de réaliser mes projets. Cette croyance qui me renvoyait sans cesse à : « je suis nulle. » J'ai compris que du côté de ma mère, cela me renvoyait aux moments où, enfant, je faisais mes devoirs. Cette phrase, en plus des coups reçus a détruit ma confiance et mon estime de moi.

« Tu es une incapable, tu n'y arriveras jamais. »

Du côté de mon père, je souffrais de la comparaison avec mon frère pour qui l'école était simple, souvenez-vous. Voilà tout simplement ce qui m'a conduite à croire que je ne devais compter que sur moi et que j'étais nulle. Cela m'a poursuivie jusqu'à temps que je le mette au grand jour en sachant poser des mots sur le regard que j'avais sur moi. Et sur mes parents.

Ma prise de conscience m'a permis de guérir de ce cancer et de toutes mes blessures, simplement parce que mon envie de vivre a été plus forte que ma souffrance. Mon corps, mon esprit et mon cœur se sont alignés et ont su faire une belle alliance pour me permettre de retrouver mon équilibre, ce qui m'a emmenée jusqu'à ce que l'on appelle l'âme. Mon âme.

Notre âme se réveille quand nous commençons à sortir de notre sommeil. Ce sommeil latent, douloureux et souffrant, juste parce que nous avons choisi de ranger nos blessures trop rapidement pour arrêter la souffrance ressentie. J'ai trop souvent fait l'autruche par peur de voir mes côtés les plus obscurs. C'est en refusant de regarder ma souffrance que celle-ci a fini par cacher mon être. Je me suis perdue jusqu'à ne plus voir la lumière qui brillait en moi. Mon âme ne demandait qu'une seule chose : exister.

C'est en acceptant de mettre mes douleurs et mes souffrances au grand jour que j'ai pu la toucher. Les réponses à mes souffrances prenaient un tout autre chemin. Pour cette fois-ci, prendre le chemin de la cicatrisation définitive. C'est un parcours long et fastidieux, c'est vrai. Mais le jeu en vaut la chandelle.

Une chose importante, je ne le dirai jamais assez je pense, revient à respecter le rythme qui est le nôtre.

La douleur, la souffrance de nos différentes expériences sont ancrées dans notre esprit, notre corps et notre cœur. La bonne nouvelle, c'est que nous avons le choix sur ce que nous voulons en faire. Soit nous continuons de survivre en nous positionnant en tant que victimes, soit nous pouvons les accueillir, les accepter et les transformer en trouvant ce qu'elles nous ont apporté de positif.

Quand nous entrons dans ce parcours, celui de la recherche de son âme, il faut penser à faire des pauses. Et surtout continuer à vivre en expérimentant les réponses que nous y trouvons. Cela permet d'intégrer nos ressources dans la vie de tous les jours. C'est en vivant l'expérience que notre esprit, notre cœur, notre corps, et bien sûr notre âme retiendront notre nouveau savoir, savoir-faire et savoir-être.

Trouver notre âme est le plus beau cadeau que nous puissions nous faire.

Je voudrais vous parler d'une âme partie trop tôt. Celle de ma mère. Elle a fermé les yeux à l'âge de cinquante-cinq ans, d'une crise cardiaque. Elle a toujours été dans la souffrance, la douleur, dans l'égoïsme démesuré. Elle n'a jamais su communiquer de façon constructive. Elle était sans cesse dans la plainte et c'est ainsi que son corps lui a donné tous les maux qu'elle a pu évoquer dans ses discours. Son corps, son esprit et son cœur n'ont jamais su s'entendre. Elle a reproduit sans cesse les mêmes schémas à cause de son entêtement. C'était toujours de la faute des autres si elle ne trouvait pas le bonheur. Je ne pourrais pas vous dire le nombre de fois où elle m'a fait culpabiliser parce que je ne la comprenais pas. C'est une réalité. À cette époque, je ne pouvais pas. Elle était dans les ressentiments, les reproches, la culpabilité, dans le chantage affectif, sans oublier la colère. Elle ne savait pas se remettre en question. Elle n'a jamais su se pardonner ses erreurs, encore moins celles des autres. C'est pour tout cela qu'elle n'a jamais su vivre heureuse. Ma mère a même été diagnostiquée bipolaire, chose que j'ai apprise lors de son décès en tombant sur le dossier médical qu'elle avait constitué. Jamais elle ne nous en avait parlé. Je voyais bien son pilulier rempli de comprimés. Je crois d'ailleurs que je n'ai jamais vu personne en prendre autant, malgré mon métier d'aide-soignante.

Ma mère était revenue dans ma vie, après une longue période d'absence. Elle nous avait laissés pour vivre sa vie. Elle avait su faire de brèves apparitions. Sauf que mon frère et moi ne l'acceptions pas. Tous ses discours étaient remplis de reproches à notre égard, à celui de mon père et de sa famille. Le passé la rongeait. Elle ne parlait que de cela. Nous étions des enfants ingrats et sans cœur et à la fois tellement jeunes que nous ne pouvions pas comprendre sa détresse. Elle a fait de sa vie un enfer. Une tour infernale qu'elle irriguait sans cesse en l'arrosant de son passé si douloureux pour elle.

Son retour ne s'est d'ailleurs pas fait naturellement. Un jour, nous avons reçu un appel de la gendarmerie pour nous dire qu'elle était dans le coma. Entre la vie et la mort. Elle avait essayé de mettre

fin à ses jours en avalant un produit très toxique, fait pour débou-
cher les canalisations. Une de ses tantes en avait fait l'expérience
quelques années auparavant et avait réussi. Il en a été tout autrement
pour elle. Elle avait été retrouvée juste avant que son cœur ne s'arrête. Cela lui a valu des mois d'hospitalisation, des opérations très
lourdes pour retrouver un semblant de vie.

Quand son état s'est amélioré, mon frère et moi lui avons
demandé ce qu'elle voulait faire : retourner chez elle ou auprès de sa
famille, dans sa ville natale. Elle choisit de revenir près de ceux
qu'elle aimait. J'ai tout mis en œuvre pour réaliser son souhait. À sa
sortie de l'hôpital, son nouvel appartement était prêt.

Cela a duré huit ans. Huit ans de galère pour elle et d'épuisement pour moi. Elle ne sortait pas la tête de l'eau. Sans cesse dans
le désespoir. Elle était souvent hospitalisée en unité de psychiatrie
pour dépression, sans compter les hospitalisations liées à son état
physique qui se dégradait. Elle faisait souvent des insuffisances res-
piratoires dues au produit qu'elle avait ingéré. J'essayais de tout faire
pour qu'elle se sente bien mais rien n'y faisait. J'ai fini par prendre
de la distance, car je ne la supportais plus. Je ne voulais que penser
à ma propre famille. Cela devenait pour moi une charge émotionnelle et physique trop intense. Je me suis donc protégée en la laissant
à mon tour. Je répondais tout de même de temps à autre à ses appels,
mais on finissait toujours par se disputer.

Jusqu'à ce fameux soir. Nous étions le 12 octobre 2013, il était
presque 23 h. Nous fêtions, mon mari et moi, les quarante ans d'un
ami. Ma mère m'avait téléphoné pour me dire qu'elle ne se sentait
pas bien. Elle n'a jamais su m'expliquer son mal ce soir-là. C'était

pour moi, une fois de plus, une façon de me faire culpabiliser pour que je vienne la voir. Mais nous étions à plus de quarante kilomètres. Notre conversation a tourné comme à son habitude en communication conflictuelle, car je refusais de répondre à sa demande. Elle a donc fini par me raccrocher au nez. Quand cela se produisait, elle ne donnait plus de nouvelles pendant une quinzaine de jours. J'avais l'habitude de son comportement, donc je ne me suis pas inquiétée.

Le 25 octobre 2013, j'étais partie toute la journée avec mes enfants dans un parc d'attractions à une heure de route de chez moi, accompagnée d'une amie et de ses enfants. Immobilisé pour une opération de l'épaule depuis plusieurs semaines déjà, mon mari resta à la maison. Arrivée là-bas, je me suis sentie nauséeuse. Sans douleur aucune, j'ai renvoyé tout ce que mon corps pouvait. Cela a duré plus de quatre heures. Je ne comprenais pas ce qu'il m'arrivait. En début d'après-midi, à 13 h plus exactement, je finis par téléphoner à mon mari pour lui expliquer que la journée était plutôt dure pour moi. Il tenta de me rassurer, me disant que ça allait passer et de profiter tout de même.

En fait, il savait déjà que ma mère avait fermé les yeux. Pour me protéger, ainsi que nos enfants, il ne m'en dit pas un mot pour que je puisse revenir en toute sécurité. Il avait reçu un appel de la gendarmerie, qui lui avait demandé de venir reconnaître le corps. Il avait tout mis en œuvre pour se rendre sur place, du fait qu'il ne pouvait pas conduire. Il s'y était rendu avec mon oncle, lui-même gendarme. Il avait appelé mon frère afin de gérer au mieux la suite des événements.

Aussi étonnant que cela puisse paraître, je me suis, d'un seul coup, sentie beaucoup mieux. Pourtant, seulement une heure trente s'était écoulée. Il était 14 h 30. C'était comme si je me sentais soulagée, libérée, plus de nausées, ni vomissements, tout était revenu à la normale.

Avec du recul, en repensant à cette journée, c'était un signe de ma mère qui me faisait comprendre qu'il était temps qu'on la retrouve. Ses voisins, ne la voyant plus depuis une quinzaine de jours et ayant senti une odeur sur leur palier, avaient pris conscience qu'elle était sûrement décédée et ont appelé les pompiers. Ils venaient de la libérer de son triste sort de ne pas avoir été retrouvée plus tôt. Tout s'est enchaîné à ce moment précis.

Je suis persuadée que mon mal-être de ce jour était lié à ma mère. Une fois qu'elle fut retrouvée, elle m'a libérée de ces symptômes que je ne comprenais pas.

La mort de ma mère a été plutôt un soulagement pour moi, et en même temps quelque chose de difficile à accepter. Un soulagement car elle avait fini de souffrir, mais les conditions dans lesquelles on l'a retrouvée me perturbaient. Elle n'avait pas réussi sa vie, mais elle a su mourir sans souffrance, en s'endormant, et tout le monde sait que c'est une des plus belles morts.

J'ai culpabilisé très longtemps de sa mort, car personne ne devrait mourir ainsi, seul, sans que personne ne s'en rende compte. J'ai compris aujourd'hui qu'elle était décédée de la même manière qu'elle avait vécu toute sa vie, seule.

J'ai enfin compris toute sa souffrance, j'ai réussi à lui pardonner et me pardonner de ne pas avoir été là pour elle.

Conclusion de fin de chapitre

La maladie m'a permis de me rendre à l'évidence, la vie est précieuse. Nous sommes les seuls à pouvoir changer les choses qui ne nous conviennent pas. C'est grâce à la maladie que j'ai pu voir le monde qui m'entourait. Il est bien différent de ce que j'avais pu comprendre auparavant. Arriver à tirer les leçons de nos expériences, les accepter et transformer nos anciens schémas sont juste là pour nous apprendre à entendre et écouter notre esprit, notre corps et notre cœur. Cela nous rapproche de notre âme. Résister à cet appel de l'âme ne fait que nous en éloigner. Pour atteindre ce que toute le monde recherche, c'est-à-dire le bonheur, ne la fuyons plus.

Il ne faut pas oublier que chaque personne est différente, unique. Chaque cheminement sera donc différent. Pour trouver mon âme, il m'a fallu toucher le fond du fond en traversant la maladie. Pour d'autres, ce sera par des séparations sentimentales à répétition, par le décès de personnes chères à leur cœur, par un Burn out de la vie privée ou professionnelle, la perte d'un emploi. Peu importe. Ce qui compte c'est d'entendre cet appel, qui veut tout simplement nous aider en nous menant vers notre authenticité.

Il existe autant de façons de trouver son âme que de personnes qui existent sur cette terre. Une chose est sûre, c'est que l'on se doit de créer la vie que l'on veut et non plus la subir.

Mon âme m'a permis d'ouvrir les portes de l'accueil, de l'acceptation, de la résilience, de l'affirmation, du discernement, du pardon, de l'équilibre entre donner, recevoir et demander, mais aussi entre ma part féminine et masculine. Elle me permet de me respecter en la respectant.

En parlant avec mon cœur à mon âme, je sais qu'elle m'indiquera toujours la vérité. Pas celle de ceux qui m'entourent, juste la mienne. Plus besoin de tromper le monde ou de faire semblant.

Un des plus extraordinaires cadeaux qu'elle m'ait donné est tout simplement l'amour. L'amour de qui je suis. Lui être fidèle, c'est lui rendre sa place.

Quand nous trouvons notre âme, nous sommes au cœur de notre être profond.

L'authenticité de notre être peut enfin se révéler.

Mon âme a enfin trouvé le souffle de la liberté. Celle d'exister juste en vivant ce que j'ai à vivre.

Ce qui doit être sera, en restant l'être que je suis. Notre âme est notre plus belle alliée.

Chapitre 7

Les Croyances

Comme écrit au début de mon livre, je laisse à chacun le soin de mettre sa propre définition, son propre contenu, voire même sa propre croyance derrière le mot « croyance ». Ce qui compte le plus, c'est d'y croire avec son cœur.

D'ailleurs, regardons de plus près sa définition.

Croyance [18] **:** *action, fait de croire une chose vraie, vraisemblable ou possible : La croyance à, en quelque chose.*

---

18 www.google.com

Croire [19] :

1.Être certain de l'existence de quelqu'un, de quelque chose, de la véracité de quelque chose : Croire aux revenants.

2.Tenir quelque chose pour véritable, vrai, vraisemblable ou possible : Tout le monde a cru à un accident.

3. Être persuadé de l'efficacité de quelque chose ; se fier à, s'en rapporter à : Croire en la médecine.

4. Avoir confiance en quelqu'un, avoir foi en ses actions, son avenir, ses possibilités : J'ai toujours cru en lui.

Je voudrais commencer par le jour de notre naissance. Nous arrivons dans ce monde totalement nu, ni vêtements ni pensées. Nous apprenons à grandir en fonction de ce que nous apprennent nos parents, notre famille et ensuite la société. Tout cela sans nous poser aucune question. Ils nous donnent ce qu'ils pensent être le mieux pour nous. Puis un jour, quand nous sommes suffisamment grands, nous essayons de voler de nos propres ailes en gardant tout ce que l'on a appris. Mais il y a une chose importante qu'on ne nous explique pas ou très peu. C'est de croire en soi. Suivant les valeurs et les convictions de nos familles et de tout ce qui nous entoure, nous continuons à nous construire avec leurs propres schémas et ceux de la société. Soit en les reproduisant, soit en faisant l'inverse.

Nous ne sommes pas tous à parts égales suivant la famille dans laquelle nous naissons. Par contre, quand nous atteignons l'âge

---

19 www.larousse.fr

de prendre notre propre vie en main, nous avons le libre arbitre de nos décisions.

C'est à ce moment précis que notre confiance en nous va nous secouer. Malheureusement, pour bon nombre de personnes, le passé, les différentes expériences vécues nous retiennent dans un cercle vicieux. Rappelez-vous ce que je vous ai déjà expliqué à ce sujet.

Il n'appartient qu'à nous de démanteler les fausses croyances qui nous ont construits, prendre nos responsabilités pour devenir la personne que nous devons être. Être responsable, c'est ne plus mettre la faute sur nos expériences passées. C'est ici que la résilience prend tout son sens.

Les personnes qui sortent de familles difficiles et qui réussissent sont celles qui croient en elles et ne font pas de leur passé un obstacle. Elles croient en leurs rêves et font tout pour y parvenir. Comme dit dans les définitions plus haut, l'action, être persuadé, avoir la foi, et croire en ses capacités sont des mots très justes. Utilisons-les pour nous, pour croire en nous et en personne d'autre. Croire en soi, c'est se donner une vie meilleure et la rendre accessible. C'est apprendre à s'aimer. Savoir s'aimer, c'est savoir s'épanouir sans vivre par procuration. On ne peut pas vivre à travers ce que l'on donne aux autres. Oui, cela nous rend heureux sur le moment, mais nous, notre propre personne, où se situe-t-elle ? Nulle part. Vivre par procuration ne dure qu'un temps. Notre **« être profond »** ne demande qu'à sortir et c'est là que nous nous rendons compte que nous ne sommes pas si heureux. Bien au contraire. Nous ne faisons que survivre. Il va s'installer à l'intérieur de notre être une monotonie, une tristesse, une colère que nous ne comprendrons pas si nous restons dans notre zone de confort.

La porte du changement nous appartient. Nous sommes des auteurs. Oui, « les auteurs de notre vie ». Nous seuls écrivons notre vie, nous seuls avons le pouvoir de décider de ce qui nous convient ou pas.

Cette porte ne peut s'ouvrir que de l'intérieur et pour y arriver, il faut savoir ouvrir son cœur, accepter ses émotions et ses sentiments. Il faut croire en eux également. Ils nous indiquent ce que nous ressentons pour nous donner le pouvoir d'agir, d'entrer en action ou pas. Ne rien faire fait partie des actions. Seulement notre cerveau rationnel, lui, ne le voit pas ainsi. Ne pas réagir sur un coup de tête nous permet d'agir avec plus de justesse. Ce temps d'inaction, de pause, nous fait bien faire une action. Celle de prendre le temps de la réflexion. Celle de ressentir ce qui se passe à l'intérieur de notre être.

Dans l'être humain se trouve une belle dualité, ce côté féminin et masculin que nous possédons tous. L'accepter nous rend plus justes avec nous-mêmes et aussi avec les autres.

On dit que la femme est sentimentale. Douée pour les émotions, les sentiments, l'intuition, alors que cela représente une faiblesse pour l'homme. Ancien schéma transmis depuis la nuit des temps. L'homme, quant à lui, représente la force physique. Il est le chef de famille. L'autorité de la figure paternelle. Il représente une puissance par le pouvoir de mettre du cadre par son autorité, ce qui met en valeur le fait d'être un homme.

Une femme qui fait des choses censées être réservées aux hommes et un homme qui assume ses émotions, son côté sentimental, ont du mal à trouver leur place. La femme passe pour pas assez féminine et l'homme, quant à lui, pour trop fragile. Quand on accepte qui on est, tout cela se trouve être complémentaire. Une femme ou un homme peuvent très bien avoir ces dualités et être en accord. Une fois de plus, ce sont les phénomènes de société et les idées reçues qui nous gouvernent.

Heureusement, tout cela change. Il n'y a qu'à regarder les homosexuels. Le mariage pour tous, quelle avancée spectaculaire. Après tout, c'est leur façon de vivre, pas la nôtre. Ils ne nous demandent pas de devenir gays ! Ils assument tout simplement qui ils sont. Alors, pourquoi ne pas en faire autant avec notre propre personne ? Ils assument leur amour pour eux et pour l'autre.

Qui crée la différence ?

Qui dit que c'est telle façon d'être qui est la bonne ?

Le respect de « qui nous sommes » passe par l'amour de soi. Tant que cela ne sera pas compris, nous chercherons toujours des réponses à nos questions à l'extérieur.

Encore une fois, accepter sa différence, c'est nous rendre plus forts en croyant uniquement en nous.

Ma propre expérience est d'avoir toujours refusé ma féminité. Je l'ai tellement repoussée qu'aujourd'hui, la vie me propose de faire un choix. Décider de ce que je veux en faire.

Vous savez quoi ? Je ne me suis jamais sentie autant féminine qu'aujourd'hui.

Mes rondeurs, mes courbes, oui et alors !! Personne n'est parfait. Chacun d'entre nous a son propre charme. Ceux qui ne m'acceptent pas comme je suis ne méritent pas mon amour. C'est mon point de vue, je suis bien d'accord. Cela me fait penser à une petite phrase que j'ai entendue dans un film,

« L'étudiante » avec Sophie Marceau et Vincent Lindon.

« Accepte-moi comme je suis et je t'accepterai comme tu es. »

À elle seule, cette phrase résume bien le fait que nous sommes comme nous sommes, que ce soit du côté physique, émotionnel, intellectuel et spirituel. J'ai enfin accepté ce côté de moi. Je prends plaisir à mettre des jupes, des collants, des chaussures à talons, à me maquiller, certes pas forcément chaque jour, car mon côté masculin est aussi toujours présent. Je respecte tout simplement mes envies du moment. J'ai surtout accepté de ressentir mes émotions, mes sentiments et de ne plus les cacher. Montrer ma vulnérabilité, mon humilité. J'ai enfin trouvé mon équilibre.

Nul besoin de se cacher derrière des artifices, de cacher nos émotions ou ce en quoi nous croyons. Cela reviendrait à se mentir à soi-même. Assumer qui nous sommes en montrant notre authenticité, c'est se donner le pouvoir d'être libre en toutes circonstances. Le féminin et le masculin au service de notre être profond.

Je vais clôturer ce chapitre en rappelant deux choses essentielles, qui font partie pour moi de l'acceptation de « qui nous sommes », mais également de « qui sont ceux » qui nous entourent.

Nous sommes tous des êtres à part entière, huit milliards sur terre, huit milliards à être différents. Regardons toutes ces différences pour accepter simplement qui nous sommes.

Appuyons sur le bouton « RESET » à chaque fois que nous en ressentons le bon moment, c'est-à-dire lorsque nous trouvons une part de notre être qui est plus juste aujourd'hui qu'hier, tout en respectant notre rythme de transformation ainsi que celui des autres. Le juste temps qu'il nous faut pour grandir et intégrer ce que nous avons découvert de notre être.

N'oublions pas nos racines et/ou nos expériences, car ce sont elles qui nous auront permis d'avancer. Ôtons simplement les pansements et cicatrisons les blessures de notre âme. Cela nous permettra de laisser entrer dans notre vie de nouvelles expériences. De faire de la place pour les accueillir.

La résilience est ce qui nous rend plus forts, plus humains, plus compatissants envers nous, les autres et le monde.

Nous sommes infiniment grands, comme infiniment petits.

Je vais vous avouer une chose. Je ne comptais pas écrire autant de choses dans ce chapitre 7.

Je ne regrette pas. Du coup je vais faire un chapitre 7 bis, juste pour vous montrer à quoi le chapitre 7 aurait dû ressembler. J'espère au plus profond de mon cœur qu'il résonnera en vous comme cela a résonné en moi en découvrant mon âme.

Chapitre 7 Bis

Croyance

AMOUR

Chapitre 8

L'équilibre

Suivant la souffrance de notre vécu et comment nous l'avons perçu, nous ressentons et vivons de différentes façons. Cela peut être en vivant notre vie en faisant d'elle une fatalité, en ignorant notre passé ou encore en se disant peut être tout simplement : « je m'en fous. » Personnellement, j'ai opté pour les trois à différents moments de ma vie. Tantôt l'un, tantôt l'autre, et parfois les trois en même temps. Bien sûr, je l'ai fait pour continuer à vivre. Pour me protéger de la peur du regard que j'aurais pu avoir sur moi et de celui des autres au moment où j'aurais dû me regarder en face. C'était la peur qui me faisait vivre ainsi mais également mon orgueil. Je ne voulais pas voir mes côtés défaillants. Je pense que je n'étais pas suffisamment prête pour pouvoir le faire. J'ai donc fait ce qu'il y avait de mieux pour moi à ces différents moments de ma vie.

Aujourd'hui, je ressens de la gratitude envers mon âme pour m'avoir permis finalement d'avoir agi ainsi. Dans les moments les plus durs de ma vie, l'idée d'en finir m'a traversé l'esprit. Mais l'esprit de mon âme, quant à lui, a toujours su que je possédais cette force de vivre. Cette envie d'y arriver coûte que coûte.

En refusant de voir la réalité de ma vie, j'ai refusé de voir la souffrance, la violence, la colère qui étaient en moi. Je refusais de regarder mes côtés les plus noirs et d'accepter aussi ceux des autres et de ce monde. J'avais tellement souffert que je ne voulais plus ressentir, voir, regarder, entendre ni goûter à la souffrance. Je l'ai donc oubliée en m'occupant des autres à travers mon métier d'aide-soignante. Comme pour garder à l'esprit que oui, cela existe, mais seulement à travers la maladie et chez les autres. J'étais dans le déni total. Et je le vivais ainsi sans me poser de question. Le fait de pouvoir apporter du réconfort, de l'écoute, des soins en travaillant m'aidait à me mettre à distance de mes propres souffrances. Donner était plus important que de recevoir. Cela était une vocation indéniable pour moi. Je pouvais apporter ma contribution à rendre le monde d'une personne meilleur, en l'aidant, et par là-même, à rendre le monde meilleur tout court. Aider les autres pour atténuer leurs souffrances comblait mon besoin d'exister dans quelque chose en lequel je croyais vraiment. Une très belle mission, je vous l'accorde.

À quel prix ? Celui de mon existence.

Ma prise de conscience sur mes différentes souffrances m'a fait comprendre qu'aider n'est pas de vouloir pour l'autre et d'absorber son mal-être, mais plutôt d'aider en l'écoutant, le guidant, l'accompagnant de manière à trouver ses propres ressources. J'ai eu le déclic en regardant cette fois-ci toutes les phases de mon propre vécu. Je me suis dit, c'est ça ! Nous avons tous les capacités pour arriver à trouver notre être, puisque toutes les réponses se trouvent à l'intérieur de nous. Cela confirme bien ma raison d'être dans des métiers d'aide à la personne, sans aucun doute. Mais plus jamais en m'oubliant. Que ce soit dans ma vie personnelle ou dans ma vie professionnelle.

En ayant eu la force de rendre visite à mon être dans les moindres recoins, j'y ai gagné une vision plus large, plus complète, de ma personne. Et aussi envers les autres, en élargissant ce regard. En enlevant mes œillères, j'ai pu trouver mon véritable équilibre.

L'équilibre, un terme qui décrit parfaitement ce que l'on peut trouver en nous. Derrière ce mot, il y a beaucoup de phases à traverser pour y parvenir. Sortir de sa zone de confort pour passer par celle de l'inconfort n'est pas une chose facile à effectuer. Cela va nous faire ressentir des émotions et des sentiments que, bien souvent, nous avons refusé de ressentir. Par contre, quand on a compris le cheminement de ces différentes phases, il n'y a plus aucune hésitation. Derrière tout cet inconfort se trouvent les clés de la liberté. Apprendre à reconnaître et assumer nos émotions, nos sentiments, mettre des mots sur nos souffrances, nous apporte cet équilibre. Peu importe si la compréhension est totale ou non. Ce qui compte, c'est déjà de pouvoir sortir nos différentes expériences vécues de notre sac à dos qui pèse bien trop lourd. La compréhension définitive se fera au moment juste, celui où nous serons capables d'accueillir ce qui était sans que cela ne devienne une nouvelle souffrance.

La résilience, ce n'est pas de se dire « c'est ainsi ou c'est comme ça ». J'ai fait cette démarche dans ma tête pendant des années. En croyant et pensant cela, j'ai fait de ma vie une fatalité. La seule fatalité qui existe dans la vie, c'est la mort. C'est la seule chose que nous ne pouvons pas changer.

Regardons de plus près quelques définitions.

Équilibre :[20]

• *État de repos, position stable d'un système obtenus par l'égalité de deux forces, de deux poids qui s'opposent : Mettre les plateaux d'une balance en équilibre.*

• *État de quelqu'un, d'un animal qui maîtrise sa position et ses mouvements, qui ne tombe pas : Avoir peine à garder son équilibre.*

• *Juste proportion entre des éléments opposés, entre des forces antagonistes, d'où résulte un état de stabilité, d'harmonie : Une période d'équilibre politique.*

• *Juste répartition des éléments d'un tout : Équilibre alimentaire.*

• *Rapport d'harmonie entre les tendances psychiques, les rythmes ou les domaines d'activité de quelqu'un : Dans ces circonstances difficiles, il a su garder un bel équilibre.*

Position stable d'un système obtenue par l'égalité de deux forces, de deux poids qui s'opposent. Juste proportion, harmonie, juste répartition, état de repos, tous ces mots sont justes. L'équilibre apporte

---

20 www.larousse.fr

cette harmonie entre notre corps, notre cœur, notre esprit. C'est reposant de se sentir ainsi.

Résilience [21] : *capacité d'un individu à résister psychiquement aux épreuves de la vie. Capacité qui lui permet de rebondir, de prendre un nouveau départ après un traumatisme : La résilience est étudiée dans le cadre du soutien psychologique apporté aux accidentés de la route.*

Résignation [22] : *fait de se résigner, de supporter sans protester quelque chose de pénible, d'inévitable : Abandonner la lutte avec résignation.*

Il ne faut pas confondre résilience et résignation. Ce sont deux mots bien distincts.

La résignation, c'est abandonner toute sorte de compréhension de l'épreuve endurée sans guérir le traumatisme causé par cette dernière. C'est une façon de fuir ses responsabilités. Être responsable, c'est savoir se donner l'autorisation de vivre heureux. Prendre la fuite ne sert à rien, car nous ne faisons qu'agrandir notre détresse et alourdir notre sac à dos. Il existe beaucoup de façons de fuir, en se réfugiant dans le travail, dans le sport à outrance, en étant hyperactif sans se donner l'occasion de se reposer. J'ai été ainsi, hyperactive, trouvant toujours quelque chose à faire. Au final, je me suis épuisée, je suis devenue perfectionniste, aigrie de la vie et triste au plus profond de moi. À cette époque, je ne me rendais pas compte que j'étais en train de fuir mes responsabilités. Je n'étais pas heureuse et je me voilais la face. Rappelez-vous pourquoi. Être responsable, c'est

---

21 www.linternaute.fr

22 www.larousse.fr

prendre conscience de ce qui ne va pas et l'assumer. Cela nous permet de garder l'équilibre de notre « être ».

La résilience, c'est accepter l'expérience que l'on vit en traversant toutes les différentes phases que cela comporte pour en sortir grandi et la ranger dans le tiroir « passé guéri ». En faisant ceci, nous nous permettons de continuer à vivre sereinement, à voyager léger.

Ne pas se décourager devant les épreuves difficiles. Bien au contraire. Le résultat que l'on souhaite avoir arrivera tôt ou tard. Parfois cela prend plus de temps, car nous passons par des chemins de traverse. Ces différents chemins nous aident pour expérimenter, pour mieux comprendre notre propre fonctionnement. Ils ne sont pas là par hasard. Arrive le moment où nous sommes prêts à accueillir, entendre ce qui nous fait défaut dans notre développement personnel. C'est à ce moment précis que la transformation de nos anciens schémas commence.

En prenant acte de toutes nos expériences, nous arriverons à nous relever et nous reconstruire.

La résilience, c'est savoir transformer l'expérience négative en une expérience positive. C'est une des clés les plus importantes pour guérir notre passé. La résilience nous apporte des ressources qui se cachent à l'intérieur des expériences vécues.

L'équilibre, c'est être en harmonie avec soi-même en ressentant un état de tranquillité, de légèreté. Tout est en accord. La balance entre le psychique et le physique est sur la même mesure. Ils restent en équilibre et avancent ensemble, tout comme une mélodie où les notes s'accordent parfaitement. Il existe bien des noires, des blanches, des croches, des doubles, voire des triples croches. Elles sont écrites sur de multiples lignes parallèles, et pourtant, la musique est harmonieuse. Elle nous transporte.

Il n'appartient qu'à nous d'écrire cette mélodie en acceptant de danser sur ces différentes lignes et notes qui composent notre « âme ». Elle nous fait vivre en toute liberté.

Il n'est jamais trop tard pour se réaliser et s'accomplir.

Ce qui fait que nous sommes déstabilisés, bien trop souvent, c'est qu'on se crée des illusions, des suppositions. On se pose un tas de questions qui tournent en boucle dans nos têtes. Ce qu'il faut comprendre, c'est le lâcher-prise, ne pas vouloir tout contrôler ou diriger. Rien ne sera parfait. On a le choix, chaque jour où nous ouvrons les yeux le matin, de recommencer. Chaque jour qui passe est un réel cadeau, une opportunité de changer ce qui n'a pas fonctionné et de pouvoir l'améliorer et/ou le modifier. Il faut savoir que tout n'est pas forcément notre faute. Il y a ce qui nous appartient et ce qui appartient aux autres.

Acceptons de ne pas tout comprendre sur le moment. Les réponses viennent quand nous sommes capables de prendre du recul et de ne pas entrer dans la sphère de la souffrance, de la douleur, de la culpabilité, du ressentiment et de la colère, de la honte. Je ne dis pas qu'il faut nier toutes ces émotions, je dis qu'il est important au contraire de toutes les accepter. Accepter ne veut pas dire que nous sommes d'accord. C'est juste accepter ce qui est au moment où l'on vit cette situation. Ne pas laisser ces émotions plus ou moins ressenties négativement s'installer trop longtemps juste pour pouvoir sortir de cet état de douleur, voire de souffrance.

En observant ce qu'il se passe autour de nous à chaque instant, cela nous fait revenir dans l'instant présent. Juste regarder. Observer. Un chat est un chat, une chaise est une chaise, une tasse est une tasse, etc.

Pour garder l'équilibre, il est important de cicatriser toutes les différentes blessures que nous avons accumulées. Il en existe cinq grandes : l'abandon, le rejet, la trahison, l'humiliation et l'injustice. Je pense même qu'il en existe d'autres, comme des sous catégories de ces cinq grandes blessures. La honte, la culpabilité, le ressentiment, les remords et d'autres encore nous laissent dans des schémas destructeurs. Ces blessures nous séparent de qui nous devons être. Elles nous séparent de l'amour pour nous, de l'amour pour les autres, de l'amour pour ce qui nous entoure. C'est en les identifiant que j'ai pu commencer un travail personnel.

Il faut savoir que ces cinq blessures, nous les portons tous, sans exception. Elles sont plus ou moins profondes et elles peuvent avoir une hiérarchie différente suivant notre parcours de vie. Elles se sont inscrites dans notre cœur et notre inconscient comme des traumatismes pendant notre enfance. A ceux qui voudraient en savoir plus sur ces cinq blessures, je leur conseille de lire le livre de la Canadienne Lise Bourbeau intitulé « Les 5 blessures qui empêchent d'être soi-même », aux éditions E.T.C. Inc (Canada), disponible en Europe au format de poche aux éditions Pocket. Je suis certaine que la lecture de ce livre sera pour un grand nombre d'entre nous comme une révélation.

Que nous soyons autodidactes ou non, nous pouvons trouver notre propre cheminement. Il nous faut juste être honnêtes avec nous-mêmes et ne pas hésiter à demander de l'aide. Nous seuls arriverons à régler ce qui se trouve en surface.

Est-ce bien suffisant pour pouvoir être qui nous sommes ?

Je ne pense pas. Demander de l'aide, c'est reconnaître notre humilité en repoussant notre orgueil.

Je voudrais préciser une nouvelle fois que le changement doit venir de nous et non pas pour faire plaisir à quelqu'un d'autre, sinon, nous n'arrivons pas au bout de nous-mêmes.

Nous possédons chacun nos limites et notre propre rythme.

Pour ce qui est des limites, nous sommes les seuls à nous les imposer. Par contre, nous les avons tous un jour dépassées. À chaque fois que j'ai su le faire, j'ai ressenti un état de satisfaction, une grande fierté de l'avoir fait.

Pour pouvoir les dépasser, il faut avoir confiance en soi, être audacieux et oser franchir le pas.

N'oublions pas que les limites qu'on se donne viennent de la peur, comme déjà expliqué dans mon livre. La peur est un sentiment qui doit être notre système d'alarme, quand nous sommes en vrai danger, pour nous éviter de prendre des risques inconsidérés pour notre vie, et non pas pour nous donner des excuses pour éviter de nous réaliser. Le contraire de la peur, c'est l'amour que nous envoyons quand nous décidons d'avancer. C'est notre cœur qui nous parle, notre petite voix intérieure qui nous pousse, nous stimule. Pour y parvenir, nous devons écouter notre intuition, celle qui provient de qui nous sommes vraiment. Cette petite voix ne nous trahira pas si nous sommes authentiques.

Le contraire d'être authentique, c'est se mentir à soi-même, être infidèle à son « être profond ». C'est se voiler la face. Qui ne l'a jamais fait ? Être ainsi ne nous apportera pas de solutions concrètes. Oser lever le voile pour nous permettre d'y voir plus clair, c'est là le plus beau service que l'on puisse s'offrir.

C'est pourquoi je vais vous parler de l'infidélité à travers mes expériences.

Voyons déjà la définition.

<u>Infidélité</u> [23].

• <u>Littéraire :</u> *manque de fidélité, de respect à un engagement : L'infidélité à la parole donnée.*

• <u>Littéraire :</u> *déloyauté, trahison de la part de quelqu'un qui est subordonné à quelqu'un d'autre :*

L'infidélité des sujets à leur roi.

• *Manque de fidélité envers un ami, un être aimé : Cet ami m'a fait une infidélité,*

---

23 www.larousse.fr

• *Violation du devoir de fidélité entre époux, qui peut constituer une cause de divorce ou de séparation de corps.*

• *Fait d'avoir recours à quelqu'un d'autre que celui auquel on a habituellement recours : Faire une infidélité à son boucher.*

• *Manque d'exactitude, de sûreté, de vérité : L'infidélité de la mémoire.*

Si je reprends quelques mots-clés de ces différentes définitions cela donne : manque de respect à un engagement entraînant un sentiment de trahison par manque d'exactitude, de sûreté et de vérité. Je rajouterai, envers qui ?

À qui devons-nous de nous sentir en sécurité ?

À qui devons-nous l'exactitude de nos sentiments et de nos émotions ?

À qui devons-nous notre engagement ?

À qui devons-nous le respect ?

À qui devons-nous la vérité ?

La réponse va peut-être vous étonner !

« À NOUS-MÊMES » !

L'infidélité. Encore un mot qui devrait résonner en nous. Ce que j'en ai compris m'a fait grandir et aujourd'hui, sans porter aucun jugement, je n'accepte plus l'infidélité. L'accepter reviendrait à dire que je ne suis plus en accord avec moi. L'authenticité que j'ai trouvée, je ne veux plus la perdre, car je me dois de respecter « qui je suis ».

Dans mon mariage puis dans ma relation avec celui que j'ai qualifié de pervers narcissique (PN), j'ai accepté leurs infidélités, juste parce que je les ai aimés, mais en réalité, tout cela n'était que mensonges et tromperies envers moi-même.

Quand on en arrive à trahir la confiance de la personne avec qui on partage notre vie, c'est que quelque chose ne nous convient plus dans la relation. Plutôt que de communiquer, on se voile la face de peur de blesser la personne avec qui on est. La vérité peut faire mal, c'est vrai. Si c'est le cas, c'est que nous ne sommes pas en cohésion et en cohérence avec nous-mêmes, raison pour laquelle nous attirons nous-mêmes l'infidélité.

Mon ex-mari m'a trompée une seule fois. Cela annonçait qu'il était malheureux. Alors bien sûr à cette époque, je ne l'ai pas vu ainsi, et pourtant, moi aussi j'étais malheureuse depuis plusieurs années. Je n'ai pas eu le courage de lui en parler. Nos conversations tournaient en rond. Le ressentiment et la culpabilité s'étaient installés depuis bien trop longtemps. Notre communication était conflictuelle et non constructive. On refusait tous les deux de voir et de dire ouvertement notre mal-être. Les reproches, le manque de discernement, les regards qui n'existaient plus, sauf pour voir ce que l'un ou l'autre faisait pour mieux le « descendre », le dévaloriser à chaque fois qu'une dispute éclatait.

Nous avions perdu notre objectif, celui d'être un pilier l'un pour l'autre. Lorsque cela arrive dans un couple, la relation est vouée à l'échec. Du moment où l'un pense à quitter l'autre, plus le fait de baisser les bras, cela crée de l'instabilité dans la relation. Il est impossible dans ce contexte de pouvoir créer de nouveaux projets.

Nous avons bien essayé, je vous assure. Nous nous sommes quittés pendant une année, avons effectué une thérapie de couple, en pensant que l'amour que l'on avait l'un pour l'autre nous sauverait. Seulement au bout de quatre mois où nous avons revécu ensemble, le schéma se répétait de nouveau. Disputes, communication conflictuelle, nous avons tenu ainsi quatorze mois sans qu'aucun des deux n'arrivent à dire à l'autre ce qu'il ressentait vraiment. Nous nous sommes de nouveau perdus en essayant de faire notre maximum pour nos trois enfants. Ils étaient une fausse raison de notre volonté de rester ensemble. La vérité, la seule, était que nous ne nous aimions plus suffisamment pour continuer notre vie ensemble. L'amour que nous avions partagé s'était essoufflé et nous, nous étouffions à vouloir rester ensemble. Nous avons donc décidé d'un commun accord, en ayant une conversation constructive cette fois-ci, que nous devions divorcer. On a su ce jour-là se parler avec notre cœur et être honnêtes avec nous-mêmes. Nous avions retrouvé notre liberté. Cette fois-ci, nous avons été au bout de notre divorce et aujourd'hui, je le remercie d'avoir eu le courage de dire : « stop, cela ne me convient plus. » Je trouve tout de même dommage d'en arriver à l'infidélité pour réussir à communiquer.

L'infidélité existe aussi dans des relations où l'amour est bien présent l'un pour l'autre, mais où il ne suffit pourtant pas à l'un des deux. Quand cela se produit, c'est que la personne qui est infidèle a un besoin de plaire et de se sentir aimée en permanence. La blessure qui entre en jeu dans ce contexte est celle de l'abandon. C'est celle-ci que j'ai vécue dans ma seconde relation (PN). Si j'ai attiré un personnage comme lui dans ma vie, c'était pour me prouver que, moi aussi, j'avais ce besoin de plaire et d'être aimée. Sauf que, inconsciemment, je ne me laissais pas aimer. De mon côté, cela venait toucher ma blessure du rejet. Pourquoi ? juste pour confirmer une de mes croyances. Celle où je ne mérite pas d'être aimée car ma mère m'a rejeté pendant mon enfance. En ne me laissant pas aimer, je confirmais cette croyance que, tôt ou tard, les personnes qui m'entourent (surtout dans mes relations sentimentales) vont me rejeter.

Dans ma seconde relation, je suis tombée amoureuse de lui rapidement. Seulement, je ne le lui ai pas vraiment dit. Mon divorce m'avait tout de même secouée et j'avais des réticences à dire ce mot « je t'aime », de peur d'être déçue et rejeté à nouveau.

Il a toujours été infidèle et cela dès le début de notre relation. Mes sentiments étaient tellement forts pour lui que je n'y ai vu que du feu. Il s'était passé presque une année quand j'ai découvert ses infidélités. Je lui en ai parlé. Il a su à ce moment me rassurer en me disant ce que j'avais besoin d'entendre. Au final, j'entendais ce que je voulais bien entendre et j'ignorais inconsciemment le reste. Je voulais le sauver à tout prix. Juste par amour pour lui en m'oubliant une fois de plus. Mon ego était démesuré en ce temps-là.

Qui étais-je pour prétendre le sauver ?

Une fois de plus, je me suis rendu compte que je vivais par procuration, mais pas seulement.

La déception fait partie de la blessure de trahison, j'ai donc préféré à nouveau ne rien dire, faire la politique de l'autruche. Ne pas lui avouer mon amour pour lui, ne pas lui parler de ses infidélités, m'a fait rester à nouveau dans un tourbillon de souffrance. À l'époque, je ressentais vivement toutes ces émotions contradictoires. Entre l'amour et la haine, il n'y a qu'un pas. Et pourtant, pour me protéger de cette blessure de trahison et de celle du rejet, je me suis tue à nouveau. Juste pour ne pas avoir à me regarder en face. C'est bien moi que je trahissais en me rejetant, bien que tout cela se passait dans mon inconscient au moment où je vivais l'expérience. Je ne voulais pas l'abandonner. Car pour moi, abandonner signifier baisser les bras. En fait, abandonner, c'est sortir de la résistance. Celle qui nous fait souffrir. Plus on résiste, plus nous souffrons à cause de cet orgueil à qui nous laissons notre pouvoir. Nous laissons également le pouvoir à autrui de nous contrôler. C'est cet égo démesuré qui prend une fois de plus toute la place dans notre esprit de peur d'être seul(e). Bien que tout cela se passait dans mon inconscient au moment où je vivais l'expérience. Abandonner, c'est finalement aussi, gagner la partie. En refusant de souffrir plus longtemps. Finalement, c'est un moment de grâce. Mettre les deux genoux à terre, comme pour nous honorer et nous remercier d'être. D'être enfin sorti de ce jeu de pouvoir entre notre orgueil et notre humilité. C'est mettre au grand jour notre vulnérabilité. C'est se choisir.

Je voudrais aussi parler de la communication. Nous savons tous qu'elle est importante, et pourtant, nous nous retenons trop souvent d'exprimer ce que l'on ressent. Les non-dits entraînent du ressentiment et de la rancune. Passer sous silence notre mal-être dû à ces ressentiments nous conduit à la colère et à la tristesse s'ils ne sont pas verbalisés.

Le silence est une bonne chose. Il nous permet de prendre du recul et de réfléchir à ce qui nous blesse pour agir de façon plus juste, mais il ne doit pas nous servir à nous taire et à garder toutes ces émotions qui nous font mal au plus profond de nous. C'est en faisant ainsi que nous continuons à remplir le sac que nous portons depuis notre naissance. Et dès qu'il est plein, pour une « broutille », on éclate et on sort tout ce que l'on n'a pas dit depuis un moment. L'autre personne en face ne comprend pas pourquoi il y a autant de reproches. Du coup, elle n'est pas capable de tout assimiler en une seule fois. De ce fait, nous entrons dans une communication conflictuelle associée à des comportements inadéquats. Nous perdons aussi, à force de nous taire, une partie de notre identité et c'est là que s'insinuent la colère et la violence dans nos propos. Quant à la tristesse, elle s'installe doucement sans que cela nous interpelle. Nous devenons aigris de la vie et c'est à ce moment que nous retournons notre colère, voire cette violence contre nous-mêmes et ceux qui nous entourent. La spirale infernale est en route et nous ne savons plus comment faire. Sans oublier ces sentiments profonds de la culpabilité et/ou de la honte. On s'enfonce dans un désarroi inexplicable. Nous sommes comme déconnectés de la réalité. Le voile se fait de plus en plus épais et ne nous sommes plus capables de voir à quel moment nous nous sommes perdus.

La communication constructive, quant à elle, nous sert bien à comprendre les différentes choses qui nous blessent. Cette communication ne doit pas nous quitter, car elle nous permet d'avancer sur notre « être intérieur » et d'aller vers plus d'authenticité. Le souci, c'est que nous laissons la routine, les non-dits, la fatigue, le regard de l'autre, la peur de blesser, prendre le dessus. La communication constructive est un pilier au début des différentes relations, qu'elles soient amicales, sentimentales, professionnelles ou familiales.

Savez-vous pourquoi ?

Tout simplement parce qu'à ce moment-là, nous avons confiance en nous, en l'autre, et nous y croyons. Nous sommes dans l'accueil de ce que l'autre nous dit, sans jugement.

Plutôt que continuer à construire et entretenir ces piliers pour que les relations deviennent de plus en plus solides, nous faisons l'inverse. Nous détruisons ces piliers et c'est ainsi que les relations deviennent des châteaux de cartes qui, au moindre coup de vent, s'effondrent. L'incompréhension devient de plus en plus présente et nous perdons le sens de la réflexion, de l'écoute, du discernement, de la compassion et de l'empathie. Nous entrons dans un cercle vicieux qui est la communication conflictuelle, car nous perdons notre confiance en nous, en l'autre, et nous n'y croyons plus. Cela tue notre âme à petit feu.

La communication constructive, comme le sous-entend ce mot, c'est de construire. Construire une relation, un lien solide sans avoir peur, honte de dire ce que l'on ressent. Bien trop souvent, nous cachons nos émotions. Si elles existent, c'est bien pour nous aider à communiquer avec l'autre et avec nous-mêmes. Ce que nous percevons en ressentant nos émotions, c'est notre vulnérabilité. Personne n'aime se sentir ainsi et encore moins le montrer. C'est bien dommage je trouve, car je pense que nos émotions, nos sentiments montrent au contraire combien nous sommes authentiques. La peur d'être abandonnés, rejetés, trahis, humiliés ou de nous sentir injustement blessés, nous oblige inconsciemment à les enfouir.

Aujourd'hui, j'ai accepté ma vulnérabilité et je vis mes émotions quand elles se présentent. Je me sens plus forte en les acceptant, car je dépose au bon moment ce qui doit être. J'ai réussi à composer avec cette nouvelle formule, celle d'être juste qui je suis avec mes émotions, mes dires et mes actions. Je m'écoute et j'écoute de mieux en mieux tous ceux qui m'entourent. L'écoute fait partie intégrante d'une communication constructive. La communication constructive, c'est accepter également de recevoir ce que l'autre nous dit.

Voyons maintenant la définition du verbe accepter.

<u>Accepter</u> [24].

- *Consentir à prendre quelque chose, à recevoir ce qui nous est offert : Accepter de l'argent de quelqu'un.*

- *Se déclarer prêt à faire quelque chose, à assumer une charge, à courir tel ou tel danger : Accepter la responsabilité d'un service.*

- *Consentir à subir quelque chose, à le tolérer de la part de quelqu'un, l'admettre, le supporter :*

  Je n'accepte pas sa critique. Accepter son sort sans rien dire.

- *Considérer quelque chose comme juste, fondé, exact, l'admettre, le supporter : Accepter une théorie.*

- *Admettre quelqu'un au sein d'un groupe à tel ou tel titre ; le considérer comme un des membres du groupe : Accepter quelqu'un comme un collaborateur.*

---

24 www.larousse.fr

- *Permettre qu'un animal entre quelque part : Ici on n'accepte pas les chiens.*

- *S'engager à payer une lettre de change à son échéance.*

S'accepter [25] **:** *supporter d'être ce qu'on est avec ses défauts et ses qualités.*

Une fois de plus, quand nous regardons ces différentes définitions, cela nous permet de faire des liens très puissants. Des mots tels que consentir, assumer, subir, supporter, admettre, s'engager à payer…

Selon moi, j'ai accepté beaucoup de chose en les subissant, sans rien dire, en ayant une force d'engagement qui me faisait rester dans la résistance car je n'osais pas le rompre. Juste pour conserver intact le regard positif des autres envers moi. Ne pas me sentir fautive, rejetée. Refuser d'admettre ma souffrance pour ne pas me sentir humiliée. En faisant cela, j'ai tout bonnement refusé de prendre mes responsabilités en n'assumant pas ce qu'il se passait pour moi dans mes différentes expériences.

Alors bien évidemment, je ne le voyais pas ainsi à ce moment-là. C'était tout simplement une façon inconsciente de me protéger de mes blessures.

J'ai payé le prix fort de toute cette résistance juste parce que je ne voulais pas admettre ma défaite, mettre le genou à terre. Du coup, la maladie m'a fait mettre les deux en une seule fois. En y repensant, je venais de m'avouer vaincue par KO.

---

25 www.larousse.fr

L'acceptation fait partie du cheminement de résolution des différentes expériences vécues. Je rappelle ici qu'accepter ne veut pas dire que nous sommes d'accord. C'est important d'avoir cette petite phrase en tête.

Même si parfois on ne comprend pas toujours sur le moment, tôt ou tard la compréhension arrivera. Accepter juste ce qui est, c'est lâcher prise. Cela nous permet de nous détacher d'une situation et de ne pas vouloir tout contrôler ou diriger. En voulant tout contrôler, nous ne faisons qu'entrer et rester dans la souffrance. C'est une forme de résistance contre soi et non pas contre l'expérience vécue. C'est notre mental égotique démesuré, ou encore appelé orgueil, qui nous le fait croire. D'où l'importance de prendre le temps nécessaire pour avoir un moment de recul. Et de commencer notre questionnement avec cette phrase : « comment en suis-je arrivé là ? », et non pas « pourquoi ? ».

En sachant nous poser cette question, nous nous détacherons plus facilement de l'expérience vécue. Alliant cette question avec nos ressentis, c'est-à-dire nos émotions, la réponse qu'on y trouvera sera plus juste.

L'émotion, comme la colère par exemple, se trouve bien en nous, pas en la personne qui nous fait ressentir cette colère. Nous sommes les seuls capables de reconnaître et ressentir nos propres émotions. Personne ne pourra le faire à notre place. C'est valable pour toutes les émotions, qu'elles soient bonnes ou mauvaises.

D'ailleurs, je vous le demande, devons-nous aussi les juger ainsi, bonnes ou mauvaises ?

Je ne pense pas. Elles font partie de qui nous sommes. De notre être tout en entier.

Les émotions sont des transmetteurs, tout simplement. Elles nous envoient des messages pour nous faire prendre conscience de ce qui se passe. En les refoulant, nous refusons d'entendre et d'écouter ce que notre âme essaye de nous dire. Pouvoir les verbaliser quand elles apparaissent, c'est se donner le pouvoir d'écouter son cœur. C'est le premier pas vers la guérison de la situation vécue.

Les émotions ne se gèrent pas, elles s'apprivoisent seulement ! Pour pouvoir mieux les reconnaître et du coup savoir comment nous fonctionnons.

C'est comme cela que j'ai réussi à les accepter. La plupart du temps, j'étais dans le « faire », dans l'action. Cela était ma façon de fuir, d'éviter de ressentir mes émotions. De me mettre à distance de ce que mon cœur m'insufflait. Couramment, je pensais que j'avais un cœur de pierre, du moins c'est ce que je montrais. Mais bien souvent, quand j'étais seule, je laissais les larmes m'envahir sans rien dire à personne. Je m'auto-censurais. D'ailleurs, tout ce qui pouvait traverser mon esprit quand je me retrouvais dans de tels états, je le niais. Je me disais que je n'avais aucun droit de penser telle ou telle chose. Aujourd'hui, mes émotions ont pris leur place. Je les ressens, je les vis !

Cela m'aide énormément à savoir où j'en suis dans toutes ces phases que j'explique.

Mon cheminement fait de moi une personne différente aujourd'hui, dans tous les domaines que l'être humain possède. J'ai transformé mes plus grandes faiblesses en mes plus grandes forces. Je n'ai rien retiré, j'y ai seulement ajouté plus d'équilibre en acceptant la patience, mes émotions, mes ressentis, mes défauts, mes qualités, ma façon de penser, d'agir, mon corps, et bien d'autres choses encore. Mais surtout en acceptant de m'aimer en étant moi. En acceptant qui je suis. En acceptant d'aimer la vie et de la vivre pleinement en vivant les expériences qu'elle m'apporte.

L'acceptation nous aide aussi à aller à la rencontre du pardon.

C'est une autre étape essentielle à notre équilibre. Si nous ne pardonnons pas, des émotions telles que la colère, voire la haine et la tristesse restent comme des résidus au plus profond de notre âme. Ces résidus de colère, de haine et de tristesse resurgiront à un moment donné. Sans comprendre pourquoi, le déséquilibre réapparaîtra. Les résidus accumulés se transforment en une boule qui grossit de plus en plus et l'émotion éclate sans préavis et complètement démesurée.

Quand nous commençons un travail sur nous, le cheminement que nous aurons déjà effectué nous aura donné des clés essentielles pour ne pas retomber dans nos anciens schémas.

Mais qu'en est-il du pardon ? Le pardon de soi, le pardon à ceux qui nous ont blessés, mais aussi comment accueillons-nous le pardon de ceux qui nous le demandent ?

Cette étape du pardon s'est révélée être une véritable clé pour continuer mon cheminement. J'avais tendance à pardonner facilement aux autres, mais qu'en est-il à mon égard ?

Cela appartiendra à chacun de pardonner ou pas. Pour ma part, cette phase s'est révélée être une véritable clé pour accéder à ma liberté. J'ai eu plus de mal à me pardonner de mes erreurs, c'est vrai. Seulement aujourd'hui, j'y suis parvenue en arrêtant de culpabiliser et d'avoir honte pour les erreurs que j'ai commise. Quand une de mes erreurs refait surface à travers une expérience, je prends le temps de la regarder et je la transforme en communiquant avec la personne ou avec moi-même si cette expérience ne concerne que moi. Je crée un nouveau chemin pour ne plus la réitérer. Parfois, il me faut plus de temps pour construire ce chemin, mais je sais que j'y parviendrai pour trouver la sortie qui sera juste pour moi.

Le **Pardon** se compose de plusieurs étapes.

• <u>Reconnaître qu'on a été blessé</u>

Pour ce faire, on doit accueillir cette blessure et non pas l'ignorer, sinon elle ira dans le tiroir non résolu et nous poursuivra et nous rattrapera un jour. Se servir de nos émotions pour admettre que l'on est blessé.

• <u>Dire sa souffrance</u>

Plusieurs moyens sont à la portée de tous pour exprimer sa souffrance. Pour l'exprimer à la personne qui nous a blessés, l'écriture est un bon moyen. Cela peut nous aider à y voir plus clair. On peut aussi se confier à un tiers qui ne rentrera pas dans le jugement envers nous ni envers la personne qui nous a blessés, qui pourra nous écouter et essayer d'identifier avec nous où se situe notre souffrance.

À ce moment-là, n'oublions pas que demander de l'aide n'est pas une faiblesse, mais plutôt une ouverture d'esprit.

- **Prendre la bonne décision**

C'est commencer par dire à la personne qui nous a offensés notre ressenti pour ne pas tomber dans le ressentiment, la violence verbale, physique et psychologique, qui eux aussi s'accrocheront à nos chaussures comme un chewing-gum.

Qui aime marcher avec un chewing-gum sous la semelle ?

Il est important de dire aussi à la personne qui nous a blessés de cesser de le faire. Je vous parle ici de prendre ses responsabilités en s'affirmant et en ayant du discernement pour prendre la bonne décision. Celle qui nous appartient, en essayant d'avoir une communication constructive pour s'exprimer et non pas d'entrer dans un système de vengeance, qui de toute façon tournera en une relation toxique pour l'un et l'autre. Cela est valable dans tous les domaines de la vie.

- **Recevoir la guérison**

C'est quand on est capable de lâcher prise sur ce qui nous a blessé, de digérer la blessure en trouvant son côté positif (il y en a toujours au moins un !).

Rappelez-vous des capacités et des ressources que nous avons quand nous nous posons les bonnes questions.

Ainsi, la colère, l'agressivité, la frustration que nous ressentions s'atténuent, puis disparaissent : c'est la guérison.

Si nous éprouvons des soucis pour trouver la solution, il existe de très bons thérapeutes, il faut juste accepter de l'aide et oser la demander. Ce n'est pas être « fou ou folle ». Parler à une personne inconnue apporte un réel bénéfice, car elle est dans l'accueil et l'écoute sans jugement envers nous.

N'hésitez pas à demander de l'aide, cela aussi fait partie de la guérison.

- **S'ouvrir au don du pardon**

Je vais émettre ici de nouveau un avis : le tout à chacun de trouver ses propres croyances, car ce qui suit ne porte aucun jugement de valeurs, de convictions, ni bien évidemment de croyances religieuses.

S'ouvrir au don du pardon, c'est savoir ouvrir son cœur. Quand c'est chose faite, à qui devons-nous pardonner ?

À nous-mêmes, tout simplement, en arrêtant de nous flageller.

Pour moi, il existe trois sortes de pardon.

1. **Le pardon sacrificiel**

C'est celui où nous pardonnons intérieurement sans en dire un mot. Soit parce que nous nous trouvons toutes sortes d'excuses qui nous arrangent pour ne pas à avoir en discuter, soit parce que nous accordons le pardon d'office à la personne en mettant en avant qu'elle aussi a des circonstances atténuantes parce qu'elle aussi est blessée. Cela évite le conflit et lui accorde le droit de continuer à nous blesser.

N'est-ce pas une façon de plus de nous éloigner de ce qui nous dérange, ce qui nous touche ? Est-ce un vrai pardon ? Je vous le demande.

Finalement, ce n'est pas si grave. C'est ce que nous pensons bien souvent. Une fois de plus, on s'oublie. Nous accumulons des blessures sur nos blessures.

C'est là aussi que le processus doit être inversé. Mettre des mots sur ce qui nous a blessés, c'est mettre en conscience cette blessure pour pouvoir la cicatriser. Je ne dis pas que cela se fera facilement. Mais mettre en conscience ce qui nous fait souffrir, c'est aller vers notre guérison.

Poser des mots sur des maux, c'est ôter des maux aux mots dits (maudit), pour aller vers des dits mots, sans plus avoir de maux.

Tout ce que l'on ne dit pas s'imprime, dans notre corps, notre mental garde tous ces mots qui nous font vivre dans la souffrance car ils tournent en boucle dans notre tête et notre cœur lui, s'affaibli de l'amour pour nous, les autres et la vie….

Et nous pensons que nous sommes maudits. Nous créons notre propre enfer.

Citation inspirée par celle de Guy Corneau :

« Lorsque nous mettons des mots sur les maux, les dits maux deviennent des mots dits et cessent d'être maudits. »

2. Le pardon mutuel

La personne qui vous a blessé ne le fait pas intentionnellement. Pourquoi ?

- Soit elle nous a dit une vérité qui nous concerne et cela n'a blessé que nous. Elle ne culpabilise pas, donc pourquoi lui donner votre pardon, car pour elle, le besoin ne se fait pas sentir. C'est plutôt une forme de respect de demander pardon et qu'elle vous l'accorde.

- Soit nous portons tous deux la même blessure. La compréhension ne peut pas avoir lieu immédiatement du fait que les deux personnes sont blessées en même temps et que cela engendre un conflit.

Pour ce dernier cas de figure, il serait judicieux de pouvoir prendre du recul, un moment de silence, et de revenir dessus en ayant une communication constructive.

Il s'agit de sortir gagnant/gagnant, en somme. Le pardon l'un envers l'autre sera automatique, puisque nous aurons su partager et guérir cette blessure ensemble.

Et cela nous fait finalement aller vers le pardon de l'autre, mais aussi vers le pardon de soi.

3. Le pardon de soi

Savoir se pardonner nous procure un état de bien-être, nous libère par la compréhension qui vient de nous être donnée. Le fait que cela soit libérateur nous rend plus légers, apaisés. Savoir se pardonner, c'est accepter d'être imparfait, de s'autoriser le droit à l'erreur et de se permettre d'être qui l'on est, ce qui fait également grandir la tolérance envers soi et entrer dans le non-jugement des différentes personnes que l'on peut croiser tout au long de sa vie. Je suis persuadée d'une chose, c'est que nous ne croisons jamais les gens par hasard. Ils ont tous une chose à nous apprendre, à nous mettre en conscience, tout comme nous sommes nous-mêmes un maître pour toute autre personne.

Je vous en avais déjà parlé, rappelez-vous.

Le pardon de soi, c'est savoir se donner à soi-même en exploitant les dons qui nous ont été offerts à notre naissance. Pour pouvoir les découvrir, il faut passer par la découverte de soi. Les accepter. En faire part en les faisant vivre dans notre quotidien en les partageant, toutes ces parts de don (pardon) que nous sous-estimons et que, bien souvent, nous ne soupçonnons même pas. Nos dons sont parfois intangibles, et pourtant bien présents. Pour pouvoir les rendre visibles, concrets, il nous reste juste à les vivre à travers qui nous sommes en nous abandonnant à nous-même. Voici une belle manière de se reconnaître et d'être dans le don de soi pour pouvoir donner aux autres sans plus jamais nous perdre. C'est une reconnaissance absolue de notre être.

Le pardon de soi est une étape essentielle à la guérison. Il peut être long, coûteux, à cause de notre ego, car nous sommes dans la résistance par peur de nous dévoiler, de montrer notre vulnérabilité. La mienne est d'être une hypersensible au grand cœur. Je vis en acceptant que mes émotions soient mon canal messager et de transmission.

En me pardonnant, j'ai accordé à mon âme de tout simplement exister en étant qui je suis.

Aujourd'hui, je respire en toute conscience avec tranquillité et légèreté. Je vis sur le chemin qui est le mien. Je peux enfin souffler. Ce souffle qui me fait ressentir cet état de liberté.

Pour ma propre histoire, c'est à moi de demander pardon. Dans mon mariage, je me suis voilée la face pendant plusieurs années de peur de dire ce que je ressentais vraiment. Je me suis enfermée dans ma cage dorée. Mon mari n'avait plus aucune place dans ma vie. Inconsciemment, je l'ai privé de cette place de père, d'amant, d'époux, de meilleur ami, tout ce qui nous avait rapprochés s'était éteint sans que je m'en rende compte sur le moment. Et pourtant je me suis battue longuement pour retrouver cet amour. C'était peine perdue. Mes sentiments d'amour inconditionnel n'étaient plus présents et c'est ainsi qu'on s'est éloignés l'un de l'autre. Par ce fait, comment pouvait-il réagir ? En me renvoyant la même chose, effet miroir. Je me suis voilé la face bien trop longtemps, une résistance extrême juste par peur de tout perdre. Tout ce que j'avais construit pour ne pas ressembler à mes parents s'est volatilisé le jour où j'ai accepté que ma place n'était plus auprès de lui.

Le fait de m'être pardonnée en comprenant mes différentes expériences me permet aujourd'hui d'avoir des bonnes relations avec mon ex-mari pour pouvoir continuer à élever nos trois enfants dans de bonnes conditions, d'avoir des rapports sains entre nous malgré notre divorce. Je dis très souvent : « Je n'ai pas réussi mon mariage, mais mon divorce, oui. » Le plus beau cadeau que l'on puisse offrir à nos trois enfants est d'être toujours présents pour eux quoiqu'il arrive. Une famille séparée, mais une famille unie quand il le faut.

Ma relation avec ce manipulateur PN m'a permis de toucher le fond pour comprendre vraiment qui j'étais à cette époque, c'est-à-dire une femme qui disait OUI et pardonnait facilement à tout le monde, car je débordais d'amour pour lui. Cela a été une histoire différente, mais qui pourtant a eu le même résultat. L'amour passionnel que j'avais pour lui m'a complètement perdue dans mon discernement. Et je ne vous parle pas de la façon qu'a ce genre de personnage pour vous retourner le cerveau.

Je ne croyais plus en moi, n'avais plus de confiance ni d'estime pour moi. J'avais gonflé mon mental et mon ego pour survivre. Je me suis laissé aller à perdre mon identité de nouveau, juste pour avoir pardonné à ceux qui m'ont blessée sans réfléchir à mes réelles blessures. Je suis entrée dans le savoir-faire du « je te pardonne », juste pour ne pas avoir à me mettre face à moi une fois de plus.

En voulant croire que l'amour que j'avais pour lui le sauverait, j'ai tout donné, sans me rendre compte que je ne me respectais pas, car j'avais complètement oublié mes propres besoins.

Je voulais absolument qu'il trouve sa place dans notre relation et qu'il se sente heureux, quitte à ne pas prendre véritablement ma propre place.

Une fois de plus, j'avais oublié de penser à moi juste par amour pour lui.

C'est la maladie qui m'a fait prendre conscience que je devais me réveiller, car je tenais plus à la vie que je ne pouvais l'imaginer.

Aujourd'hui, j'ai bien compris que pour aider, aimer les autres, il fallait déjà commencer par soi. Savoir donner, sans rien attendre en retour, cela montre notre générosité, notre altruisme, notre empathie, notre capacité d'écoute et de compassion, etc.

L'amour que nous portons à nos différentes relations, qu'elles soient sentimentales, amicales, familiales ou professionnelles, doit également passer par nous, cela nous apportera l'équilibre dans l'échange du donner/recevoir. Continuons sur l'équilibre. Il y a trois choses que j'ai pu repérer tout au long de mon cheminement. Savoir **donner, recevoir et demander.**

« **Donner** » est un verbe qui parle de lui-même, souvent le mot contraire qu'on lui attribue est le verbe prendre. Je voudrais casser ce schéma que l'on a appris tout au long de notre vie. Pour moi, le mot contraire qui correspondrait le mieux serait « **recevoir** ».

Quelques définitions : les définitions suivantes offrent dans le Larousse plusieurs significations, je ne mettrai donc que celles que j'ai retenues pour remettre à leur juste place ces différents verbes que l'on utilise juste comme des mots...

<u>Donner</u> [26] : verbe transitif.

• *Céder, offrir gratuitement à quelqu'un quelque chose* qu'on *possédait ou qu'on a soi-même acheté à cet effet, lui en faire cadeau* : Elle m'a *donné son collier de perles.*

• *Remettre, attribuer, octroyer quelque chose,* de l'argent à quel- qu'un **comme récompense** ou comme salaire, comme paiement **en échange de quelque chose** : Combien on te donne pour faire ce travail ?

• *Accorder quelque chose, un sentiment, une durée à quel- qu'un, à quelque chose* : Donner toute son intention à un travail.

• *Avoir pour résultat, aboutir à quelque chose* : Tous ces efforts *n'ont rien donné.*

• *Modifier quelqu'un, quelque chose,* produire sur eux un effet, en *exerçant une action* : Ce petit verre vous donnera du courage.

<u>Prendre</u> [27] : verbe transitif.

• **Attraper** un animal, **se rendre maître** d'un lieu, **arrêter, faire prisonnier quelqu'un** : Prendre un animal au piège. L'ennemi a pris la *ville frontière.*

---

26 www.larousse.fr

27 www.larousse.fr

● **Voler, subtiliser ou emprunter quelque chose à quelqu'un** : *Qui m'a pris mon stylo ? Elle lui a pris son idée.*

● **Enlever quelqu'un à l'affection de quelqu'un,** d'un groupe : *La mort nous l'a pris dans la fleur de l'âge.*

● **Se manifester soudain chez quelqu'un** : *La peur le prit alors.*

● **Adapter son comportement à l'égard de quelqu'un,** *avoir telle attitude par rapport* à quelque chose et en particulier, **le traiter de telle ou telle manière** : *Prendre quelqu'un par les sentiments.*

<u>Recevoir</u> [28] : **verbe transitif.**

● *Entrer en possession* de ce qui est **remis, offert, envoyé, transmis par quelqu'un** : *Recevoir une lettre de ses enfants. Recevoir un prix littéraire.*

● *Être le destinataire* d'une communication, d'une proposition, en prendre connaissance ou en prendre acte : *Recevoir des conseils d'un ami.*

● *Être l'objet d'une action,* en *éprouver les effets pénibles* ou *bienfaisants* : *On a reçu une averse en venant ici.*

● *Admettre, accueillir* quelque chose de telle ou telle façon : *Les pouvoirs publics ont reçu cette suggestion avec réticence.*

---

28 www.larousse.fr

Transitif [29] : au sens philosophique et grammatical.

- *Se dit **des causes** qui **modifient ou agissent** sur **autre chose** que l'agent lui-même (action transitive).*

- ***Mouvement spontané** ou **réaction motrice** exécutés en fonction d'un but.*

Ici on parle de la motricité physique, moi j'y ajoute notre esprit. Quand on modifie notre compréhension (processus inversé), notre esprit devient le moteur même de notre nouvelle façon de vivre et nous permet ainsi de pouvoir passer à l'action.

- ***Grammaticalement :** conjonction transitive, conjonction **qui marque un passage** ou une transition **d'une chose à l'autre.***

Pour ma part, **transitif** veut dire : un mouvement, une action qui se passe à un moment précis, qui permet de faire un lien, comme une sorte de pensée qui change notre regard face à la situation vécue. Elle marque le début d'un changement. C'est aussi ce que j'appelle bien souvent « le déclic », qui est spontané, qui surgit comme une évidence.

Voici ma propre compréhension de toutes ces définitions ; celle que j'ai comprise pour pouvoir enfin trouver cet équilibre en moi et accepter enfin de recevoir. Je raconterai par la suite deux petites anecdotes, l'une pour le verbe « donner » et l'autre pour le verbe

---

29 www.cnrtl.fr

« recevoir ». Mises en évidence, en lien toutes les deux, elles m'ont permis de comprendre d'où venait ma blessure de l'injustice.

Ce sont tous les trois des verbes transitifs.

Le verbe « **prendre** ». Prenons un peu de recul, seulement avec les définitions que j'ai choisies pour vous expliquer ma façon de percevoir les choses. Cela voudrait dire que l'on prend le droit, sans demander le consentement de la personne, de se servir de ce que l'on pense être de droit. Quand on regarde ce que j'ai surligné en gras, les termes sont assez explicites. Dans la dernière explication du verbe « prendre », des mots très forts résonnent en moi : « adapter son comportement ». S'adapter, oui, c'est une bonne chose. Mais pas au point de perdre son identité, rappelez-vous ce que j'ai déjà expliqué sur ce point. On peut s'adapter aux différentes situations le temps de trouver comment agir, pour prendre un certain recul, pour ne pas blesser, heurter par des comportements qui ne seraient pas appropriés. Il faut s'adapter suivant le contexte de l'expérience vécue. Il faut voir par ce verbe « **prendre** » le temps nécessaire à la réflexion de la situation pour pouvoir **s'affirmer** en restant qui nous sommes. Cela veut dire également apprendre à dire **NON**.

Le verbe « prendre », pour moi, doit être utilisé en parlant de soi. Comme par exemple : je prends du temps pour moi ou je prends mes chaussures ou autre chose qui nous appartient. Et non pas pour prendre sans autorisation à autrui. Je trouve là encore important d'utiliser les mots à bon escient.

Petit rappel : seule la mort peut nous prendre un être qui nous est cher. Quand nous avons accepté ce qu'est la mort, l'amour éternel que l'on a pour le défunt revient dans nos souvenirs comme une personne immortelle, immortelle dans notre cœur. Et CECI, personne ne peut nous le prendre...

Je voudrais également faire un tour sur le sentiment de culpabilité.

Qu'est-ce que la culpabilité ?

C'est se sentir coupable ; c'est notre « petit juge », qui se trouve dans notre mental, qui nous indique cette culpabilité. Le contraire de se sentir coupable, c'est dire la vérité, et tant que nous sommes dans notre vérité, et que nous faisons toujours du mieux possible avec les connaissances que nous avons au moment où il se passe quelque chose dans notre vie, nous n'avons rien à nous reprocher. Si nous ressentons de la culpabilité, c'est qu'il y a une part de vérité que nous n'acceptons pas ou refusons de voir. C'est ainsi qu'on se juge durement et qu'on s'auto-sabote et se dévalorise ; cela marche aussi dans l'autre sens, si nous jugeons les autres nous leur envoyons de la culpabilité et nous les dévalorisons également. C'est une chaîne sans fin qui perturbe toute communication constructive, mais aussi notre propre construction, ainsi que celle de la personne que nous incriminons. Nous sommes dans un vrai conflit intérieur et la conséquence directe en est que s'installe une communication conflictuelle. Cela peut même devenir de la manipulation si nous ne lâchons pas prise pour prendre du recul et retrouver une communication plus saine et constructive.

C'est en respectant qui nous sommes, notre vérité, que nous sortirons de la culpabilité. Cela s'appelle prendre ses responsabilités. Être libre dans le choix de nos décisions, sans plus nous oublier.

C'est un chemin qui crée un souffle vers la délivrance de notre mental égotique pour laisser la place à notre esprit de s'ouvrir vers une conscience plus grande. Plus d'espace à l'intérieur de notre esprit. Une conscience plus grande qui nous permet d'atteindre une vision plus vaste afin, de nous donner la permission d'exister dans cet espace en étant tout simplement tel que nous sommes au moment de l'expérience à vivre.

C'est un souffle qui ouvre une voie, celle de la liberté.

Voyons les verbes « **donner** » et « **recevoir** ». À eux deux, ils forment une équipe de choc. L'un ne peut pas être sans l'autre. Quand nous sommes des gens altruistes, généreux, que le plaisir de ceux qui nous entourent compte plus que le nôtre, on donne sans compter, sans rien attendre en retour. On pense que cela est normal, qu'on est ainsi, que notre grand cœur nous perdra !

D'ailleurs, si vous vous reconnaissez dans ce que je dis, vous serez d'accord avec moi que recevoir n'est pas important pour vous. Pourtant, je vous l'affirme avec une grande conviction pour l'expérimenter chaque jour depuis que j'ai traversé le cancer, recevoir est tout aussi important pour trouver l'équilibre. Donner/recevoir – recevoir/donner : cela fait une boucle. Une boucle essentielle au bon fonctionnement de notre équilibre.

Pour que la balance soit juste, il faut apprendre à recevoir. Recevoir des cadeaux, des compliments, des câlins, des bisous, des petits plats qu'on cuisine pour vous, de l'amour…et plein d'autres choses encore. Nous savons donner. Nous devons donc accepter de recevoir avec plaisir. Il est important **d'accepter** de recevoir. Cela nous indique que nous acceptons les cadeaux de la vie en retour, et cela pas forcément de la personne à qui nous avons donné. En fait, c'est beaucoup plus simple qu'il n'y paraît.

Il y a un adage qui dit, et que vous avez déjà tous entendu : « tu récoltes ce que tu sèmes ! »

Et ceci dans tout ce que nous faisons, que ce soit dans n'importe quel domaine, qu'il soit concret ou abstrait.

Nous faisons des cadeaux avec notre cœur, non pas pour en attendre un en retour. Mais nous recevrons également un cadeau. Pas forcément dans le sens d'un cadeau concret, ni de la personne à qui vous l'avez offert. Un cadeau est parfois tout simplement un remerciement, un sourire, un geste, un échange de parole qui nous ouvrira sur une autre façon de penser ou de voir et qui nous donnera peut-être une solution à un problème que nous cherchions à résoudre depuis un moment. Il y a tellement de façons de faire et de recevoir un cadeau. Recevoir un cadeau, c'est être capable de l'accueillir et de l'accepter sans rien dire ni penser.

Personnellement, j'ai souvent dit : « merci, il ne fallait pas. » Cela me renvoyait à une blessure d'enfance, celle où je pensais ne pas être méritante pour avoir un cadeau. J'étais mal à l'aise quand je recevais des cadeaux, et en même temps je renvoyais à la personne qui me l'offrait que ça n'était pas la peine de m'en faire.

Que ressentaient les personnes quand je répondais ça ?

Je ne sais pas et je ne le saurai peut-être jamais à moins de leur poser la question. Chose que je ne ferai pas. Cela appartient à mon passé et ce qui compte pour moi aujourd'hui, c'est que j'accepte de plus en plus facilement de recevoir ces différents cadeaux.

Il y a une autre chose importante que j'ai trouvée pour atteindre mon équilibre. C'est **savoir demander.**

Demander est très difficile pour beaucoup de personnes, car nous croyons bien souvent pouvoir nous débrouiller tout seuls, car nous pensons être forts. Est-ce par orgueil ? Pour ne pas déranger ? Pour ne pas avoir à dire merci ? Ou tout simplement par peur de la réponse ? Peut-être pensons-nous ne pas le mériter ? Ou une autre croyance qui daterait de notre enfance ?

Cela rejoint également le souci d'accepter des cadeaux...

Je ne répondrai pas à toutes ces questions : vous seul avez la réponse.

« Demander » est également **un verbe transitif.** Il permet donc de passer à l'action. Une action est un mouvement pour atteindre un objectif. Souvent, plusieurs actions sont nécessaires pour la réalisation de cet objectif.

Ici, il nous permet de faire savoir à une personne ce que l'on veut d'elle, d'exprimer un souhait. **Demander** n'est en aucun cas un signe de faiblesse. Dans les différentes pathologies que j'ai pu rencontrer dans ma vie, j'ai dû apprendre à demander de l'aide, alors que j'ai bien souvent fait les choses sans l'aide de personne. Demander peut même aider certaines personnes qui n'osent pas en raison de leur timidité. Elles restent en retrait, dans leur coin, alors qu'elles crèvent d'envie d'aider. Leur poser la question en leur faisant une demande simple : « voudrais-tu participer ? » Ou bien encore : « qu'en penses-tu si tu es d'accord de nous en faire part ? » C'est une demande par invitation, tout en respectant le choix de la personne. Bien souvent, je me suis retrouvée dans ce dernier cas juste parce que je n'osais pas.

Demander, c'est aussi accepter de l'aide en le faisant savoir par une demande. Demander du soutien n'est pas une chose facile quand on a souvent effectué les choses seul. Et pourtant, tout au long de notre vie, nous avons rencontré ce besoin de demander de l'aide. Accepter du soutien ne doit pas être vécu comme une infériorité. Nous avons tous besoin d'apprendre des uns des autres. Cela nous fait grandir et nous pouvons ensuite à notre tour aider les autres.

Nous sommes tous des maîtres dans un ou plusieurs domaines. Des élèves pour continuer à apprendre et évoluer. Des enseignants pour transmettre notre savoir et continuer de le partager.

Ne serait-ce pas aussi tout ça, ce qu'on appelle l'humilité ?

Si nous osons effectuer une demande avec respect et gratitude, généralement notre demande est entendue et on nous l'accorde. Pour réussir à faire des demandes, j'ai dû remballer mon orgueil plus d'une fois. C'est comme cela que j'ai compris l'importance de pouvoir effectuer des demandes et ce que signifiait réellement l'humilité. Aujourd'hui, je fais des demandes quand j'en ai besoin, cela me fatigue beaucoup moins, et le mot gratitude a pris un tout autre sens. J'ai toujours su remercier, mais pas de la façon où je le fais maintenant.

Nous avons tendance à oublier de remercier profondément, c'est-à-dire le MERCI qui sort du fond de notre cœur, autrement appelé **gratitude.** Nous pensons trop souvent que cela est tout à fait normal, nous est dû, que c'est un droit. Un droit à quoi ? De qui ? Pour qui ?

La Gratitude, pour moi, c'est avoir une attitude gracieuse, de reconnaissance envers la personne qui nous a rendu service ou offert de l'aide, un cadeau ou toute autre chose. Peu importe, ce qui compte, c'est d'envoyer cette gratitude avec l'énergie de notre cœur.

Cette gratitude est valable envers les autres, mais aussi envers soi. Se remercier ne fait pas partie de nos apprentissages, et pourtant, cela est essentiel à la construction de notre être.

La gratitude se ressent quand nous arrivons à reconnaître notre âme. Elle se ressent également quand nous reconnaissons l'autre pour ce qu'il est et non pas pour ce que l'on veut qu'il soit. Soyons reconnaissants aussi dans ce que l'on possède déjà et non pas en enviant ce que notre voisin, notre famille, nos collègues, nos amis ont. La gratitude est un sentiment de reconnaissance de soi et de l'autre en toute humilité. Nul besoin d'attendre cette reconnaissance de la part d'autrui si nous sommes capables de nous accepter et de nous aimer comme nous sommes et d'aimer les autres comme ils sont.

Remercions toutes les différentes parts de nous qui nous font exister en étant qui nous sommes.

La gratitude devient une reconnaissance naturelle de soi et non plus une forme de politesse obligatoire que l'on nous a inculquée. D'ailleurs, bien souvent, nous ressentons cette forme de gratitude comme une dette envers la personne qui nous a aidés ou offert un cadeau. Pour ce faire, nous offrons à notre tour un cadeau à cette personne pour nous libérer de cette dette.

Est-ce véritablement un cadeau du cœur ou un cadeau par obligation pour passer sous les fourches caudines de ce qu'on appellerait « l'éducation du savoir-être » ?

Cela nous aide juste à sortir d'une forme de culpabilité, celle de la dette.

Pour sortir de cette culpabilité, reconnaissons simplement nos besoins, permettons-nous de demander de l'aide, et acceptons nos côtés imparfaits.

Aujourd'hui, je m'amuse à dire que je suis heureuse de pouvoir enfin accepter d'être parfaitement imparfaite. En acceptant d'être comme je suis, j'arrive à me remercier sincèrement pour la personne que je suis. En toute simplicité et non pas en achetant la reconnaissance d'autrui, qui est une forme détournée pour s'éloigner de soi. Faire des cadeaux ou donner tout ce que l'on possède juste pour plaire et être acceptés de ceux qui nous entourent, donner tout notre temps, notre énergie à autrui, c'est nous oublier une fois de plus, oublier nos propres besoins, juste pour avoir leur reconnaissance et leur amour. Tout ceci est sournois, puisque le temps et l'énergie font partie des choses abstraites tant que nous ne prenons pas conscience de notre combat. Celui qui nous épuise à petit feu à cause du nombre d'efforts que nous fournissons pour être simplement reconnus à notre juste valeur. Tant que nous ne découvrons pas notre propre valeur, nous chercherons à l'extérieur une reconnaissance qui ne viendra jamais.

Nous sommes les seuls à pouvoir nous reconnaître en apprenant et en découvrant qui nous sommes. En vivant chaque jour notre authenticité. En apprenant à partager, échanger, reconnaître et respecter nos besoins, nos valeurs. Alors il ne faut pas hésiter à les changer de place dans notre hiérarchie en fonction de ce que nous vivons. C'est là aussi une preuve d'amour pour soi en reconnaissant ce qui est essentiel pour nous à un instant donné.

La gratitude résume à elle seule le pouvoir de notre être. Lui reconnaître ses défauts et ses qualités, ceux qui nous transforment quand nous acceptons juste d'être qui nous sommes, de vivre ce que nous avons à vivre en expérimentant pour mieux nous connaître afin de nous reconnaître.

RE-CO-NAÎTRE... RE pour le retour sur soi, CO pour mettre en commun nos défauts et nos qualités pour qu'ils cohabitent et forment une alliance ensemble, et NAÎTRE pour renaître à soi, en acceptant l'Homme que nous sommes.

Citation de Didier Érasme : « On ne naît pas homme, on le devient. »

Cela est la même chose pour les femmes. Quand nous parlons d'homme ici, c'est l'être humain, l'homme avec un grand « H », celui qui est reconnu sans distinction de sexe. C'est la naissance physique, tout simplement.

Quand on devient Homme, on accepte d'être à l'écoute de soi, d'avoir son propre discernement et d'avoir confiance en ses capacités pour rester en accord avec son âme. Être capable d'être son propre maître, tout en étant élève. Cette capacité, c'est celle de pouvoir se remettre en question sans se juger et juger autrui.

La gratitude est un cadeau de taille indescriptible quand nous en prenons conscience. L'Art de la gratitude, ce sont les arrhes que l'on s'autorise quand on prend conscience de sa valeur et de celle des Hommes.

Une reconnaissance de soi à soi. Une communion, une unicité parfaitement imparfaite !

Une reconnaissance des autres, de qui ils sont, sans rien chercher de plus.

Et si c'était le début de l'abondance, de se permettre de s'abandonner totalement à soi... ? Si les différents arts de notre être, nos dons, se multipliaient en arrhes, en une valeur inestimable, celle d'être simplement soi et de profiter de la vie en s'acceptant tel que l'on est ?

La gratitude est un présent au présent pour nous rendre grâce chaque jour d'être qui nous sommes en toute humilité.

Je suis née un 28 décembre. J'ai toujours eu un cadeau à Noël. Par contre, pour mon anniversaire, c'est une tout autre histoire. Je n'ai quasiment pas de souvenir de mes anniversaires. J'ai grandi en pensant que ce n'était pas important.

Alors que chaque année de mon enfance, j'attendais ce cadeau d'anniversaire !

Mes parents ne se sont jamais rendu compte que cela m'avait bouleversée de ne pas avoir à ouvrir ne serait-ce qu'un petit paquet ou de recevoir un gâteau agrémenté du nombre de bougies qui auraient souligné mon passage dans ce nouvel âge. Je voyais et entendais les autres enfants parler de leurs anniversaires et des cadeaux qu'ils recevaient, des gâteaux que leurs mamans leur préparaient, ainsi que des sachets de bonbons qu'ils distribuaient en classe. Moi je n'en fis jamais rien. C'était simple, mon anniversaire tombait pendant les vacances scolaires, donc même au niveau de l'école, je n'apportais jamais rien pour le fêter en classe.

Je me rappelle d'une année où mon frère et moi avions eu le même cadeau pour Noël, c'était un vélo de couleur bleue. Nous avions été plus que gâtés cette année-là. Chacun un vélo ! J'allais fêter mes cinq ans. Arrive le jour de mon anniversaire, donc trois jours seulement après Noël ; j'étais tout heureuse de dire que c'était mon anniversaire dès mon lever, mais la froideur de la remarque de ma mère ce jour-là m'a fait abandonner tout espoir de recevoir un cadeau.

« Tu crois que tu as un cadeau pour ton anniversaire ? Non ma chérie, tu as eu le même vélo que ton frère déjà ! Arrête de rêver. »

C'est avec ces simples mots « tu crois, ne rêve pas, même vélo et déjà » que j'ai fermé la porte au fait de recevoir des cadeaux. À cette époque, je n'ai pas vu l'impact que cela aurait sur ma vie, sur le fait de ne pas être méritante pour recevoir un cadeau. Cela m'a poursuivie de longues années.

J'ai fêté mon anniversaire trois fois seulement. Le premier, c'est mon ex-mari qui m'avait organisé un anniversaire-surprise pour mes vingt-trois ans. Il fut formidable celui-là, car nous venions d'emménager le jour même dans notre premier appartement, donc un très beau souvenir rempli de surprises et festif. Un cadeau auquel je ne m'attendais pas.

Le second fut celui de mes quarante ans. J'ai toujours voulu fêter mes quarante ans, car je n'avais rien fait pour mes trente ans. En fait, en toute honnêteté, j'aurais aimé que mon mari organise une petite fête rien que pour moi, chose qu'il n'a pas faite. J'ai donc décidé de fêter mes quarante ans, sauf qu'entretemps, nous avions divorcé. Comme j'avais dit depuis dix ans que je les fêterais, j'ai suivi sans savoir comment le déroulement d'une certaine soirée entre filles.

C'était le soir du 28 octobre 2016. Nous étions des femmes qui aimaient rire et s'amuser sans plus se préoccuper du regard d'autrui. Nos expériences de vie à chacune nous l'avaient à toutes bien fait comprendre. Nous cherchions donc une raison de lever le coude pour lâcher prise sur une certaine pression que nous vivions toutes en même temps. Nous nous sommes rendues dans un bar que nous aimions beaucoup et là, une idée jaillit de la tête de mon amie : J M-2. Nous ne comprenions pas avec mon autre amie ce que cela pouvait bien vouloir dire. Nous avons donc posé la question :

« C'est quoi J M-2 ?

— Jour Mois moins 2, dans deux mois exactement tu fêteras tes quarante ans ! »

OUI, c'est vrai, voilà comment j'ai fêté mes quarante ans. Nous avons commencé le 28 octobre 2016, et terminé vers février 2017. N'ayant pas les moyens à cette époque de faire une grande fête, j'ai donc offert un verre à une personne différente pendant quatre mois. C'était une jolie façon pour moi de remercier mes amis d'être là.

Mon troisième anniversaire fêté, c'était celui de mes quarante-deux ans. Celui qui s'est fait en passant à l'action. Une quinzaine de jours avant, j'ai demandé à mes amis de réserver leur début de soirée. Je voulais à nouveau leur offrir un verre, mais cette fois-ci en étant tous ensemble en même temps. Ils ont tous répondu présent. En parlant de cette soirée, une amie me dit : « Moi je t'offre le resto après ! » Du coup, tous mes amis ont suivi cette idée de resto et nous avons passé une très agréable soirée. D'un verre, nous sommes passés à une soirée complète tous ensemble, cela m'a énormément fait plaisir. Savez-vous pourquoi ? Car j'avais réussi enfin à accepter de recevoir des cadeaux, en mettant en équilibre donner/recevoir et recevoir/donner sans oublier de demander. La cerise sur le gâteau, c'est que celui-ci fut célébré vraiment le 28 décembre.

J'avais construit inconsciemment dans ma tête de petite fille ce schéma : celui de ne pas mériter, juste par des mots mal employés à un moment donné de ma jeunesse.

Aujourd'hui, j'ai compris pourquoi mon anniversaire était si peu important à mes yeux, je n'en veux pas à mes parents pour cela ; à cette époque, ils ont fait de leur mieux en voulant nous offrir un vélo chacun, ce qui devait représenter une somme d'argent importante dans ces années-là.

Autre petite histoire, qui porte sur le verbe « donner » cette fois.

Depuis le divorce de mes parents, ma mère déménageait sans cesse. Mon père aussi aimait faire les cartons. Je ne pouvais pas m'attacher à un endroit précis, car je savais que tôt ou tard nous le quitterions. J'avais beaucoup de mal à me faire des amis, rappelez-vous de ma différence ! Celle d'être un garçon manqué et en plus d'être introvertie. Alors avec tous ces déménagements, je ne vous explique pas quelle angoisse je ressentais à chaque fois que je devais changer d'école. Me refaire des nouveaux amis était d'un compliqué ! Je me suis donc acheté des amis en quelque sorte. Je me rappelle, j'avais huit ans, j'étais en CE2 et je faisais une seconde rentrée à cause d'un déménagement dans une nouvelle école. Arriver en cours d'année n'est pas simple. Tous les enfants avaient le regard braqué sur moi. Ils avaient tous trouvé leur place, que ce soit au niveau d'une simple table et d'une chaise dans la classe, d'un groupe d'amis, sans oublier l'endroit où m'installer à la cantine. J'ai vécu cette rentrée avec une boule au ventre. Comment allaient-ils m'accueillir ? Est-ce que ma nouvelle maîtresse serait gentille ? Est-ce qu'on m'inviterait à une table, le midi ? Mon esprit était plus qu'envahi de questions, accompagnées d'angoisses. Je crois que c'est la pire rentrée scolaire que j'ai dû faire. Toutes les craintes que j'avais ressenties étaient bien réelles. Ma maîtresse était une armoire à glace, un fessier aussi large que les allées qui se trouvaient entre les tables et qui, à chacun de ses passages, raflait tout. Cahiers, crayons, règles ou toute autre chose posée au bord de la table. Je vous assure que sans vouloir la dénigrer ou porter un quelconque jugement sur elle, le balancement de son fessier était très impressionnant. J'étais tétanisée, surtout qu'elle ne supportait pas le moindre bruit, le moindre geste de n'importe quel élève. Une voix rauque, si forte dans les décibels que mêmes les classes voisines l'entendaient. C'était d'ailleurs un sujet de conversation quasiment à chaque récréation. Elle avait bien senti ma peur face à elle. Je me faisais harponner toute la journée.

Une élève avait remarqué mes faiblesses également, mon hypersensibilité, ma timidité, ma peur de parler en public, le fait que je sois souvent seule à la récréation. Elle habitait dans le même coin que moi à quelques bâtiments près. Un jour, un samedi après-midi, elle vint sonner à la maison pour me demander de venir jouer avec elle. J'étais très heureuse qu'elle le fasse, j'ai donc accepté sans aucune hésitation. Sauf qu'au bout de plusieurs sorties, elle me faisait passer pour une moins que rien, en me blessant sans cesse avec des propos qui n'avaient ni queue ni tête pour moi, toujours accompagnés d'insultes plus grossières les unes que les autres. Et ceci devant d'autres camarades. Elle avait une emprise sur énormément d'élèves d'ailleurs. Ça, j'avais pu le constater du haut de mes huit ans, car beaucoup la suivaient sans jamais rien dire, même s'ils n'étaient pas en accord avec ses dires et ses gestes.

Un jour, après une grosse dispute avec elle — enfin si je puis dire ainsi, car je l'avais laissée faire sans vraiment me défendre — elle avait décidé de ne plus me parler du tout. Je me retrouvais de nouveau seule dans la cour de récré, car elle avait embrigadé les autres enfants à sa suite. Cela a duré plusieurs jours. Je me sentais rejetée, isolée et triste. Je ne savais pas quoi faire de mes temps libres quand, tout à coup, elle passa devant mon bâtiment. Je me trouvais à la fenêtre de ma chambre. Elle leva les yeux, me vit et me fit la plus horrible des grimaces. Je me suis sentie très vexée à nouveau, mais je ne sais pour quelle raison, je lui criai :

« Viens voir s'il te plaît ! »

— Quoi ? Qu'est-ce que tu veux ?

— Je veux être ta copine. Je m'ennuie sans toi.

— D'accord, à une seule condition.

— Ah oui, laquelle ?

— Que tu me donnes les habits de ta poupée mannequin.

— Je ne peux pas, c'est mon père qui me les a offerts.

— Tant pis alors, reste toute seule. »

J'avais très peu de jouets dans ma chambre. Avec le divorce, mes parents n'avaient pas les moyens et ce n'était pas la priorité, ma mère galérant pour nous habiller et nous nourrir. Nous n'avons manqué de rien, on a toujours mangé à notre faim avec elle. Par contre, cela n'était pas du tout le cas quand nous sommes retournés vivre chez notre père, souvenez-vous !

En plus, c'était un cadeau de mon père ; j'y tenais juste pour ça, pas pour les habits en eux-mêmes.

Par dépit, j'acceptai tout de même car la solitude, le rejet me pesaient plus. J'ai effectué ce jour-là en répondant positivement à sa demande une grosse erreur, car elle n'a plus jamais arrêté de me racketter. Je vais sans aucun doute vous faire rire, mais je n'ai jamais autant souhaité déménager, chose qui arriva bien entendu. Depuis quelques mois, ma mère avait un compagnon et ils avaient pris la décision de vivre ensemble. Cela venait mettre fin à cette histoire de donner tout ce que je possédais pour avoir une amie. À cette époque, je ne l'ai pas vu comme du racket, mais cela en était bien. Quand j'y repense aujourd'hui, je lui ai donné beaucoup de mes affaires juste pour avoir une amie qui était populaire et qui, à elle seule, arrivait à faire la pluie et le beau temps entre les élèves. Mais en fait, elle avait su de par son caractère fort s'imposer et avoir une certaine emprise sur chacun de nous. Juste parce que je n'arrivais pas à dire non dans le seul but de ne pas être seule.

En conclusion, sur donner/recevoir/demander.

Je dirais que j'accueille avec joie le soutien, les compliments, les sourires, mais également les larmes, de pouvoir partager et transmettre par le biais de ce livre mes différentes expériences et la connaissance que j'en ai acquise. Pouvoir écrire, avec toute mon authenticité et ma simplicité, juste pour vous dire que la plus belle de mes valeurs est l'amour que je consacre dès que j'ouvre une page sur mon ordinateur. Quand les personnes lisent ce que j'ai déjà écrit et se mettent à la recherche de la compréhension de leur propre histoire et qu'elles me transmettent leur retour par leurs différentes émotions, mots, car certaines choses résonnent en eux, c'est le plus beau des cadeaux que je puisse recevoir.

Je reçois leur gratitude et je les en remercie également. Leurs encouragements me poussent à aller jusqu'au bout de cette aventure, qui est d'écrire jusqu'au point final.

Chapitre 9

La Spiritualité

Je ressentais à nouveau de la colère et de la tristesse que je n'arrivais pas à m'expliquer. Sauf que cette fois-ci, je ne les ai pas repoussées, ni ignorées. Je les ai accueillies tout simplement. J'ai eu une sensation étrange, que je ne pouvais pas expliquer par des mots. Je me sentais à nouveau perdue.

Je pensais m'être sortie de la souffrance de mon passé. D'une certaine façon oui, mais pas complètement. J'avais oublié une chose essentielle. Celle de vivre mes nouvelles expériences en mettant à mon service tout ce que j'avais appris ces dernières années. C'est à ce moment précis que je me suis dit que j'avais une nouvelle fois oublié de vivre pleinement. C'était encore une façon de vivre par procuration. Mais cette fois-ci à travers la spiritualité.

C'est en vivant de nouvelles expériences que nous pouvons voir si nous avons évolué. De comment réagissons ou agissons-nous face aux nouvelles expériences. Sans l'expérience, le savoir n'est rien. Je peux dévorer tous les livres du monde et engranger toutes les connaissances, seulement si je ne vis pas, cela me fait entrer à nouveau dans un cercle vicieux qui à mon sens est enfermant. Celui de la connaissance. Ce qui revient à dire : pas d'intégration de ce savoir. Une seule partie du cerveau est nourrie. L'autre partie n'a-t-elle pas le droit elle aussi de s'instruire, de se développer, d'évoluer ?

La réponse est oui, bien sûr qu'elle en a le droit. Et c'est à travers l'expérience que cela doit se faire.

C'est en prenant le risque à nouveau de découvrir le monde avec tout ce nouveau savoir que l'on peut se rendre compte de notre évolution. De comment elle grandit, elle aussi. Vivre en acceptant à nouveau ces nouvelles expériences crée des souvenirs que nous pouvons archiver dans notre esprit pour ne pas reproduire les mêmes erreurs mais aussi tout simplement pour nous souvenir des bons moments. Nous sommes des êtres humains, pas des machines où l'on peut encoder des tonnes de notions pour les stocker. C'est en créant ces souvenirs que nous pouvons mettre à notre service tout ce que nous avons découvert. C'est en utilisant toutes ces nouvelles ressources qu'elles remplaceront et s'intégreront en lieu et place de nos anciens schémas.

Pour faire de la place à la nouveauté, il nous faut justement « dé-stocker » notre savoir. Je me répète, mais l'expérience fait partie de se déstockage de savoir en le mettant à notre service au quotidien. Cela nous emmène à voir de plus près notre évolution.

C'est en prenant le temps de me recentrer sur mon être intérieur que j'ai pu constater que je percevais différemment mes émotions. C'est à ce moment que j'ai pris le temps de les écouter réellement. De pouvoir vivre l'expérience du ressenti à travers mon corps, en acceptant ces sensations corporelles. Écouter ce qui se passait dans mon corps.

C'est la première fois que j'entendais battre mon cœur. Cette fois, c'était en pleine conscience. Écrit ainsi, vous pouvez vous dire que je raconte n'importe quoi ! Et pourtant tout cela se passe justement entre notre inconscient et notre conscient.

Mon cœur bat chaque jour, c'est l'élément moteur inconscient de mon corps physique qui me permet à chaque instant de respirer et de faire circuler le sang dans tout mon corps. C'est une fonction automatique de notre système dit « physique ».

Pour le côté conscient, c'est aussi mon cœur qui me permet de ressentir les sentiments, les émotions et les sensations physiques qui y sont liées. Rappelez-vous que les émotions peuvent nous paraître abstraites. Et pourtant, tout passe à travers notre corps. Comme si notre cœur les gravait à l'intérieur de ce corps en plus de les inscrire dans notre esprit.

La différence avec les émotions, c'est qu'elles sont ressenties plus bas, dans notre bas ventre, et qu'elles sont éphémères. En acceptant de les ressentir, elles m'indiquent ce qui se passe à l'intérieur de moi. C'est un réel baromètre interne. Cependant le bas ventre n'est que le début de la perception de l'émotion. Si nous l'accueillons totalement, l'émotion va continuer d'avancer et se loger à un endroit du corps plus précis. Et c'est là que nous recevrons le message complet que l'émotion veut nous transmettre. Dit ainsi, cela peut paraitre fou, voire inconcevable. Et pourtant, c'est ainsi que l'émotion parcourt son chemin. Bien souvent, nous n'en prenons pas conscience car nous la freinons avant son arrivée à destination.

Les émotions, combinées au fait de les mettre en conscience, permettent de libérer, de verbaliser ce qui se passe dans un premier temps et de l'exprimer dans un second temps. Personnellement, cela me libère plus vite que de vouloir comprendre absolument mes différentes expériences au moment où je les vis. Ce fameux « pourquoi », qui lui, me fait rester dans un mental qui tourne en rond.

En l'écrivant ainsi, cela me fait prendre conscience que je suis capable de me reconnecter avec mes émotions en les laissant vivre à travers mon corps. J'ai certainement encore du travail pour que cela devienne plus facile pour moi de les ressentir et de les verbaliser en étant juste avec moi et juste avec les personnes qui m'entourent. Mais je vois cela comme une belle victoire. Celle où je trouve enfin le chemin de la réconciliation avec mes différents corps. Mon corps physique fait connaissance avec mon corps émotionnel. Celui-ci est beaucoup plus subtil. Et en même temps, il me donne plus de précision sur mes émotions et sur comment je les perçois à travers mon corps physique.

J'ai lu que le ventre était notre cerveau émotionnel. Je ne suis pas bien sûr de ça. Je pense plutôt que c'est une autre partie de notre cerveau qui nous déclenche telle ou telle émotion. Pourquoi je pense cela ? C'est parce que je pense que tout est inscrit dans notre mémoire. Que nous enregistrons nos différentes expériences. Je pense que l'expérience vécue et l'émotion qui y est associée sont enregistrées en même temps dans notre cerveau. Cependant, je pense que le ventre est un réceptacle pour accueillir l'émotion. Soit nous l'accueillons pleinement, soit elle reste là, comme coincée dans ce réceptacle car nous la réprimons, nous l'évitons. C'est donc le mental qui reprend le dessus, en se disant que cela n'existe pas. De cette façon, nous nous coupons de nos ressentis liés à l'émotion. Nous n'entendons pas le message qu'elle veut nous transmettre.

Cependant si nous les accueillons, les émotions se diffusent dans tout notre corps et nous indiquent différentes sensations : comme les frissons, la chaleur, le froid, les picotements, etc. M'autoriser à les ressentir, c'est m'accorder enfin le droit de les vivre. Les émotions nous donnent la météo de notre état d'esprit quand nous traversons des zones de turbulences et elles nous indiquent le chemin à suivre quand on les accepte.

Si je prends le temps de vous raconter tout ceci, c'est parce que je suis tombée dans le piège du bien-être spirituel. Une fois de plus, je me suis rendu compte que par toutes ces belles phrases que ce monde nous offre, cela ne nous donne pas une recette miracle avec toutes les clés en mains. C'est pourtant ce que l'on pourrait croire ou ce que certains veulent nous faire croire.

Quelques définitions importantes pour notre évolution spirituelle.

Un dogme30 : *Dans son sens propre, le mot « dogme » est d'origine philosophique avant de devenir religieux avec le christianisme. On trouve par exemple les dogmes catholiques.*

---

30 fr.m.wikipedia.org

Certaines croyances non religieuses sont souvent appelées « dogmes », notamment en politique ou en philosophie.

Ils sont utilisés par analogie dans d'autres domaines :

En biologie moléculaire, le dogme concerne la réplication de l'ADN avec le « central dogma » que l'on doit à Francis Crick mais qui s'apparente en réalité davantage à une hypothèse qu'à un dogme.

Dans le monde du cinéma, les films dits « du Dogme » font référence au Dogme95 lancé par Lars von Trier ou avec le film « Dogma ».

Le concept de « dogme » est souvent utilisé avec une intention critique ou polémique pour qualifier des affirmations présentées comme incontestables mais qui ne sont pourtant fondées ni par une croyance religieuse ni par une démonstration rationnelle. Dans la mesure où un « dogme » ne peut avoir de justification que religieuse, celui-ci est illégitime dans un discours rationnel (notamment scientifique), où il est en outre considéré comme une manifestation de rigidité intellectuelle et d'intolérance. Le mot « dogme » et ses dérivés prennent donc généralement un sens péjoratif quand ils sont employés hors du contexte religieux.

Malgré certains points communs, un dogme n'est pas assimilable à un axiome.

Comme le « dogme », l'« axiome » est une vérité admise bien qu'elle ne soit pas rationnellement démontrable. Cependant, l'établissement d'un axiome résulte d'un choix délibéré et sa validité n'est réputée indiscutable que dans le cadre d'une théorie tandis que le dogme est considéré comme une vérité absolue s'imposant a priori.

« Opinion » ou « paraître, penser, croire » est une affirmation considérée comme fondamentale, incontestable et intangible formulée par une autorité politique,

philosophique ou religieuse. Historiquement, le dogme a été une formulation d'un article de foi, utilisé lorsque le critère de conformité à la foi devait être utilisé par le pouvoir judiciaire, lorsque le pouvoir temporel (historiquement, l'empire romain d'Orient) sanctionnait pénalement les déviations par rapport à l'orthodoxie.

Un système de dogmes cohérents, ou en apparence cohérents, forme une idéologie.

Axiome31 : *Proposition évidente, dont la vérité est reconnue sans démonstration.*

Synonymes : abstraction, évidence, énoncé, principe, théorème, postulat.

Ces définitions sont là pour mieux expliquer le schéma dogmatique dans le lequel j'étais tombée.

J'avais personnellement fait de la spiritualité un dogme. Une vérité absolue. Je ressentais ce mal-être sans pouvoir me l'expliquer. Je repensais à ces différents moments de joie que j'avais vécus et le sentiment durable que cela m'avait procuré. Et pourtant la joie que j'ai eue en les vivant n'était plus là. J'ai compris à travers d'autres petites expériences que je traversais ces moments pour me faire prendre conscience de ma foi envers moi-même et non pas à travers ce qu'on pourrait appeler « la connaissance et/ou le savoir spirituel ».

La réponse à mon interrogation était plus qu'évidente. Pour intégrer les différentes clés que j'avais réussi à dégoter, il me restait tout simplement à vivre les expériences que la vie me réservait. Pour sortir

---

de cette vérité absolue et mettre en application tout ce savoir afin de créer ma propre vérité.

Rappelez-vous quand je vous ai dit dans ce livre, qu'il y avait environ huit milliards de personnes sur cette Terre et donc huit milliards de vérité. Cela répond à cette question du « dogme ». C'est bien par nos différents choix, décisions, comportements que nous obtenons des résultats et que nous les validons ou non. Ce sont bien les résultats de nos expériences qui nous font détenir notre propre vérité et non pas celles des personnes qui nous entourent et/ou prône la spiritualité comme une vérité absolue en vous disant quoi faire. La spiritualité apporte des clés indéniables comme vivre le moment présent par exemple. Seulement, on peut utiliser ces mots « moment présent » mais je pense que nous avons tous notre façon d'arriver à les vivres. Nous n'allons pas forcement passé par le même cheminement pour y accéder. C'est pour cela que dans la définition de « l'axiome » il est dit si je reprends : «..*une vérité admise bien qu'elle ne soit pas rationnellement démontrable* ». Une fois de plus, c'est à nous seul qu'appartient d'être le capitaine de notre navire.

Le mot **spiritualité**, je le définirais ainsi : « spirit » en latin veut dire « esprit » et « -u » pour unir, unité, « -alité » qui veut dire coucher. Pour mieux comprendre, je fais référence à une expression souvent utilisée : « je t'ai couché, là !» qui signifie : tu ne peux plus rien dire, les mots te manquent. C'est une expression qu'on utilise pour se débarrasser de quelqu'un ou pour ne pas faire face à nos dualités en les envoyant promener, en les réprimant comme s'ils n'existaient pas. On dit aussi « coucher des mots sur le papier » pour nous aider à les verbaliser. Nous avons le choix de les partager ou de les garder pour nous-mêmes. Ce qui compte, si vous couchez des mots sur le papier, c'est que cela vous aide à dénouer ce que vous ressentez. L'écriture est un bon moyen pour libérer ce qui doit l'être. C'est donc à tout un chacun qu'appartiendra de décider de partager ce qu'il ressent ou pas.

Révèle ton esprit pour unir tes dualités. Cela est ma propre définition, je vous l'accorde.

Unir mon esprit avec mes différents corps qui étaient bien souvent en opposition. Me permettre d'être de plus en plus « en conscience », présente à moi. Cela m'aide à mettre mes dualités au grand jour. Ce qui me permet de mettre plus de souplesse, de flexibilité dans mes croyances qui me limitaient dans mon développement. En laissant mon corps physique ressentir mes émotions et mes sentiments, cela me permet d'élargir ces limites, voire même de briser des croyances ancrées depuis bien longtemps. Ma vie est plus fluide et plus facile à équilibrer au moment où je la vis. En retrouvant mes émotions et en les associant à mon corps physique, je retrouve des sensations physiques que je n'avais plus ressenties car je fuyais mes émotions, elles restaient au plus profond de moi.

Je n'ai plus d'effort à faire pour combattre mes dualités si je les laisse vivre. Elles ont fini par trouver un terrain d'entente pour pouvoir coexister. Je reste intimement convaincue que le corps et l'esprit sont indissociables.

En effectuant quelques recherches, j'ai aussi trouvé deux autres façons de définir le mot « spiritualité ».

« **spir** 32 » en latin veut dire « souffle », « it » en anglais « il », et « spirit », esprit comme déjà vu précédemment.

Notre esprit nous souffle vers plus de conscience pour que lui-même puisse souffler et nous entraîner vers la liberté d'écouter notre âme.

Une autre façon de décortiquer ce mot spiritualité :

« **Spirit** », esprit, « -u », unir, « -al » dieu unique (provient de la langue arabe) et « -i » représente la verticalité de l'être affirmé (dans le sens avoir du discernement et de maintenir son positionnement, c'est-à-dire cet être équilibré, réalisé, qui ne juge pas, et enfin « té » (l'homme que je suis, en l'instant T, c'est-à-dire au présent). Dans le sens d'être tout simplement qui nous sommes dans l'instant présent. « T » : la barre verticale avec ces deux petits traits qui représentent les pieds, l'ancrage. Et la barre horizontale, également avec les deux traits représentant les mains, comme pour accueillir ce qui doit être et avec qui nous sommes, et cela toujours dans l'instant T. Le moment présent. Sans plus chercher à nous juger sur la croix ! Si je me sers ici de la religion, c'est pour en expliquer cette définition. Ce « T » majuscule qui représente pour moi l'Homme avec un grand H, l'être réalisé et accompli. En acceptant que cet être réalisé et accompli que nous devenons en traversant ce parcours spirituel soit aussi capable de se remettre en question pour continuer son

---

32 www.lettres.tice.ac-orleans-tours.fr

évolution tout au long de sa vie à travers les multiples expériences qu'il aura à vivre.

En rassemblant toutes les parties de ce mot spiritualité, cela donne :

L'esprit de ce dieu unique qui a su unir toutes les différentes parties que représente l'être humain, corps, cœur et esprit, (esprit : pour l'intelligence ainsi que le côté spirituel, appelé également « ouverture d'esprit ».). Pour le faire devenir un être réalisé et accompli : ce que l'on appelle en spiritualité l'**Unicité**.

Et si Dieu était en chacun de nous ? Ne suis-je pas unique ? Ne sommes-nous pas tous uniques ?

Et si cette pierre philosophale que tout le monde cherche était Dieu ? Ce dieu unique.

Si cette pierre était tout simplement notre cœur ? Ce cœur qui bat pour ne pas oublier qu'il est bien là, à l'intérieur de nous.

Et si cette expression « avoir un cœur de pierre » était aussi une réalité ?

Mais ici pas dans le sens d'avoir une pierre dure, rocheuse, mais plutôt une *pierre précieuse* incolore et transparente qui laisse la lumière passer quand elle est en mouvement et teinte notre vie de mille couleurs.

Vous l'aurez surement compris, et si cette pierre était un Diamant… ? Et que ce Diamant était tout simplement notre cœur ? Ce cœur rempli d'amour pour nous-mêmes, pour les autres et tout ce qui nous entoure mais aussi pour la vie et ce qu'elle nous apporte pour ajuster notre être tout entier. Et si la vie nous était donnée pour tailler ce Diamant sur toutes ses différentes facettes ?

Enfin et surtout, et si nous étions tous Dieu… ? Ce Dieu unique que chaque personne porte à l'intérieur de soi en attendant d'être trouvé ou retrouvé.

Alors oui bien sûr, tout ceci est une métaphore et elle est aussi ma vérité. Je vous l'accorde avec beaucoup de gratitude. Car s'il y a une chose que je ne veux plus oublier, c'est que chaque être est différent, unique et que toutes les personnes que nous rencontrons nous aident à devenir une meilleure version de nous-mêmes. C'est en cela que je vous adresse ma gratitude. Mais aussi pour le degré de compassion que j'ai pu atteindre en me réalisant et en m'accomplissant. Cette compassion pour moi est devenue une ressource et une qualité qui me permet d'être à l'écoute de toutes les personnes que je croise.

Finalement quand j'y repense, « le trop » que l'on m'a souvent reproché était tout simplement parce que j'arrivais à voir le meilleur chez chaque personne que j'ai pu faire entrer dans ma vie. Simplement parce que je regarde le monde avec beaucoup d'amour.

Cet amour peut faire peur. Souvenez-vous de ce que je vous ai raconté, le vice et versa de l'amour est la peur. Le vice, le vicieux « cercle » représente la peur et le versa, son versant l'amour. Versons cet amour sans plus nous retenir de peur que l'on nous reproche d'être « trop ». L'amour n'est jamais trop.

Je dois vous avouer que je n'ai jamais baigné dans la religion. Cela ne m'intéresse pas. En revanche, là où j'ai grandi, malgré les nombreux déménagements, j'ai toujours été curieuse. Je dirais donc que ce qui m'anime, encore aujourd'hui, c'est de découvrir la culture des différents pays. Je n'approfondis pas forcément. Car en fait, je m'intéresse plus à la personne et à sa culture qu'au pays en lui-même. Quand j'étais plus jeune, il y avait beaucoup d'étrangers dans le collège où j'étais. Je leur posais des questions sur leur religion. Pour en conclure des années plus tard avant que je me dirige vers la spiritualité, qu'en fait, à travers leurs différents discours, il n'y avait qu'un seul Dieu. En les écoutant, je me disais que tout le monde parle de la même chose. D'un dieu et peu importe comment on l'appelait. Alors aujourd'hui, je suis heureuse de l'avoir trouvé ce dieu. Car le pouvoir que cela m'a apporté, c'est que je suis désormais la seule à être le maître de ma vie. En acceptant tout simplement que les expériences que je vis car elles continuent de me faire grandir. Et si l'expérience n'est pas concluante, j'ai le pouvoir de recommencer chaque jour en changeant ce qui n'a pas été pour atteindre mon objectif. Parfois, cela prend du temps, c'est vrai. Mais je ne lâche pas mon rêve. Chaque pas supplémentaire m'y conduit. La vie est faite de petits ou grands pas. Ce qui compte, c'est de rester en mouvement en étant en accord avec soi, de rester fidèle à soi en se choisissant. En prenant des décisions remplies d'amour et non pas pour faire plaisir à qui que ce soit. Savoir se reconnaître, c'est apprendre à s'aimer. S'aimer, c'est apprendre à reconnaître l'autre dans son être unique, aussi différent soit-il.

Il était important pour moi de vous en parler. Peu de monde, quand on évolue à travers la spiritualité nous met en garde sur le fait que la spiritualité peut devenir une croyance dans laquelle on s'enferme à nouveau. C'est en croisant sur mon chemin des personnes ouvertes d'esprit sur ce thème de la spiritualité que j'ai pu m'en apercevoir. Je me suis posé une question qui avait du sens pour moi à cette époque et qui m'a aidé à comprendre.

Comment peuvent-ils parler avec autant de savoir spirituel et en même temps être dans le jugement ? Un jugement très dur, où la place pour la compassion est dissonante, éloignée de ce que la spiritualité veut justement nous transmettre. C'est grâce à la colère que je ressentais encore présente en moi et en la décelant chez d'autres que j'ai pu comprendre ce que je viens de vous confier.

Cela était contradictoire pour moi, cela n'avait aucun sens d'avoir encore cette colère malgré tout ce que la spiritualité m'avait appris.

Leurs comportements n'étaient pas cohérents et en phase avec ce qu'ils pouvaient transmettre dans leurs discours. Et cela se voyait également à travers leurs corps et les mots qu'ils utilisaient. Le corps parle à travers la maladie mais également à travers les mimiques.

Cela m'a interpellé. Je ne serai pas sans vous dire que cela a été compliqué à nommer et à verbaliser tout ce que je vivais à ce moment précis où je l'ai vécu.

Cet état de plénitude et de sérénité que j'avais ressenti pendant plusieurs mois d'affilée quand je traversais ce cancer, je voulais le retrouver. Je voulais atteindre à nouveau ce sentiment de paix intérieure. Je pensais l'avoir gagné pour la vie à ce moment-là. Je suis contente aujourd'hui que cela m'est interpellé en ressentant à nouveau ce déséquilibre. Certes pas autant que quand j'ai commencé à me réveiller et/ou m'éveiller. Peu importe le terme utilisé. Ce qui compte, c'est de s'en rendre compte. C'est ce qui m'a permis de remettre justement de l'équilibre au niveau spirituel.

Sans cette expérience, le savoir que j'avais su aller chercher et déterrer ne m'aurait servi à rien. Aujourd'hui, je comprends mieux pourquoi certaines personnes spirituelles ne sont pas cohérentes et je le comprends sans aucun jugement. Cela m'aide juste à avoir du *discernement*, à savoir ce qui me convient ou pas, pour prendre mes décisions.

Je ne vous cacherai pas que cela a remis une fois de plus l'église au milieu du village ! Je peux dire aujourd'hui que mon objectif est celui de rester humble. L'humilité a pris dans ma hiérarchie des valeurs une tout autre place, que ce soit dans ce que je vis chaque jour avec autrui mais surtout dans mon être profond. La compassion est mon *tensiomètre intérieur*. Il m'indique si je suis dans mon égo ou bien dans mon cœur. Entre mon baromètre qui me donne ma météo interne et le tensiomètre de mon degré de compassion interne et externe, aujourd'hui je peux lâcher plus facilement toutes mes tensions et ressentir cette légèreté de vivre. C'est un puissant *lâcher prise* qui a su diminuer voire supprimer mon « juge du juge » et que j'ai appelé « orgueil ».

Ceci est mon expérience, je le redis, mais je pense aussi que cela m'a permis de m'ouvrir à un meilleur discernement et de ne pas me faire happer par des personnes qui auraient été dans la toute-puissance avec pour objectif que j'adhère à leur groupe. Qu'on se le dise sans aucun tabou, les sectes existent ! Ce qui m'a poussé dans ma réflexion, c'était que je cherchais une école pour pouvoir apprendre mon nouveau métier, en me sentant en sécurité et libre de mes décisions.

Au final, je ne peux pas vous raconter tout cela sur la spiritualité sans décortiquer le mot « discernement ». Il est primordial pour trouver cet équilibre en nous.

Reprenons notre ami le « Larousse » :

Discernement33 :

<u>**Littéraire :**</u> *Action de discerner, de distinguer, de discriminer : Le discernement du vrai du faux.*

Faculté d'apprécier sainement les choses ; intelligence, sens critique : Agissez avec plus de discernement.

<u>**Définition personnelle :**</u>

DI préfixe qui veut dire deux, -CERNER verbe qui veut dire entourer, -MENT suffixe pour créer l'adverbe et qui en même temps suggère le verbe « mentir ».

Si on joue une fois de plus avec ce mot, cela revient à dire : faire le tour en respectant les deux polarités, dualité qui sont le pour et le contre. Qui s'oppose. En se servant de notre intelligence. C'est-à-dire d'être capable de regarder l'envers de la pièce, le positif comme le négatif. D'agir en fonction de ce qui nous entoure, sans plus se mentir à soi-même. Cela nous permet de garder un esprit sain.

---

33 www.larousse.fr

Je préfère utiliser le mot discernement, plutôt que celui de jugement. Ce dernier reste dans notre tête bien souvent comme un mot négatif, par son utilisation dans le domaine du droit, qui est souvent synonyme de : condamner une personne. Alors que le mot discernement apporte une note plus positive, discerner, cela revient à dire que nous faisons le tour de la question, que nous pesons le pour et le contre pour prendre certaines décisions en ayant pris le temps de nous mettre à différentes places pour avoir une vue d'ensemble plus vaste.

Ce qui est important dans le discernement, c'est de ne pas juger les autres et nous-mêmes. Il doit juste être présent pour nous apporter des réponses concrètes à notre questionnement. C'est une réelle action de prendre son temps pour trouver ce qui nous convient le mieux ou non, c'est-à-dire ne pas partir tête baissée sans réfléchir. Alors oui, c'est vrai que nous avons toujours le choix d'emprunter un autre chemin quand le premier n'a pas été concluant. Mais n'oublions pas que parfois, faire machine arrière n'est pas une chose facile, car nous avons des craintes qui surgissent et qui nous empêchent de voir une autre solution. De ce fait nous prenons des chemins différents sans se retourner de peur d'y voir ce qui n'a pas fonctionné. En faisant cela c'est une autre façon de se mettre à distance de ce qui nous fait défaut pour avancer. Et bien souvent, nous nous disons, « je ne comprends pas », après tout ce que j'ai fait cela ne marche pas. D'où l'importance de faire ces quelques pas en arrière, pour mieux discerner et ensuite changer, transformer ce qui n'a pas été concluant.

Il y a également cet orgueil qui s'invite et nous juge durement. Ce juge « auto-saboteur » qui nous empêche d'avancer si nous l'écoutons sans discernement, justement...

Le message que je retiens quand il s'invite, c'est qu'il a peur d'aller plus loin. Du coup aujourd'hui, je le ressens différemment. Quand je ressens cette part en moi que j'ai appelée « sacrifice », c'est que mon juge du juge est présent. Que je perds mon discernement par peur d'avancer. Je l'accueille et l'entends. Il me donne des réponses certes, mais c'est bien souvent celles qui me condamnent. C'est cette part qui me fait rester dans ma zone de confort, de peur de découvrir ce qui pourrait se passer si je faisais autrement. C'est là où je me dois de me respecter et de rester vigilante à mes émotions, pour écouter le message que je dois recevoir. En écoutant cette partie de moi qui a peur. Bien souvent, les réponses qui j'y trouve sont des illusions qui créent en moi un cercle vicieux. Il m'indique simplement ma peur d'un avenir incertain. Donc je ressens de l'insécurité. C'est ce qui me fait rester là où je suis, juste par peur d'avancer et de ne pas obtenir le résultat souhaité. Et pourtant, à chaque fois que j'ai pris le temps d'écouter le message jusqu'au bout, cela s'est révélé être fructueux.

Qui ne rêve pas de récolter enfin les fruits de ses efforts quand il prend une décision qui l'a mis dans l'inconfort ?

Je vous avoue qu'à ce jour, je n'ai encore trouvé personne.

Et si l'effort n'en était pas un ?

Ce que je veux dire par là, c'est que quand on prend le temps d'écouter ce qui se passe à travers notre peur, et que nous trouvons ce qui est positif dans l'action à mener, cela n'est plus un combat contre soi. C'est notre discernement qui a pris sa place en nous donnant les réponses. En triant ce qui est juste pour nous. En pesant le pour et le contre.

Je dirais que cela facilite notre prise de décision.

Cependant, j'ai repéré pendant tout mon parcours spirituel que je possédais en moi une très grande résistance. Je n'arrivais pas à lâcher prise totalement. J'ai découvert que j'avais un juge qui jugeait ce premier juge. J'ai commencé à vous en dire quelques mots quand je vous ai raconté ce qui me perturbait au niveau de la spiritualité. Quel beau bordel, pardonnez-moi l'expression ! Une fois de plus. Comme si un seul ne suffisait pas !

J'ai constaté que j'avais du mal à m'engager dans un des domaines de ma vie. Celui que beaucoup d'entre nous aime à partager. Ce domaine concernait ma vie sentimentale. Malgré mes engagements très forts et présents pour d'autres domaines de ma vie. Du coup, cela m'interpella profondément une fois de plus…

Je me suis donc mis à la recherche de ce second juge…Il n'était pas question pour moi de le laisser prendre le dessus et de me pourrir l'existence. J'avais découvert tellement de clés pendant ce parcours qu'il était temps pour moi de les utiliser. J'étais donc prête à affronter ce juge du juge ! Pour reprendre ma place, celle qui me revenait de droit. Je ne pouvais pas porter autant d'amour en moi sans qu'il soit aussi partagé avec un homme. L'amour que j'avais pour mes enfants, ma famille, mon travail, mes amis, mes loisirs et autres ne me suffisait plus. Pourtant, j'étais heureuse seule mais il me manquait cette dimension de partage, de soutien mutuel, d'écoute à double sens. Mes enfants étaient suffisamment grands pour que j'accepte à nouveau quelqu'un dans ma vie.

Alors, j'ai entamé une thérapie pendant plusieurs années, j'avais besoin d'aide pour reprendre ma place de femme et d'amante. J'avais besoin de ressortir toutes ces nouvelles ressources qui j'avais su trouver en étant qu'autodidacte. Cet fois-ci, le thérapeute que j'avais choisi allait m'y aider.

Cela m'a permis de me reconstruire avec des bases solides. Il m'a aidé à trier, ranger, archiver et mettre en valeur mes propres ressources. Deux ans et demi plus tard, j'avais enfin atteint un niveau de résilience profond.

Aujourd'hui ce juge du juge est descendu de son piédestal. Je pense qu'avec du recul, il s'agissait d'orgueil également. En pensant que je me suffisais à moi-même en ressentant cet amour pour moi. Un amour propre démesuré, oui certainement. Mais qui m'a fait prendre conscience une fois de plus de mon évolution. Cela m'indiquait que j'avais retrouvé une belle estime de moi. J'ai donc arrêté de me juger. De juger « ce trop » un fois de plus.

Bien souvent l'orgueil est perçu d'un mauvais œil. Pour moi, il m'a fait prendre conscience que je devais sortir de ma grotte et arrêter de traverser le désert seule. M'ouvrir à nouveau aux autres. J'étais égocentrée sur moi et en toute honnêteté, je craignais de refaire confiance. Confiance aux autres, de peur de souffrir à nouveau.

Pour traverser ce parcours, c'est un besoin réel de se concentrer sur soi. De se mettre face à soi. De penser à soi. C'est une évidence.

Seulement là, c'est moi seule tout simplement qui ne voulais pas montrer cet amour que j'ai au plus profond de mon âme. Cet amour que je porte en moi m'a souvent déstabilisée, m'a fait me perdre sur mon chemin. Je me refusais donc d'aimer et d'être aimée à nouveau. C'est une des raisons de ce soi-disant « trop » qui m'a valu de perdre beaucoup de gens autour de moi. Je refusais de voir à nouveau ce côté de moi. De peur que l'on me le reproche encore et encore. De peur que les gens qui m'entourent me tournent le dos, de peur de ne pas être à la hauteur. De peur de pas être aimée pour qui je suis. J'ai donc consciemment et inconsciemment refusé d'aimer et de me laisser aimer. En me disant que je possédais tout ce dont j'avais besoin. Oui, c'est une réalité, mais offrir son amour en le partageant et en acceptant de le recevoir également nous le fait vivre, cet amour !

En refusant de vivre l'expérience d'une relation amoureuse, me fait ressentir de la tristesse au plus profond de mon âme. Ma joie n'a pas la même saveur, le même goût que quand je partageais ma vie en étant en couple. Même si ces relations se sont terminées à un moment donné, elles m'ont apporté ce qui me manquait pour devenir qui je suis aujourd'hui.

Finalement, aimer est bien un verbe, ce qui m'indique que l'amour doit circuler à l'intérieur comme à l'extérieur de nous. Être en mouvement perpétuel. Je pense que l'amour est infini, même après la mort. Rappelez-vous ce que je vous ai partagé sur la mort. Le garder pour soi, à l'intérieur, ne le fait pas s'exprimer et vivre au présent. C'est bien en le partageant que nous le recevrons en retour. Et cela dans tous les domaines de notre vie. Il était temps pour moi de remonter l'ancre de mon navire et de hisser la grande voile. Alors je ne sais pas combien de temps cela prendra encore pour trouver la personne qui me conviendra. Mais je pense que je la reconnaîtrai au moment voulu. Et surtout quand mon cœur sera lui aussi en toute confiance pour donner et accueillir cet amour. Je pense aussi que mon cœur est comme un phare dans la nuit qui illumine le chemin. Peut-être attirera-t-il cet homme qui détient ma seconde chaussure pour m'accompagner sur la terre ferme et construire ensemble ce nouvel horizon.

L'orgueil…

Orgueil 34:

1 : *Sentiment exagéré de sa propre valeur, estime excessive de soi-même, qui porte à se mettre au-dessus des autres : être bouffi d'orgueil.*

Synonymes :

Arrogance-fatuité-hauteur-infatuation-mégalomanie-morgue-présemption-prétention-suffisance.

Contraires :

Humilité-modestie-simplicité

2 : *Sentiment de dignité, fierté légitime, amour propre : cacher sa misère par orgueil.*

Synonymes :

---

34 www.larousse.fr

Amour propre - fierté – gloriole - vanité

3 : *Personne ou chose, sujet de légitime fierté : Il est l'orgueil de la famille.*

Synonymes :

Fleuron – gloire – honneur – ornement

Contraires :

Abjection - déshonneur - honte – infamie

Une fois de plus, quand je lis maintenant tous ces mots, je vois que je ne me trompais pas. C'était bien de l'orgueil. Je me cachais derrière ma misère, c'est-à-dire ma souffrance malgré tout ce que j'avais su reconstruire. Toutes ces clés et cet amour que j'avais su remettre à l'intérieur de moi étaient devenu des bases solides sur lesquelles m'appuyer. C'est comme si j'avais en moi toute une boite à outil. Il fallait juste que je sorte le bon outil au bon moment et avoir ce fameux discernement.

Quand je vous ai parlé d'amour-propre, où je vous explique qu'il était important d'en avoir pour justement avoir de l'estime pour soi. Le juge du juge n'était pas d'accord avec ça, il voulait que je reste dans mon coin, sans rien montrer à personne. Comme pour dire que ce n'est pas possible d'accéder à un tel niveau de complétude. D'arriver à cet être réalisé et accompli que je pense être devenue.

En reprenant à nouveau les rênes de ma vie, en arrêtant de rejeter qui je suis vraiment. Alors parfois le juge revient, il s'invite à nouveau, mais cela ne dure pas aussi longtemps qu'avant et c'est moins fort. Je le reconnais, je l'accueille et j'écoute à nouveau ce qu'il a à me dire. Je lui donne la (petite) place qu'il doit avoir. Car il me permet de grandir, de peaufiner dans les moindres recoins quand cela est nécessaire pour ensuite affiner le tout jusqu'à maturation. C'est ainsi que j'ai choisi de continuer à grandir. La vie est un vrai terrain de jeux pour s'entrainer. Ce qui a été difficile pour moi, c'est de ne pas perdre mon objectif de vue. Des périodes de découragement se sont insérées dans mon parcours, mais je n'ai rien lâché de mon rêve de devenir une femme heureuse et épanouie. Je peux l'écrire : je le suis aujourd'hui. Je suis même devenue thérapeute ! Je continue de me former, car mon côté holistique m'ouvre de nombreuses portes. Mon chemin de thérapeute est peut-être tout tracé comme une évidence et en même temps je souhaite continuer à développer d'autres compétences que j'ai pu mettre en lien avec mes différentes qualités. Cela prendra le temps qu'il faudra et je suis certaine que ce temps viendra quand ce sera le bon moment, tout comme pour l'amour d'un homme dans ma vie. Je ne dois plus avoir honte de ce cadeau que la vie m'a offert, de cet amour qui est en moi. Je me dois de l'honorer. De lui donner sa place tout comme j'ai donné cette grande place au *juge du juge* pendant bien trop d'années.

Ce juge du juge a également mis en évidence ma capacité analytique. Celle qui me permet aujourd'hui d'accompagner les personnes désireuses d'effectuer un travail sur elles. Sans cette qualité psychique à analyser, je n'aurais pas choisi ce métier. Mais quel mal j'ai eu à comprendre qu'en fait ce fameux *juge du juge* ne me voulait aucun mal. Quand je dis cela, c'est parce que le fait d'avoir cette compétence peut vous faire avoir un mental qui tourne en boucle sans jamais trouver la solution. Car une question en amène une autre, puis une autre, puis encore une autre etc. C'est pareil pour le nombre d'idées à la minute. C'est ce que l'on appelle des *pensées en arborescences*. Du coup, de nombreuses fois, je me suis perdue dans ce que je voulais vraiment. Ce qui me faisait perdre confiance en moi. Cela a duré des mois et des mois, mon mental était tellement puissant que je n'arrivais pas à y voir plus clair. Mon orgueil avait repris également le dessus, en voulant brûler les étapes. Vouloir aller trop vite, c'est aussi une façon de repousser cette écoute profonde de soi, celle qui passe par les ressentis et les émotions à travers le corps. Cette écoute, souvenez-vous, nous montre le chemin. Je pense également que la confiance en soi, une fois retrouvée, peut nous conduire vers cet orgueil, tout comme l'estime de soi. On pense avoir tout résolu. Je dis un grand oui ! pour ce qu'il en est du travail sur soi en lien avec le passé. Mais quand est-il vraiment pour le présent et le futur ?

C'est à ce moment précis où le piège de la spiritualité peut commencer. On se sent pousser des ailes, nous sommes dans une telle énergie haute, que nous nous sentons invincibles. Et pourtant, il n'en est rien. La désillusion commence. La perte de confiance et d'estime de soi également. Pour moi, c'est à ce moment-là que j'ai senti que je pouvais perdre mon humilité. C'est pour cela que je ne voulais rien lâcher de cette belle qualité. Elle m'a également conduite vers la foi. La foi du lendemain meilleur. Vu tout ce que j'avais réussi à parcourir, je ne pouvais pas ignorer la foi. Seulement pour moi, c'était un mot que je n'utilisais que très rarement. Car cela me conduisait pour moi forcément vers la religion. Et je ne voulais pas tomber à nouveau dans ce piège spirituel à travers une religion. Il me restait donc à découvrir comment cette foi se manifestait en moi. Et également à vivre pleinement l'expérience, pour pouvoir la ressentir consciemment afin qu'elle s'inscrive parmi mes émotions afin d'en retrouver le chemin quand le moment se présenterait. Je savais une chose tout de même, c'est que les expériences de la vie pouvaient la rendre fragile. Je vous le donne en mille, la vie m'a envoyé l'expérience qu'il me fallait. Je ne vais pas vous la raconter en détail, juste pour respecter le droit à la vie privée de ma fille. Mais en fait, cette expérience a touché mon cœur de plein fouet. Elle venait de toucher mon cœur de mère. J'avais plusieurs choix pour répondre à cette expérience : ne rien dire à la personne qui a su venir me chercher sur ce terrain de la foi. Faire ce qu'il me demandait. Ou encore m'affirmer en reprenant ma place et en lui exposant mon point de vue. Je suis passée très rapidement sur « ok, je vais le faire ». Seulement, une part de moi n'était pas en accord avec cette décision. Je l'ai donc écouté, j'ai fini par refuser la proposition et lui ai donné mon point de vue. En reprenant ma place de mère, j'ai compris que ce qui était important pour moi était de soutenir ma fille. Et j'ai ressenti cette foi en moi pour pouvoir m'affirmer avec confiance sans savoir ce qu'il allait se passer par la suite. En prenant cette décision, j'ai pu remplir mon rôle de mère, celui que j'avais choisi pour aider au mieux ma fille. Sans culpabiliser d'avoir été jusqu'au bout, celui d'écouter mon besoin du moment en l'exprimant avec ma foi. Une foi remplie d'amour pour ma fille mais aussi pour moi. Car j'avais su garder le cap malgré les circonstances mais aussi en acceptant de ne pas savoir comment allait finir cette histoire.

La foi, je pense que c'est ce juste équilibre entre la confiance en soi et l'estime de soi. La foi n'est pour moi pas une question de religion. Elle est tout simplement. Je pense qu'il n'y a pas de mot plus grand que celui de l'amour. A travers cette expérience, j'ai ressenti cet amour puissant pour ma fille certes, mais surtout celui que je porte en moi. Cette foi en l'amour d'un tout, en l'amour de rien. Il est ! Moi qui ai cru très longtemps que la vie était une fatalité. Représentée seulement par la mort, qui me faisait si peur. Je pense aujourd'hui que c'est l'amour qui est une fatalité. Une force incommensurable, une force surnaturelle, une force intérieure qui procure une énergie inestimable. Comme celle d'une flamme qui vacille au gré de la vie. Une flamme éternelle, qui même après la mort, reste tangible à travers cet amour reconnu.

C'est une volonté supérieure que nous sommes capables d'alimenter en partageant cet amour. C'est un amour indéfinissable.

Infiniment petit, infiniment grand…et vice et versa.…

Allons donc visiter notre *côté spontané*. Il nous permet de vivre tout simplement les moments présents qui s'offrent à nous à chaque instant et qui permettent de déclencher notre créativité et d'avoir ce petit grain de folie qui nous transportera toujours et nous permettra de nous aider dans notre *lâcher prise*. Mais aussi lors de la prise de décisions car bien souvent, c'est notre *intuition* qui essaye de nous parler.

En ce qui concerne les émotions, j'aimerais refaire un petit aparté. Un peu plus haut dans ce livre, je parlais de gérer nos émotions, c'était pour y aller tout en douceur. Les émotions sont parfois difficiles à percevoir, car bien souvent.

notre mental reprend le dessus et nous les fait réprimer.

Souvenez-vous du réceptacle.

Cela s'appelle le contrôle de nos émotions au même titre que de vouloir tout diriger en résistant à ce qui doit être. C'est également à ce moment précis, où les émotions montrent leur bout du nez et que ce fameux *lâcher prise* demande une nouvelle fois à intervenir. Pour les accepter pleinement, juste les accueillir, en essayant de mettre des mots dessus. Si l'endroit n'est pas propice pour les laisser sortir, revenir tranquillement dessus à un autre moment. Celui que vous aurez choisi.

Assumer nos émotions, c'est dans premier temps les apprivoiser pour mieux les reconnaître dans un second temps. C'est que je vous ai déjà décrit plus haut dans ce livre, petit rappel.

Pour ne pas créer en nous un *mal être* qui à long terme peut nous conduire jusqu'à la maladie. Cacher ses émotions et ne pas les faire sortir peut s'avérer extrêmement néfaste pour notre corps et notre esprit. Si elles existent, c'est justement pour nous faire sortir de notre zone de confort, pour nous envoyer un message. Accepter nos émotions, c'est nous donner le pouvoir de les faire vivre. Elles contribueront à nos prises de conscience pour nous aider à agir et non plus réagir. Elles vont nous aider dans nos différentes décisions. Elles auront le pouvoir de nous faire ressentir ce qui est juste pour nous. Avoir un meilleur discernement.

Et si cette cohésion, cet équilibre entre notre corps, nos émotions et notre esprit s'appelait *l'intuition*…

Définition de l'intuition35 : Nom féminin

1 : *Forme de connaissance immédiate qui ne recourt pas au raisonnement.*

Comprendre par intuition.

2 : *Sentiment ou conviction de ce qu'on ne peut vérifier, de ce qui n'existe pas encore.*

Se fier à ses intuitions. **Synonyme :** *Pressentiment*

Quand je rassemble ces deux définitions, cela donne :

« Connaissance immédiate, sentiment ou conviction de ce qui n'est pas vérifiable par le raisonnement et qui n'existe pas encore. »

Pour moi, c'est une ressource interne qui provient d'une pensée furtive sans que nous ayons conscience de la puissance du message qu'elle veut nous indiquer. Et pourtant, si nous sommes honnêtes avec nous-mêmes, nous avons tous vécu des moments où l'on s'est dit : « je le savais ! ».

Cette pensée aussi furtive soit elle, nous fait également ressentir à travers notre corps des sensations physiques que ne nous pouvons pas ignorer. Exemple : quand des frissons envahissent notre corps entier. En plus de cette pensée furtive et des sensations ressenties dans notre corps, une émotion fait également son apparition. En prenant le temps d'écouter ces trois phénomènes qui sont reliés les

---

35 www.lerobert.fr

uns aux autres, on ne peut pas ignorer que quelque chose se passe à l'intérieur de nous. D'où le synonyme « Pressentiment ».

Prés-sentiment : près, au plus près de nous, c'est-à-dire à l'intérieur de nous. Rien ne peut être davantage plus près !

Pré-, c'est également un préfixe, qui veut dire juste avant ; et -sentiment : sentir que quelque chose va se produire, avec la confirmation par le corps physique à l'aide des sensations ressenties.

L'intuition nous indique un chemin à suivre si nous l'écoutons sans avoir besoin de rationnaliser. Rationnaliser nous fait rester dans un mental envahissant de par la multitude de questions qui nous sabote le moral et qui nous fait perdre notre boussole interne. Ce qui fait que nous tournons en rond, dans un cercle vicieux car la peur reprend les rênes de notre vie et nous fait rester sur place. L'inconfort est présent, mais nous l'étouffons à nouveau pour nous sécuriser. C'est à ce moment-là également que notre égo démesuré reprend sa place de « juge ».

C'est vrai, cela n'est pas facile d'écouter son intuition, car on ressent la crainte de l'échec. Et si nous remplacions ce mot d'*échec* par celui d'*essai* !? Si l'essai n'est pas concluant, nous avons toujours la possibilité de faire autrement, cela s'appelle : apprendre par l'expérience.

Alors bien sûr, il y a également le facteur « regard sur soi » et le regard des autres qui lui aussi nous met à mal et nous retarde ou nous empêche de passer à l'action. Seulement ce regard doit juste nous permettre d'avoir une vision plus large de ce que l'on veut accomplir et de faire grandir notre estime de soi. Le regard des autres quant à lui, nous apporte des visions différentes. Cela nous permet en les acceptant ou pas de pouvoir s'affirmer sur ce que l'on veut vraiment et/ou d'élargir encore plus loin notre vision. Cependant, il nous appartiendra de prendre seuls nos décisions.

L'intuition nous conduit également vers la foi. La foi en nous. C'est un vaste champ que celui de la foi. Je ne donnerai pas de définition trouvée dans un dictionnaire cette fois-ci. Juste celle de la façon dont je la perçois en moi. Celle que je vous ai expliqué un peu plus dans ce chapitre.

La foi passe par différents concepts. Que ce soit la religion, la spiritualité, de comment nous nous percevons, comment nous percevons les autres et le monde qui nous entoure. La foi est un mélange subtil entre la confiance en soi et l'estime de soi. La foi, c'est également croire. Croire en nous, en notre intuition, en nos pensées, nos émotions, notre corps, notre amour dans ce que l'on veut réaliser. La foi, c'est aussi croire sans en voir tout le chemin, le résultat de nos actions. La foi, c'est être tout simplement qui nous sommes au moment où nous prenons les décisions qui nous semblent justes au moment présent. La foi, c'est être dans l'amour de ce que nous faisons sans rien attendre du résultat en retour. La foi, c'est avoir confiance entre ce que je pense, ce que je ressens, ce que je dis et ce que je fais. Tout est lié, tout est cohérent et en cohésion avec qui nous sommes vraiment à l'instant T. On est donc bien loin d'un contexte exclusivement religieux !

Je tiens aussi à dire que ce qui est vrai à un moment donné, peut ne plus l'être dans quelques jours, semaines, mois, années. C'est là aussi que le courage du changement se fait ressentir. Alors oui, bien évidement que cela est compliqué parfois de renoncer à quelque chose que nous avons construit depuis longtemps et qui nous a demandé parfois du temps dans sa réalisation. Mais la foi, c'est aussi être honnête avec soi-même. Rester fidèle à ce que notre esprit, notre corps et notre cœur nous font savoir à travers toutes ces différentes dimensions que l'être humain possède. Renoncer, c'est faire des choix en conscience avec ce qui se passe à l'intérieur de nous. D'ailleurs, prenons le temps de regarder ce qui se passe à l'extérieur de nous, que ce soit dans nos relations familiales, sentimentales, amicales, professionnelles, nos loisirs, peu importe. Cela nous donne un bon indicateur pour se rendre compte que ce à quoi nous aspirons est ou n'est plus présent. C'est ce qui va nous pousser à prendre nos décisions.

En résumé, la foi, c'est juste s'accepter tel que nous sommes. La somme de toutes ces parts de nous en les acceptant avec Amour.

En conclusion de ce chapitre, je serais tentée de vous dire que l'ego démesuré, appelé orgueil, accompagné de ce mental qui nous fait tourner en boucle avec des questions à ne plus en finir ne font qu'actionner ce juge qui nous auto-sabote. N'oublions pas que pour grandir, nous devons prendre nos propres responsabilités. S'autoriser à avoir un regard plus large sur les différentes situations vécues, ce qui nous conduit à laisser tomber la culpabilité et/ou la honte bien trop souvent présentes en nous. L'équilibre demande d'avoir la force, le courage de pouvoir se regarder dans le miroir.

Que la seule vérité qui existe est la nôtre en fonction de nos expériences vécues. Pour rester dans cet équilibre, osons regarder notre reflet pour savoir si nous sommes toujours en accord avec nous-mêmes.

Être fidèle à soi, c'est resté authentique et avoir cette humilité qui nous permet de nous remettre en question quand le moment se présente. Cela nous permet tout simplement de continuer à apprendre de nos expériences, pour grandir chaque jour encore un peu plus.

Et si la spiritualité était d'avoir cet esprit sain, c'est-à-dire d'avoir ce discernement qui nous pousse vers là où nous devons aller !?

Et si la spiritualité était une ouverture vers un monde plus vaste, plus subtil afin de favoriser et développer notre intuition pour nous rendre la vie plus facile !?

Et si la spiritualité nous apportait cette foi inébranlable pour réaliser, concrétiser nos rêves !?

Et si nous laissions la spiritualité vivre à l'intérieur de nous pour nous conduire vers cette spontanéité qui laisse place à notre créativité. Créativité qui sans plus en douter nous apporte cette énergie de joie et de bien-être qui ne demande plus qu'à être partagée ?

La spiritualité nous demande également de respecter notre rythme mais aussi celui de ceux qui nous entourent.

La spiritualité est tout simplement une alliance entre notre esprit et nos différents corps. Le corps physique, le corps mental, le corps énergétique, le corps émotionnel, et d'autres encore. Il n'y a pas de dualité si nous respectons ce rythme qui est le nôtre. La dualité est juste un mot qui sépare notre esprit de nos différents corps. Le nœud de l'égo spirituel se trouve bien ici dans ce mot « dualité ». D'ailleurs dans ce mot résonne un autre mot : « duel ».

Allez soyons fou, je reprends mon ami Google :

Duel36 : nom masculin

1 : *Combat entre deux personnes dont l'une exige de l'autre la réparation d'une offense par les armes. Se battre en duel.*

2 *: sens figuré : assaut, compétition.*

On peut s'apercevoir à nouveau à travers ces définitions que la dualité est bien un mot qui crée une séparation. Je reprends ma vision : *Combat entre deux personnes,* si je superpose, combat entre mon esprit et mes différents corps ; *dont l'une exige de l'autre une réparation d'une offense par les armes* ; exige…qui exige ? notre mental égotique ? *réparation d'une offense par les armes* ; réparation d'une offense, ok, c'est simplement celle que nous souhaitons en voulant être heureux après avoir vécu des expériences qui nous ont traumatisés, bouleversés. C'est notre histoire de vie.

Combien de temps gardons-nous ces expériences dans la catégorie « souffrance » ?

Oui, elles l'ont été, oui, cela a été difficile de vaincre ces différentes expériences. Mais elles font partie du passé, et aujourd'hui, elles ne sont plus présentes. Si elles sont encore souffrantes maintenant, faites-vous accompagner pour aller chercher l'envers de la pièce.

---

36 www.lerobert.fr

C'est un cadeau que vous vous offrirez et vous sortirez de ce combat. La vie n'est pas un combat, la vie cherche à nous réparer. Seulement en restant attaché au passé, cela ne fait qu'accentuer la souffrance car nous refusons à nouveau de vivre pleinement de peur de répéter les mêmes expériences, erreurs et/ou de peur que l'on nous blesse à nouveau. C'est un entêtement, une résistance, rappelez-vous ce que je vous ai déjà expliqué à ce sujet. Si on inverse ce processus, cela reviendrait à dire de déposer les armes une bonne fois pour toutes, arrêter de lancer l'assaut dès qu'on ressent de la peur. La peur nous indique juste un message de rappel à l'ordre, si je puis le dire ainsi. Pour nous rappeler les ressources et non pas pour nous rappeler notre souffrance. Sinon cela devient une compétition entre le présent et le passé, et c'est à ce moment précis que la dualité pointe le bout de son nez. Le mental égotique reprend sa place de juge, voire même le *juge du juge*. Alors que si nous écoutons ce que le premier juge nous indique, c'est-à-dire les ressources trouvées dans nos différentes expériences vécues, ce juge ne nous veut que du bien. C'est à nouveau le discernement qui prend sa place. C'est à ce moment-là que nous sortons de la souffrance, en arrêtant de s'identifier à notre histoire. C'est ici également que nous pouvons commencer à construire notre futur. En s'autorisant à vivre à nouveau en écrivant une nouvelle histoire, de nouvelles notes sur cette partition appelée la Vie.

Définition du mot « accord 37», nom masculin,

---

37 www.lerobert.fr

Être d'accord, avoir la même opinion ou la même intention.

Pour sortir de cette dualité, il est important de mettre tout notre être en accord.

Rappelez-vous de ce que j'ai déjà écrit précédemment…

Notre esprit, notre corps, notre cœur doivent trouver cet accord, pour se sentir serein, en paix. Cela se fait quand nos pensées (*ce que je pense*), nos émotions (*ce que je ressens*), ce que l'on verbalise (*ce que je dis*) et nos actes (*ce que je fais*) sont sur la même longueur d'onde, alors ils sont tous en accord, ils sont comme on dit « *en phase* ». Même si l'objectif que l'on souhaite atteindre n'est pas encore atteint. A partir du moment où ces quatre sens se sont accordés par la même intention, la dualité disparait.

Je vous avoue que cela n'est pas toujours simple. La dualité a été pour moi une des choses la plus difficile à comprendre et à mettre en mots. C'est un processus qui m'a demandé du temps et de la persévérance. Deux ressources qui sont indispensables dans notre cheminement personnel. J'ai voulu brûler les étapes plus d'une fois pour retrouver cette paix à l'intérieur de moi. En faisant cela, je me suis surtout brûlé les ailes. Ce qui fait que je m'éloignais de mon objectif à atteindre. Je pense aujourd'hui que le facteur temps, peu importe notre désir, ne peut être accéléré ou ralenti. Il y a un temps pour chaque chose, et chaque chose à réaliser demande un certain temps. Forcer ne sert à rien si le timing n'est pas au rendez-vous. Cela nous fait entrer à nouveau dans une spirale infernale à cause du non-respect du temps. Le mental s'emballe et nous perd à nouveau dans nos anciens systèmes de défense, ceux qui nous font souffrir en nous dévalorisant.

La spiritualité englobe toutes ces notions de temps, le temps de l'horloge proprement dit, le temps de notre horloge interne, le temps de l'éternité, le temps de notre météo émotionnelle, les temps des différentes conjugaisons de l'indicatif (passé, présent, futur…). Tous ces différents temps nous conduisent sur le chemin de la maturité sans oublier que nous murissons tout au long de notre vie grâce aux différentes expériences. Apprendre à se détacher du temps tout en gardant la foi. C'est ainsi que nous parviendrons à nos différents objectifs de vie.

La spiritualité peut nous apporter un nouveau souffle de liberté. En tout cas, elle l'a fait pour moi. En acceptant qu'il existe des choses dans ce monde, que l'on ne s'explique pas.

Tout mon parcours sur la spiritualité a été fait de montagne Russes, je ne vous le cache pas. Il était important pour moi de visiter tous les endroits en moi qui essayer de rationnaliser, pour pouvoir mettre des mots dessus et vous en donner mon expérience, mon témoignage. Car comme tout nouveau concept, on y trouve à boire et à manger. Certains se servent de la spiritualité comme fonds de commerce à outrance avec des prix exorbitant.

La spiritualité fait juste partie intégrante des besoins de l'être humain. Elle se présente à nous par divers moyens, en nous l'inculquant à travers la religion, en la découvrant seul-e à travers nos différentes expériences vécues, c'est par ce chemin personnellement que je l'ai découvert. En allant voyager à travers le monde pour découvrir les différentes cultures, en dévorant des livres de développement personnel pour nourrir notre curiosité, par un déclic quelconque…

Peu importe la façon, ce qui compte, c'est de ne pas tomber dans le piège de l'égo spirituel. Faites votre propre expérience, demander de l'aide si besoin, participer à des stages où l'on peut apprendre par l'expérience. Cela vous permettra de savoir ce qui vous convient ou pas, de garder votre propre discernement et bien sûr d'agrandir votre conscience, votre ouverture d'esprit tout en vous respectant et en respectant votre rythme.

Chapitre 10

Le pouvoir des mots

À l'âge de dix-neuf ans, ma professeure de français remarqua ma boule d'écrivain située sur le majeur de ma main droite. Elle me dit : « Virginie, en plus de ton écriture qui est très belle, un jour tu écriras un livre. »

À cette époque, moi qui avais bien du mal à aligner trois mots sur une feuille en dissertation, me suis dit : « Certainement pas, je n'en ai pas les capacités. » Mais finalement, cette petite phrase est restée dans mon inconscient.

Aujourd'hui, quand je vois que je prends beaucoup de plaisir à écrire ce livre, je pense à elle très souvent. Elle avait raison. Je me moque en fait de savoir si mon livre va avoir un grand succès ou pas. Ce qui compte pour moi, c'est que je le fasse avec mon cœur et que les personnes qui le liront prennent autant de plaisir à le lire que moi j'ai eu à l'écrire. Si je peux susciter chez mes lecteurs ne serait-ce que l'envie d'écrire, de communiquer, d'apprendre à mieux se connaître, de comprendre une partie ou tout le livre, alors j'aurais contribué à ma façon à ouvrir une partie de leur cœur. Pour moi, ce sera un très beau cadeau.

Que sont les mots ? Ce sont eux qui nous permettent d'écrire, de communiquer, de jouer. Oui, je dis bien jouer, car quand on prend le temps de les décortiquer, on se rend compte que cela peut devenir quelque chose d'amusant ! Je dois également dire que le pouvoir des mots peut avoir un impact sur notre vie de tous les jours, mais on n'en prend pas forcément conscience. La preuve avec cette petite phrase de cette prof, il y a fort longtemps, et qui pourtant se révèle être une vérité aujourd'hui.

J'ai su comment jouer avec les mots quand j'ai reçu l'annonce de ce cancer. J'étais tombée sur un livre de Jacques Martel, « Le grand dictionnaire des malaises et des maladies ». Je me le suis donc procuré, car ma curiosité m'avait piquée. C'est comme cela que j'ai découvert que les non-dits peuvent provoquer des maux sur notre corps. **Mal-a-die** est égal à « **le mal a dit** » que je devais avoir ce cancer du sein, car cela faisait bien trop longtemps que je cachais et fuyais mes émotions et mes ressentis corporels. Je ne disais pas souvent ce que je pensais réellement. J'étais un béni oui-oui, un mouton de Panurge. Autant vous dire que pour une empathique et une hypersensible comme moi, cela revenait à dire que je n'assumais pas qui j'étais. Alors oui, bien sûr, j'avais le choix de refuser ou d'accepter cette maladie. Je l'ai acceptée, car mon envie de vivre a été bien plus forte que de rester dans le désarroi, la tristesse, et de continuer de faire de ma vie une terrible fatalité.

Une fois que j'ai compris tout cela, je me suis laissé porter sans plus rien contrôler (rappelez-vous), et c'est ainsi que j'ai commencé à jouer avec les mots.

Je me suis amusée à les décortiquer, à les comprendre d'une autre façon. Cela m'a permis de faire grandir mon esprit et de voir la vie autrement.

Il ne faut pas sous-estimer la puissance d'un mot. D'ailleurs, quand une personne nous parle avec son cœur et qu'elle touche une corde sensible en nous, notre corps réagit par une émotion ou par un ressenti physique tel qu'un frisson, une sensation de froid ou de chaud tout d'un coup, ou bien encore le rythme cardiaque qui s'accélère, ect... Ceux-ci ne sont que des exemples ; il en existe beaucoup d'autres, des sensations corporelles. Tout cela peut se produire à n'importe quel moment, que ce soit un mot positif ou non. Il est intéressant de savoir s'arrêter un instant et de ressentir ce qu'il se passe dans notre corps quand un mot nous touche.

Les émotions, **é-mot-ion**, **Hé** ce **mot** m'envoie des **ions** !

Qu'est-ce que des ions ?

Définition : ION [38] : *particule chargée électriquement et formée d'un atome ou d'un groupe d'atomes ayant gagné ou perdu plusieurs électrons.*

À chaque fois que nous refusons de vivre une émotion, nous gardons des particules (ions) négatives qui s'accrochent sur des atomes qui sont équilibrés (chargés d'ions positifs appelés cations et

---

38 www.larousse.fr

d'ions négatifs appelés anions), qui pour notre corps sont représentés par nos cellules. Elles se régénèrent certes, mais cela ne dure qu'un temps. À force de lutter contre nos émotions, notre corps se charge d'ions négatifs (anions), d'où nous perdons l'équilibre de nos différentes cellules. Il est donc important d'accueillir et d'accepter nos émotions pour que la balance reste équilibrée. Les ions positifs et négatifs sont là pour nous rendre énergétiquement stables. La vie est faite d'expériences positives et négatives, c'est pour cela que les pensées positives sont très importantes. Beaucoup de gens pensent qu'on ne peut pas être dans la pensée positive tout le temps. Ce n'est pas comme cela qu'il faut voir la pensée positive, mais plutôt comme le fait de tirer le côté positif de la situation négative vécue pour pouvoir évacuer « le trop-plein », cette intensité qui nous met en surchauffe et qui peut nous conduire à la maladie à cause de l'accumulation de tous ces anions qui ont charge négative. D'où le déséquilibre de notre corps physique qui nous entraine jusqu'à la maladie pour nous faire réagir. Pour nous réveiller, pour nous faire sortir de notre zone de confort, qui finalement ne l'est plus car la maladie est venue frapper à la porte.

Prenons l'expérience de la maladie, comme système d'alarme qui s'est déclenché afin de nous faire prendre conscience de qui ne résonne plus avec notre cœur. La maladie, nous indique que nous avons grillé toutes nos cartouches dans l'expérience que nous ne trouvons plus juste à vivre et qui portant par le fait de ne pas vouloir regarder la vérité en face nous rend malade.

Quand nous acceptons de regarder ce qui se passe à l'intérieur de nous et que nous l'exprimons, prenons les décisions adéquates, notre corps reste en équilibre. Je ne dis pas que nous ne serons jamais plus malades. Au contraire même les bobologies nous donnent des indications si nous prenons le temps de les écouter. Notre corps physique est un formidable instrument.

Voici encore une note positive pour vivre notre vie. Prendre conscience de notre corps.

La gratitude, je vous en ai déjà parlé dans le chapitre précédent, je vais juste la décomposer encore un peu plus.

Gra-titude : grâce-attitude, devenons élégants dans notre attitude juste en disant **MERCI, pour tout, même la moindre petite chose qui vous semble insignifiante, car rien ne l'est.** C'est aussi là que rentre en compte, même si sur le moment nous ne voyons pas l'issue de l'expérience vécue, le côté positif de cette situation, que cela nous semble impossible, irrationnel. C'est à ce moment précis où nous devons garder la foi. Cette grâce qui finira par arriver à un moment ou un autre. Gardons à l'esprit que tout arrive au moment juste pour chacun d'entre nous.

Je vous accorde que cela n'est pas simple à effectuer. Surtout si nous restons dans le contrôle. Faire confiance en la vie demande cette attitude gracieuse, ne pas toujours savoir ce qui va arriver.

Je vous avoue que je ne suis qu'un être humain et que malgré mes compréhensions actuelles, je doute parfois de ma foi, foi en la vie, foi de l'amour que j'ai pour moi. Mais quand j'en prends conscience aujourd'hui, je me répète cette phrase, « je ne sais pas, avance et vit ». Cela me permet de sortir de mes attentes et de continuer à créer la vie que je désire en remettant de la foi, de l'amour à l'intérieur de moi tout en restant en mouvement. Car j'ai constaté que dès que je me mets des limites, cela stagne mon avancement.

Le pouvoir des mots, c'est aussi transformer des mots négatifs en mots positifs.

Exemple : **entêté** veut dire obstiné ; aucun argument ne me fera changer d'avis sur la personne, c'est représenté plutôt comme un défaut.

Mot plus positif : **persévérance, persé-ver-ance**, percé-ver- autre chose, **percer pour voir**, pour voir plus loin, être ouvert d'esprit, ôter ses œillères. **-érance**. Sortir de l'**errance, de ce qui nous donne le sentiment d'être perdu.**

Autre exemple d'amusement avec les mots.

La magie : l'âme agit, c'est notre être tout entier qui agit, car il est en harmonie. La magie de l'âme, quand on l'a trouvée, nous permet de passer à l'action en étant juste avec nous-mêmes.

Action : act-ion, un acte apporte des ions. Il est donc important d'agir pour apporter de l'énergie à notre corps, même si parfois la réponse à nos actes ne correspond pas au résultat que l'on attendait. Rappelez-vous que chaque jour est une chance de pouvoir recommencer ; c'est un réel cadeau que cette pensée positive.

Univers : uni-vers- SOI, nous sommes en pleine conscience de notre être. Cœur, corps et esprit ne font plus qu'un. Nous pouvons ressentir notre âme.

Des **mots** et des **maux**, les mots que je n'ai su dire, m'ont fait être malade ; j'ai tiré le côté positif de la maladie. Aujourd'hui, en trouvant qui je suis, je laisse ma vérité, ma réalité sortir. Je dis ce que je pense en me respectant et en respectant les autres. Ainsi, je n'attire plus autant de colère ou autres émotions désagréables. Quand cela se produit, je sors ma carte du discernement ou celle du silence pour prendre du recul et y voir plus clair. C'est aussi un nouveau comportement positif que je mets en application, ainsi je n'use plus ma santé comme auparavant. J'utilise les mots pour m'exprimer, j'use aujourd'hui de l'abondance du pouvoir des mots. (Réf : annexe 1, Si je savais écrire)

Si la maladie passe ou est passée par vous, faites-vous soigner par le corps médical car vous devez guérir physiquement, mais n'oubliez pas de soigner votre psychisme pour que la guérison soit complète ; tout doit être en harmonie pour danser avec la vie.

Soi-gner : soi veut bien dire « JE », **gner, nier,** refuser, démentir, rejeter. Ne rejetez pas votre maladie. Accueillez-la et comprenez vos **maux** pour accéder au pouvoir de la guérison, en exprimant par des **mots** ce qui vous dérange, vous ronge.

Amusez-vous avec les mots, ils vous apporteront beaucoup plus que vous ne pouvez l'imaginer.

Imag-iner : l'image est innée. L'imagination que nous possédons nous permet de visualiser ce que nous désirons, elle nous permet de rêver. Un enfant possède naturellement cette imagination. La société voulant que l'on rentre dans le moule, on commence très tôt à nous dire : « Arrête de rêver. » C'est ainsi que nous mettons en suspens notre imagination, nous la rejetons, nous la plaçons dans un petit coin de notre tête et nous rêvons sans rien dire en nous disant : « c'est impossible ! »

C'est ainsi que nous n'osons plus concrétiser nos rêves et que nous entrons dans un système de croyances limitantes.

Et pourtant, le côté positif de l'imagination nous apporte une belle carte dans ce jeu qu'est la vie, celle de l'audace grâce à laquelle tout devient possible.

Petit aparté sur l'humour. Celui qui vous permet de décompresser, de vous détendre et de pouvoir lâcher prise. Ce que nous en tirons, nous donne une énergie positive. Rire agrandit le pouvoir de nous faire vivre le moment présent. De nous sentir plus libres. Cela nous permet de nous recharger énergétiquement. Jouer avec les mots, c'est aussi utiliser leur magie pour en rire. Qui ne l'a jamais fait ? Cela s'appelle l'auto-dérision quand nous savons rire de nous et l'humour quand nous avons besoin de lâcher prise.

Dans ma vie, j'ai pris l'humour aussi pour désamorcer certaines situations. C'est l'expérience avec mon fils qui, par sa façon d'être différente de mes autres enfants, me l'a fait mettre en pratique. En pratiquant ainsi, j'arrive à faire redescendre sa colère quand il ne comprend pas quelque chose. C'est une façon de lui faire passer un message en le détendant et, pour le coup, il est plus apte à entendre et retrouve son sourire. C'est positif pour nous deux mais aussi pour toute la famille, car les cris et les pleurs sont remplacés par des éclats de rire.

Je voudrais également attirer votre attention sur l'importance de ne pas vous cacher derrière l'humour ou derrière votre sourire. Je l'ai fait bien trop longtemps. Agir ainsi, c'est mentir à ceux qui nous entourent et à soi-même. Qui n'a jamais entendu parler du clown triste ?! Tout le monde n'a pas ce mode de fonctionnement, je vous l'accorde. Mais il peut se révéler que les personnes qui se trouvent dans ce mode de fonctionnement vous disent que tout va bien. Ils ne veulent pas montrer ou dire ce qui se passe. Si vous n'avez pas la curiosité de le leur demander, ils ne vous diront jamais qu'ils ne vont pas bien. Et si vous-même avez ce mode du « clown triste », vous entrerez dans un système qui s'appelle l'illusion, car vous donnerez l'illusion que tout va bien.

Illusion : il-use-des-ions. On use des ions ! Les illusions ne font que nous décharger en ions positifs et garder en nous les ions négatifs. C'est ainsi que nous nous retrouvons à nouveau dans un déséquilibre.

Dans le livre « Les quatre accords toltèques » de Miguel Ruiz, le premier accord porte sur les mots : « Que votre parole soit impeccable. » C'est un accord qui demande énormément d'efforts de notre part pour le mettre en pratique, mais avec le temps et de la persévérance, on arrive à casser nos anciens schémas, même ceux qui datent de notre plus jeune enfance. Je vous invite à lire ce livre, il est formidable.

Je voudrais vous faire part de mon histoire avec les mots. Je me suis lancée dans l'aventure d'écrire ce livre. Les mots s'enchaînent chaque jour où je prends le temps de vous raconter mes expériences. Les mots sont libérateurs. Je prends conscience, en écrivant, de mes ressentis. J'aime user de l'abondance des mots. Allez relire cette petite chanson que j'ai écrite en annexe 1, vous y découvrirez ce que je fais aujourd'hui. Et pourtant quand je l'ai écrite, je ne m'attendais pas à faire ce livre. Ne serait-ce pas le pouvoir des mots ?!!!

Je voudrais revenir sur ce mot *dictée* qui m'a fait comprendre, souvenez-vous, ma peur de la hiérarchie. Derrière ce mot, il y avait une autre chose à comprendre. Une dictée veut bien dire écrire sans fautes les mots que l'on vous dicte.

De par l'exigence de ma mère, une maniaque dans tous les domaines, sur la propreté de la maison, dure avec elle-même ; elle ne serait jamais sortie à cette époque de sa vie sans être lavée, habillée et maquillée. Elle avait cette prestance qui signifiait, à ses yeux, que l'apparence comptait plus que tout. D'ailleurs, pour elle, nous emmener à l'école le matin était une tâche difficile, car elle ne pouvait pas prendre le temps de se préparer comme elle le voulait. Alors, elle était d'humeur exécrable dès qu'elle posait son premier pied hors du lit. C'était devenu un conflit permanent avec mon père. Il prenait son travail à 8 h et partait plus tôt pour s'arrêter prendre un café chez sa mère. C'était d'ailleurs aussi le rituel de certains frères de mon père. Cela leur permettait de rendre visite à leur mère et de se retrouver entre eux autour de ce fameux café.

Pour résoudre ce conflit, mon père lui proposa de nous laisser partir à l'école tout seuls, mon frère et moi étions âgés de cinq et six ans. Cela nous a responsabilisés très tôt, mais je me rappelle également que je voyais les autres enfants embrasser leurs parents avant d'entrer à l'école ou leur sauter dans les bras quand ils en sortaient. J'aurais aimé pouvoir le faire et en avoir le souvenir, surtout que ma mère ne travaillait pas. C'est peut-être une chose banale écrite ainsi, mais ce sont justement les choses simples qui nous permettent de créer des liens, de ressentir des émotions, des sentiments, de créer des souvenirs positifs.

À travers la maniaquerie de ma mère, j'étais devenue une petite fille qui essayait de toujours faire de son mieux pour la rendre heureuse, mais cela n'était jamais suffisant. Il y avait toujours un reproche.

Je n'avais pas le droit à l'erreur. La façon que ma mère avait de me dicter et de me dire que ce n'était jamais suffisant m'a rendue perfectionniste. Je peux vous dire avec mon expérience que le perfectionnisme est un métier à part entière et qu'il a bouffé la moitié de ma vie, ainsi que de tous ceux qui m'ont entourée. Voilà pourquoi j'avais des zéros pointés en dictée. La peur de ma mère au niveau hiérarchie m'a poursuivie dans mon travail et dans ma vie de tous les jours jusqu'à ce que je comprenne comment m'en extraire. Allié à la compréhension, dû à la question « pourquoi ? ». Cela m'a apporté deux ressources, celle de la détermination et de la persévérance. Mais surtout, le fait de m'accorder le droit à l'erreur. **Se tromper, c'est apprendre.**

Cela a mis plus de légèreté dans mon existence. De les mettre en application, m'a fait une fois de plus travailler sur la notion de temps. Celle où je m'accorde le temps qu'il me faut pour intégrer ces nouvelles ressources. Rien ne sert de courir, c'est en respectant les différentes étapes de notre évolution que nous parviendrons à atteindre le résultat souhaité. Si je m'entête à les bruler, j'avance de trois pas et j'en redescends deux. J'avance tout de même d'un pas, mais je m'épuise. La fatigue est pour moi, un bon indicateur de mon empressement. Du coup, en le constatant en conscience, cela me permet de réguler cette notion de temps, en ralentissant et voir même en mettant en suspend ce que je suis en train d'effectuer. Je reprends quand je sens que c'est juste pour moi, de reprendre. Je peux dire, que j'ai appris à jauger pour conserver mon énergie. C'est tellement reposant de se rendre compte de cette notion « d'étape ». Cela me permet de baliser mon chemin en prenant le temps d'intégrer toutes les nouvelles découvertes que je peux faire à travers mes nouvelles expériences. C'est ici encore, une clé à ne pas sous-estimer.

C'est aussi grâce à mes trois enfants et à leurs ressentis que j'ai pris conscience d'une chose, qui n'est pas la moindre, et qui m'a touchée au plus profond de moi.

J'ai toujours aimé mes enfants, mais ma façon de m'exprimer pendant des années en étant triste et aigrie leur a fait penser que je n'étais pas une mère aimante et compatissante. C'est ce que j'ai pensé de ma mère pendant toute ma vie. C'est en faisant un travail sur moi que j'ai compris ma mère. Aujourd'hui, je sais qu'elle a fait de son mieux, je ne lui en veux plus. Je lui ai pardonné. Dommage que ce soit si tard, car elle a fermé les yeux beaucoup trop tôt pour que je puisse le lui dire.

La colère, la culpabilité, les ressentiments, les regrets et les non-dits m'ont fait devenir une personne qui ne savait plus dialoguer. J'envoyais toutes ces émotions négatives dans mes discours sans jamais dire réellement ce que je ressentais au plus profond de mon cœur. Je me déchargeais sur tous ceux que j'aimais en les faisant culpabiliser de mon mal-être. Mes enfants m'ont dit, il y a de ça plusieurs mois, que j'avais changé. J'ai donc voulu en savoir plus et je leur ai posé différentes questions. Ce qu'ils m'ont répondu m'a fait pleurer. Sans le savoir à l'époque, j'étais entrée dans cette spirale négative. Mes enfants me voyaient comme une mère tyrannique et blessante, tout comme j'ai vu la mienne, alors que moi je n'ai jamais pensé à leur faire du mal. Et pourtant, à travers les mots que j'utilisais, je l'avais fait et cela durant des années. Aujourd'hui, nous savons le pourquoi des choses et je leur ai expliqué tout cela. Derrière cette intention où je râlais sans cesse, où j'étais triste et aigrie, je ne doutais pas de l'amour avec un grand **A** que j'avais pour mes enfants.

Tout cela pour dire que **l'intention** que l'on met en utilisant les mots envoie des ressentis différents aux personnes qui nous entourent et ils nous renvoient la façon dont nous les utilisons à travers des comportements ou d'autres mots que nous n'acceptons pas. Nous entrons et restons dans ce cercle vicieux en nous victimisant. C'est ici encore un effet miroir qui se crée, alors qu'au plus profond de nous, notre intention était bien positive.

Les mots que l'on utilise engendrent donc **des comportements** en nous, mais aussi chez ceux qui les entendent. Il est donc important de prendre conscience de **l'intention** que l'on y met quand on les utilise pour nous éviter de mettre tout le monde sous tension.

<u>Intention :</u> IN-TENTION, IN- (in en anglais) intérieur de nous, TENSION, qui révèle une pression. Je me mets la pression, ma tension augmente. C'est plutôt tendu dans nos relations et à l'intérieur de notre corps ainsi que notre esprit. Je devrais dire plutôt, notre mental envahissant. Cette tête qui est remplie. Car avec tout ce que je vous ai confié sur l'esprit, il se trouve que ce sont deux mots bien distincts. L'esprit et la tête avec tout ce que cela comporte. (Cerveau physique et tous ces composants, les différentes intelligences, les différents espaces entres ces différents composants, ect…

La tête, en plus d'être une partie de notre corps est aussi le réceptacle de nos pensées. Elle ne fait qu'emmagasiner toutes les différentes pensées. Sans même plus savoir où les ranger. Car quand la tête est pleine, cela déborde, dans tous les sens du terme. Débordement émotionnel et comportemental, voire même un débordement physique. Que ce soit dans le trop plein ou le trop vide. Vide de sens, vide de pensée, vide de pleins... C'est-à-dire, que tout déborde sans que plus rien ne s'arrête... Pour certaines personnes, cela va passer par la prise de poids ou l'inverse, c'est un exemple, car il existe beaucoup de façons différentes de compenser ce déséquilibre. C'est généralement à travers des addictions en tout genre que cela passe. Il y a des addictions honorables et d'autres beaucoup moins. Cela est un vaste sujet que je n'aborderai pas ici. Les addictions méritent d'avoir à elle seules tout un livre, voire plusieurs tomes.

Je me contenterai ici de bien faire la différence entre la tête et l'esprit. La tête est à son paroxysme quand elle est plus que tendue et sous pression.

Pour décompresser, il est utile de communiquer sur ce qui se passe à l'intérieur de nous. Utilisons la communication en parlant avec des mots positifs tout en exprimant ce qui ne va pas. Cela permet de rester dans l'équilibre de notre être (corps, cœur, esprit) car nous obtenons une façon de communiquer plus saine. En voilà une belle intention !

Quand nous utilisons les mots, nous employons aussi une **intonation** dans la voix. Les mots que nous prononçons résonnent, émettent une vibration, puis une onde et cela va s'imprimer à l'intérieur de notre corps, dans différents endroits. A force de répétition, cela va engendrer des maux. Selon l'intonation employée, le son sera perçu différemment d'une personne à une autre. Et il va s'inscrire plus fort dans notre corps physique mais aussi dans tous les autres corps. Nous créons donc un déséquilibre encore plus fort.

Prenons un exemple : une personne à qui vous tenez, un enfant, un conjoint ou autre vous dit une chose que vous considérez désagréable à entendre ; cela va vous blesser. Une autre personne avec qui vous n'avez pas ou peu d'affinités, une personne étrangère vous dit la même chose, avec une intonation plus légère, car elle est complètement neutre à cette situation qui vous paraît désagréable ; cela n'aura pas la même résonance en vous, et pourtant, elle aura utilisé les mêmes mots. Parce qu'il n'y a pas le même niveau d'affect.

L'intonation que l'on emploie pour transmettre un message est donc très importante si on veut rester dans une communication constructive et pouvoir continuer à communiquer à l'unisson.

In-ton-at-ion : IN intérieur de soi, suivant l'émotion qu'on ressent ; **TON,** on emploie un ton plus ou moins élevé suivant notre émotion ; **AT,** en anglais veut dire **à** ; **ION**, les ions, énergie.

En résumé, suivant l'émotion que l'on ressent à l'intérieur de soi, on emploie un ton différent (joie, colère, le ton employé sera bien différent) et on envoie une énergie positive ou négative à son interlocuteur.

Uni-sson : uni vers (avec) les sons ! Ça chante plutôt bien quand on est uni ! À soi et aux autres. La mélodie est harmonieuse.

En résumé, les mots nous apportent de l'énergie, il est important de les peser dans nos pensées et aussi avant de les employer.

Ils entraînent des comportements qui ont un impact dans notre vie quotidienne. Les mots qu'on emploie ou qu'on entend créent des maux sur notre corps qui peuvent nous conduire jusqu'à la maladie. Les mots nous permettent de donner/ recevoir de l'énergie, ce qui nous permet de vibrer, de ressentir des émotions. C'est un échange constant de bons procédés. Les mots que l'on utilise sont le reflet de qui nous sommes. Les mots nous donnent le pouvoir de nous réaliser et de créer la vie que nous voulons. Les mots ont le pouvoir de changer notre façon de penser et de nous faire passer à l'action. Lorsqu'on utilise les bons mots, la communication est efficace, simple, fluide, et nous apporte des relations authentiques. Les mots nous apportent, par leur pouvoir, la liberté, la sagesse, l'humilité. Les mots que l'on utilise sont le reflet de notre âme.

Chapitre 11

Le troisième œil

Qu'est-ce que le troisième œil ?

C'est une question sur laquelle je me suis arrêtée. Aucun organe de sens ne lui correspond et pourtant nous le possédons tous. On le place sur le front entre les deux sourcils. Il est très bien représenté dans l'Égypte antique. Sur leurs dessins, pas de doute possible, ils le situent bien à ce niveau. On en a tous plus ou moins entendu parler. C'est ce que l'on nomme aussi **l'intuition**. Et pour certaines personnes, ils parleront plutôt d'**instinct**.

Instinct :39

---

39 www.lerobert.com

1 : *Tendance innée et puissante, commune à tous les êtres vivants ou à tous les individus d'une même espèce.*

L'instinct de survie.

2 : Science : *Tendance innée à des actes déterminés, exécutés parfaitement sans expérience préalable.*

L'instinct migratoire.

Tout comme l'instinct, l'intuition est innée. Il est présent en nous dès notre naissance. Qui n'a jamais entendu parler de cet instinct de survie quand nous en avons besoin. Cet instinct sort naturellement pour nous sortir des situations de dangers imminents. Autrement dit, il nous sert à sauver notre peau !

Si je reprends les mots de cette définition : inné, puissant, commun à tous les êtres vivants, actes déterminés, exécutés parfaitement sans expérience…

Nous ne réfléchissons pas à ce qui doit être fait ou pas, c'est un savoir inné qui sort spontanément pour exécuter une action qui sera d'une précision parfaite. Le mental laisse la place à cette action innée. C'est un savoir indéfini par l'expérience. Ce qui se passe est immédiat et nous passons à l'action sans réfléchir à ce qu'on appelle « comportement ». Dès qu'un danger est imminent, notre corps réagit pour se défendre. L'action est donc bien immédiate et elle se manifeste au juste moment. C'est d'une puissance indéniable. Par contre, elle va suivant les personnes et les situations à traverser, réagir différemment. Soit par la fuite, soit par le combat, soit en restant figé.

<u>Définition d'intuition</u> [40].

Connaissance directe, immédiate de la vérité, sans recours au raisonnement, à l'expérience.

Sentiment irraisonné, non vérifiable, qu'un événement va se produire, que quelque chose existe : Avoir l'intuition d'un danger.

Qui n'a jamais dit : « Tu as vu, je te l'avais dit ! » ou encore ressenti une émotion ou sentiment fort que quelque chose allait se passer. On a tous du flair, cela passe comme une pensée évidente, comme une vérité admise entre notre saint propre de notre esprit et au moment où nous la vivons sans que cela soit rationnel. Aucune logique nous fait avoir cette pensée furtive. Elle arrive sans que l'on ait besoin de l'analyser. C'est également ressenti comme une évidence inexplicable.

IN-TUIT-ION : **IN** intérieur de soi, **TUIT** tout de suite, comme une rotation de notre esprit à penser rapidement sans réfléchir, comme un flash, **ION,** qui envoie de l'énergie positive ou négative.

Cela résume bien : avoir un flash, une pensée rapide qui surgit d'un coup. Pour certains une vision, et pour d'autres un ressenti très fort, des émotions ou encore entendre un mot, une phrase, qui va déclencher cette intuition.

Cette intuition peut être négative ou positive.

---

40 www.larousse.fr

Je vous ai parlé de l'intuition dans le chapitre de la spiritualité, car je l'ai développée quand j'ai ouvert mon esprit sur ce domaine. Il était donc pour moi nécessaire de vous en parler à ce moment-là pour rester cohérente avec mon vécu. Cependant, d'autres personnes ont cette intuition développée bien plus tôt dans leur parcours de vie. Alors, même si le sixième sens est inné, c'est-à-dire que nous le possédons dès notre venue au monde, il se développera pour chacun d'entre nous à des moments différents. Alors que l'instinct, lui, est également présent dès notre naissance et il se déclenche dès qu'un danger est présent, mais aussi quand nous ressentons que ce que nous devons faire est « l'acte juste ». Du coup, il est spontané.

Suivant ce que nous vivons, l'un ou l'autre est présent au moment où nous avons besoin. Pour finir, ils existeront tous les deux à l'intérieur de nous de façon durable et ils se manifesteront suivant l'expérience que nous devrons résoudre. Tantôt notre instinct, pour les situations où nous ressentirons un danger réel pour notre vie ou pour nous sortir de situations ubuesques.

Tantôt notre intuition, quand nous serons face à des choix à effectuer pour prendre nos décisions et continuer à avancer pour créer la vie que nous désirons. L'instinct et l'intuition unis pour un meilleur équilibre de notre être. Une nouvelle alliance, qui réunit notre part masculine et féminine, pour devenir cet être accompli et réalisé. Ce que l'on appelle dans le taoïsme, le Yin et le Yang. Le Taoïsme provient de la médecine Chinoise traditionnelle où le cœur et l'esprit sont réunis pour aller ensemble vers la voie du milieu, celle dont la nature a le pouvoir de nous montrer le chemin à emprunter si nous en respectons le rythme.

Dans mon travail d'aide-soignante, j'ai été confrontée à la mort très souvent. Nous apprenons alors à repérer les différents signes qui nous disent que la mort est proche, mais on ne sait jamais à quel moment cela va arriver. Quelques heures pour certains, quelques jours pour d'autres, voire quelques semaines. Seuls les futurs défunts savent. Bien souvent, ils veulent régler quelque chose qui leur tient à cœur avant de fermer les yeux. Ici je parle seulement des personnes qui sont hospitalisées, car c'est ce que j'ai vécu pendant huit années dans le service de médecine. Le processus est différent pour les accidentés de la route ou les accidents domestiques graves, ainsi que le suicide.

Par mon travail quotidien, je repérais facilement les personnes qui allaient quitter ce monde. Je le disais très souvent à mes collègues ; croyez-moi ou pas, je me suis rarement trompée. À tel point que, quand je le disais à mes collègues, elles me répondaient : « Chut ! Tais-toi, ça va arriver. » Fait et dit, le lendemain quand je revenais, j'ouvrais le triptyque des lits et le patient dont j'avais pressenti l'imminence du départ, s'en était allé.

J'avais une très bonne intuition dans mon travail et je m'en servais. J'ai toujours su que je faisais ce travail par vocation, même si parfois ce n'était pas si facile.

J'ai un rapport à la mort qui m'est bien défini. J'y ai été confrontée à l'âge de cinq ans par le décès de mon grand-père. Rappelez-vous. Tout au long de ma vie, j'ai perdu énormément de membres de ma famille et de tout âge ; le plus jeune avait seulement quinze ans et j'ai connu mes arrière-grands-parents, que ce soit du côté de mon père ou de ma mère.

Revenons à l'intuition, appelée également sixième sens. On ne nous en parle pas vraiment. On le découvre en grandissant. D'ailleurs, on nous apprend qu'il en existe cinq, car ils sont liés à des organes que l'on a dans notre corps. Ils sont concrets. Ce sixième sens, quant à lui, se trouve dans notre cerveau. C'est ce que l'on appelle la glande pinéale. Il est relié à ce qui est abstrait, notre âme. Le côté psychologique, les pensées, les ressentis sont pris en considération également dans la médecine traditionnelle, mais pas dans sa totalité. Dans les 90 % de notre cerveau qui ne sont pas sollicités se situent certaines glandes que nous ne développons pas. Ce sixième sens en fait donc partie. Nous le possédons tous. Seulement, on ne nous apprend pas à nous en servir. Alors aujourd'hui, il est vrai que beaucoup plus de personnes en parlent. Le fait que les langues se délient aide beaucoup plus de gens à en parler.

Les voyantes, les médiums, les hypnotiseurs, les magnétiseurs et bien d'autres corps de métier de ce style se développent aujourd'hui, et pourtant, cela existe depuis des millénaires.

Nous nous en apercevons quand nous lisons l'histoire de Jeanne d'Arc, par exemple. Dans de nombreuses guerres, les rois avaient leur voyant personnel et ils se fiaient aux ressentis ou visions qu'ils avaient.

Jeanne d'Arc a gagné des batailles grâce à ses intuitions et à ses visions. Elle fut accusée de sorcellerie par ses ennemis et brûlée vive pour s'en être servie, pas de la sorcellerie comme on la conçoit aujourd'hui mais de ses intuitions ! À cette époque, le pouvoir en place voyait l'intuition comme un réel danger, comme l'influence d'une brebis égarée qui avait le pouvoir d'emmener avec elle tout un troupeau. Cela pouvait engendrer la rébellion, voire la révolution ! Les moutons noirs, c'est ainsi qu'on les appelle, mais n'oubliez pas que ces moutons noirs sont là pour faire bouger les choses ; par contre, il faut aussi prendre conscience qu'on ne vit pas dans un monde où tout est beau et où tout le monde est gentil. Il y a des moutons noirs qui vous tirent vers le haut et d'autres vers le bas. Cela existe depuis la nuit des temps et sur tous les différents continents de notre planète.

Ma rencontre du troisième type fut avec une médium sur mon lieu de travail. Je vous ai raconté notre rencontre dans le premier chapitre. Elle avait suscité en moi une très grande curiosité et nous avait distribué, à ma collègue et à moi, sa carte de visite. J'ai rangé cette carte dans ma trousse de travail. Je la voyais chaque jour où je travaillais en prenant mes stylos. Je me suis rendu compte que je pensais sans cesse à ce qu'elle m'avait raconté ce soir-là. Cela dura un mois. Je pris donc la décision de l'appeler et l'invitai à venir me voir à la maison. Elle accepta sans aucune hésitation. Elle a vu en moi **un potentiel**, un réservoir de ressources que je n'utilisais pas (**pot-en-ciel,** les ressources dont je disposais en moi, dans ma tête, *le pot qui est le réservoir rempli de ressources qui se situent dans ma tête, qui représente le ciel, celui où je me permets de rêver, celui qui nous fait avoir la tête dans les nuages et passer à l'action pour que nos rêves se réalisent*). Un potentiel sur lequel je ne m'étais jamais interrogée. Elle me fit une séance de médiumnité. Elle ne s'est pas trompée sur ce qu'elle m'avait prédit. Aujourd'hui, nous sommes devenues amies. Non pas pour son côté voyance, mais juste parce qu'on s'apporte l'une et l'autre une autre dimension de la vie. Elle m'a permis de voir les choses différemment. Je ne suis plus la même personne depuis. J'ai développé mon intuition, mon intelligence émotionnelle, et bien d'autres ressources encore. Elle m'a permis de me mettre sur la voie de trouver qui je suis, tout en me laissant faire mes propres choix et en respectant mon rythme.

C'est ainsi que j'ai commencé à me poser des questions. Celles qui allaient me donner les bonnes réponses. J'ai eu comme un déclic dans ma tête lorsque j'ai appris pour la maladie. Ce déclic, aujourd'hui avec du recul, je lui donne un nom, « le souffle de la liberté ». Pendant bien trop d'années, j'ai fait de ma vie une fatalité. Elle ne l'est que si seulement on lui donne ce pouvoir d'en faire une fatalité. Rappelez-vous que la seule fatalité est la mort physique. La mort est bien plus grande que ce que l'on peut imaginer. Il en existe une autre, c'est la mort de l'âme. Celle que j'ai vécue à travers mes différentes expériences. Mon âme s'est éteinte au fur et à mesure que je les ai traversées. À chaque fois un peu plus. J'ai compris cela en décidant de me battre contre ce cancer. J'avais un choix à faire : celui de me laisser mourir ou celui de vivre. Rappelez-vous aussi de la fin de mon histoire avec cette personne PN, qui elle aussi m'avait proposé de mourir. En quelques mois, trois pour être exacte, la vie m'a demandé à deux reprises ce que je désirais, vivre ou mourir.

J'ai choisi la vie ! Alors bien sûr, à l'époque où tout cela s'est produit, je n'avais pas conscience de tout ce que je vous raconte dans mon livre. C'est seulement vers le mois d'octobre 2017 que j'ai commencé à me poser des questions sur ce qu'il se passait en moi.

Je me rappelle cet instant où j'ai compris que je vivais au jour le jour sans me poser une seule question. J'ai suivi « mon instinct de survie ». Tout simplement. J'ai fait confiance à la vie pour m'aider. Maintenant, en y repensant, j'ai surtout pris conscience que j'existais et que je devais prendre soin de moi. La vie m'a offert une chance de faire une véritable pause. Cela m'a permis de me rendre à l'évidence que l'on doit reprendre son plein pouvoir et créer la vie que l'on veut. Pour ce faire, j'ai appris le lâcher prise et à écouter mon intuition, ma voix intérieure. C'est ainsi que j'ai repris goût à faire toutes les choses qui me tenaient à cœur. Ma vie devenait de plus en plus simple. J'ai retrouvé une joie de vivre de plus en plus grande. Cette joie n'était plus la même qu'auparavant. Elle est devenue fluide, sincère et authentique. Je ne me cache plus derrière mon sourire. Il est devenu tout simplement naturel. J'accueille et j'accepte toutes les émotions qui passent par mon corps, mon cœur et mon esprit. Je ne me berce plus d'illusions qui proviennent de mon mental, de mon ego démesuré quand il essaie à nouveau de prendre toute la place. J'écoute mon intuition en toute conscience. C'est elle qui me guide dans mes décisions, car l'intuition provient de notre cœur et elle est en accord avec notre esprit. L'intuition nous guide vers notre vérité. Souvenez-vous que la peur de l'inconnu provient de notre mental. Toutes les réponses sont à l'intérieur de nous. Pour que cela se fasse, prenons le temps de nous poser, de prendre une pause, et écoutons ce qui se passe dans notre corps. Je ne suis pas tombée malade par hasard. Je refusais de voir, d'entendre et de ressentir ce qui se passait dans mon corps, sans oublier mon cœur. Ils me suppliaient d'arrêter d'écouter mon mental, qui était trop bavard. Je remercie la médecine pour avoir guéri mon corps. Derrière ce mot **guérir**, j'entends d'autres mots qui sont **guerrier, gai-rire**. Je me suis mise en mode

guerrière pour vaincre cette maladie et j'ai gagné cette bataille. Une guerrière plus douce. Une guerrière qui a su déposer les armes pour les remplacer par des ressources qui sont d'une efficacité redoutable. Quand je repense à toutes mes différentes expériences, mon mode « guerrière » a toujours su répondre présent dès que j'ai su lâcher les armes, celle de la résistance, de mon mental qui refusait les changements à cause de mon orgueil démesuré. Il était lié à ma peur de vivre. Cet or aujourd'hui, je l'accueille car elle est enrichissante à tout point de vue. La principale de ces ressources s'appelle l'humilité. Faire preuve d'humilité, ce n'est pas seulement avec ceux qui nous entourent, c'est aussi et surtout envers nous-mêmes. Alors oui, bien sûr mon ancien mode guerrière armée jusqu'aux dents m'a permis de remonter la pente à chaque fois que j'en ai eu besoin, en mordant la poussière, en m'épuisant inévitablement. Ce mode me montre simplement que face à l'adversité, j'avais un mental d'acier. En choisissant la douceur, la communication et d'avancer étape par étape, même si je n'en connais pas tout le chemin, je garde confiance en moi et en l'avenir. Tout se met en place quand nous respectons cet ordonnancement, celle de la maturité. C'est comme les neuf mois d'une grossesse, c'est bien un temps de gestation. Un temps, pour que l'enfant se développe correctement en toute sécurité, à l'intérieur, bien au chaud dans le ventre de sa mère. Nous sommes peut-être impatients de voir sa frimousse, mais en aucun cas nous avons le pouvoir de sortir cet enfant, s'il n'est pas suffisamment viable. Dans la vie de tous les jours, le processus est le même.

En écoutant mon intuition, mon cœur, mon corps et mon esprit se sont alignés. Aujourd'hui, je suis gaie et je ris. C'est ainsi que j'ai trouvé mon harmonie. Mon philharmonique, c'est cette musique qui joue à l'unisson, sur laquelle je prends plaisir à danser chaque jour qui passe. Cette harmonie m'a fait entrer dans une douce mélodie, elle m'accompagne sur différentes fréquences et contribue au timbre de ma **voix,** et elle m'aide également à me mettre sur **ma voie,** c'est-à-dire celui de mon véritable chemin de vie.

J'ai aussi repéré que la vie m'envoyait des signes pour me faire savoir si j'étais sur le bon chemin ; je vous propose de voir ceci dans le prochain chapitre.

Chapitre 12

Les signes, les synchronicités

Après avoir découvert que je devais faire confiance à mon intuition et changer mon regard sur tout ce qui m'entourait, j'ai appris à devenir curieuse. J'observais tous les détails qui piquaient ma curiosité et, de ce fait, j'ai découvert avec beaucoup de plaisir d'autres chemins. Du coup, je me suis posé une question. Celle qui aujourd'hui a transformé ma vie au quotidien. Quand un nouveau chemin se présente à moi, j'entre dedans et ce que j'y trouve est souvent merveilleux, comme si je devais me trouver là à cet instant précis. Cette question était basée sur ma peur. Peur de franchir ces nouvelles portes qui s'ouvraient à moi. Peur de trouver derrière celles-ci des réponses qui pourraient toucher des cordes sensibles. C'étaient tout simplement des émotions qui s'appellent l'angoisse, l'anxiété dues à l'illusion que je me faisais du futur mélangé à mes différentes expériences vécues. Plus ces émotions grandissaient, plus ma peur s'amplifiait. Elle était ancrée depuis bien trop longtemps dans ma façon d'être et m'empêchait de passer à l'action et de suivre mon véritable chemin de vie.

Cette question était : « pourquoi as-tu peur, que peut-il t'arriver ? »

Tu as toujours le choix de pouvoir retourner en arrière si ce que tu découvres ne te convient pas.

Ma soif d'apprendre, de découvrir de nouvelles choses, et ma peur étaient en total désaccord. Ce n'était pas cohérent. C'est ainsi que j'ai compris qu'elles devaient être en parfaite cohésion. J'ai transformé ma peur par de la curiosité et cela fonctionne.

Le plus dur est finalement de s'aligner avec nos désirs sans avoir peur de franchir tous les nouveaux chemins qui se présentent à nous pour y parvenir. Chaque chemin nous apporte un résultat et une porte de sortie quand le moment est venu de changer de direction. Des nouvelles intersections se présentent dans tous les différents domaines de notre vie pour continuer sur notre voie. Elles doivent nous faire vibrer sans crainte de les emprunter. Si la peur prend le dessus, il y a de grandes chances de se retrouver dans un cercle vicieux aussi longtemps que nous n'oserons pas franchir le cap de nous aventurer sur cette nouvelle direction. Celle à prendre est souvent ressentie à l'intérieur de nous. C'est notre intuition qui nous indique la voie. Tant que nous ne l'écoutons pas et n'observons pas autour de nous, notre mal-être grandira. Notre intuition et les différents signes qui sont autour de nous sont là pour que nous agissions et avancions sur ces nouveaux chemins. Quand j'ai compris tout cela, j'ai arrêté de résister à ce que je pensais devoir faire. J'ai pris le temps d'apprendre qui je suis pendant ces trois dernières années. Aujourd'hui, j'accepte ce qui doit être et qui je suis. La résilience m'a fait prendre conscience de mes différentes capacités et de la nécessité de prendre mon temps pour les intégrer.

Le temps est un outil vraiment extraordinaire. Il nous apprend à être patients, mais également à ne pas abandonner nos rêves. Il nous permet d'avancer sans crainte en s'autorisant à lâcher prise sur le résultat que nous attendons. Comprendre ou pas pourquoi cela ne fonctionne pas, pourquoi notre rêve n'aboutit pas, cela n'est pas important dans un premier temps. Tôt ou tard la compréhension viendra sans que nous forcions les choses. Par contre, prendre le temps de ressentir ce qui se passe dans notre corps (émotions, sentiments, les maux de notre corps), de voir et d'entendre les signes, cela nous dirige vers notre être intérieur et nous aide à prendre les décisions nécessaires à notre bien-être. Et à emprunter un autre chemin, si nécessaire, pour parvenir à concrétiser ce que l'on désire.

J'ai réagi seulement quand je suis tombée malade. Ma peur de mourir m'a ouvert d'autres chemins que je refusais de voir à l'époque où j'aurais dû le faire par peur de l'inconnu. Peur de quitter un emploi qui ne me convenait plus, un concubin, un lieu d'habitation, mais aussi d'accepter d'entrer à l'intérieur de mon être et d'y voir toutes les belles ressources que je possédais.

Et pourtant, dans ma vie, quand je sentais qu'il fallait que je change quelque chose dans n'importe quel domaine et que je suis passée à l'action, tout se mettait en place pour que je puisse accéder à ce changement et concrétiser mon rêve. Parfois cela mettait plus de temps que je ne le voulais, mais il y avait une raison à cela. Ce n'était pas forcément le bon moment. Pourtant, je continuais à me battre pour obtenir ce que je voulais. La persévérance paye tôt ou tard ! C'est vrai. Mais en acceptant cette notion qu'est le temps, cela nous épuise beaucoup moins.

Je vais vous raconter une petite histoire. Celle où j'ai voulu évoluer dans mon métier.

Rappelez-vous de mon rêve de petite fille à la suite du décès de mon grand-père et du manque de moyens de mon père pour me payer l'école que je visais, celle d'aide-soignante.

De cette chance qui s'était présentée à moi pour continuer mes études. Celle qui m'a permis d'entrer dans le milieu hospitalier. Je ne remercierai jamais assez cette directrice de lycée et mes professeurs de l'époque d'avoir cru en moi, tout ça pour me permettre d'avoir un avenir meilleur.

Une fois mon diplôme obtenu, j'ai pu postuler dans l'hôpital de la ville où j'habitais. La tante de la personne avec qui je partageais ma vie, c'est-à-dire celui qui est devenu le père de mes trois enfants, travaillait dans cet hôpital. Elle avait parlé de moi à la directrice des soins, qui m'a accordé un entretien.

Cet entretien fut fructueux, car elle avait vu en moi la motivation qui m'habitait. En lui expliquant pourquoi je voulais devenir aide-soignante, elle m'embaucha sous contrat dans un premier temps en tant qu'agent de service hospitalier en me faisant promettre de viser dans un second temps l'école d'aide-soignante par le biais de la formation professionnelle. C'est ainsi que je mis mon premier pied dans le domaine hospitalier, avec en prime la condition que je réalise mon vœu. Elle y tenait autant que moi. Elle avait perçu mes ambitions, mais surtout ma détermination et mes différentes capacités. Rester un agent pour elle était juste inconcevable. Je me souviens de ses paroles : « Visez plus haut, vos capacités sont à la hauteur de vos attentes. » Je vous avoue qu'à ce moment-là, je ne les voyais pas comme elle. Pour moi, j'avais un diplôme qui me permettait d'entrer à l'hôpital et je devrais travailler dur pour montrer mon investissement et décrocher cette formation professionnelle pour atteindre mon but.

Après m'être installée dans ma vie privée et avoir eu mes trois enfants, il était temps pour moi d'accéder à ce nouveau métier. Je mis tout en œuvre pour y arriver, demande d'une préparation au concours pour me remettre à niveau, chose acceptée par mon employeur. J'ai passé deux fois le concours en étant sur liste d'attente, mais cela n'aboutissait pas. Un jour, un concours interne a été ouvert ; je me suis donc inscrite puisque je remplissais toutes les conditions requises et, à ma grande surprise, je suis arrivée première avec des notes qui avaient explosé les plafonds comme ils m'ont dit à ce moment-là. J'étais très heureuse de le savoir et de me dire que j'allais intégrer cette école à la prochaine rentrée de septembre. Nous étions en 2008. Seulement voilà, l'administration en avait décidé autrement et me refusa le financement de cette école. J'étais anéantie, rouge de colère et verte de dégoût. Ils avaient choisi à la place une autre fille qui n'avait pas passé ce fameux concours interne. Je me suis sentie injustement punie. J'ai rué dans les brancards pendant des mois jusqu'à temps qu'on me donne des raisons valables. Seulement, il n'y en avait aucune. J'ai donc repris ma convocation et l'ai regardée attentivement. Dessus, il était inscrit « présence obligatoire ». Je me suis donc battue d'arrache-pied pour faire valoir cette mention. Seulement voilà, la directrice que nous avions dans ces années-là allait nous quitter. Elle m'accorda tout de même un entretien en me disant de voir avec le nouveau directeur. J'étais tellement déterminée que je n'ai rien lâché. Notre notation annuelle avait lieu en même temps. Je ne me suis pas démontée. J'ai exprimé à ma cadre du moment ce que je ressentais, en lui disant :

« C'est comme notre directrice des ressources humaines, qui m'appelle par téléphone pour me dire que je ne suis pas retenue pour aller à l'école et qui me passe de la pommade dans le dos en me disant que je suis quelqu'un de méritant, alors qu'elle ne me connaît même pas. Elle n'a aucun visage à mettre sur mon nom, tout comme moi sur le sien ! »

Ma colère fut telle que ma cadre ne me reconnaissait pas. Elle a donc essayé de désamorcer la situation en me proposant un entretien avec la directrice des ressources humaines. Chose que j'ai acceptée, bien évidemment. Le jour du rendez-vous arriva. Nous avons enfin pu mettre un visage sur nos noms. Enfin surtout moi, puisqu'elle venait de me faire part qu'elle savait qui j'étais malgré le fait qu'on ne s'était jamais entretenues. Oui, effectivement, on se rencontrait tous les jours quasiment lors de notre pause déjeuner au self de notre lieu de travail, sauf que moi, je ne me posais pas la question de savoir qui étaient toutes les personnes que je pouvais y croiser. Non pas parce que je ne m'y intéressais pas, juste à cause de ma timidité qui m'empêchait d'être curieuse. Aujourd'hui, j'ai compris qu'être curieuse n'est pas forcément un défaut quand la curiosité est bien placée. Bien au contraire, elle nous permet d'agrandir nos connaissances dans tous les sens du terme. Notre rencontre m'a permis de me libérer de cette frustration que m'avait procuré ce refus. Nous avons convenu d'un autre rendez-vous dès l'arrivée du nouveau directeur pour voir si je pouvais accéder à cette fameuse école l'année suivante en gardant le bénéfice de la réussite de ce concours, ce qui était une de mes conditions.

Ce fut pour moi une belle opportunité de la rencontrer et de défendre ma place au sein de cette future école, mais aussi au sein de l'établissement. Elle me rappela quelques mois plus tard, comme convenu. Elle m'avait obtenu un rendez-vous avec le directeur. J'ai donc pu exposer ma situation et il accepta de financer ma formation pour la rentrée de l'année suivante. Je suis donc entrée à l'école d'aide-soignante en septembre 2009.

Si je vous ai raconté cela, c'est pour vous dire que tout arrive au moment où cela doit arriver, tout est juste, le timing est toujours parfait.

En fait, en allant à l'école cette année-là, cela m'a permis de rencontrer une personne avec qui j'ai partagé une nouvelle formation. Nous nous étions perdues de vue pendant sept années et nous nous sommes retrouvées lors d'un concert où nous avons pu échanger notre Facebook. Malgré cet échange, nous ne nous parlions pas. Quand tout à coup, je vis sur son mur qu'elle aussi écrivait un livre. Je l'ai donc contactée par message privé et nous avons échangé sur ce qu'il nous était arrivé pendant tout ce temps et le pourquoi de notre livre. C'est ainsi que nous avons renoué notre amitié et, de fil en aiguille, nous en sommes venues à parler de formation. En fait, nous avions toutes les deux le même but. Nous avons donc cherché ce qui nous correspondrait le mieux pour y parvenir et c'est ainsi que nous nous sommes lancées dans cette nouvelle aventure.

Si j'avais intégré l'école en 2008, je ne l'aurais pas croisée, car elle est arrivée dans le service où j'ai effectué mon stage optionnel en début 2010.

C'est une belle synchronicité de l'avoir rencontrée cette année-là sans savoir que nous allions partager quelques années plus tard le même parcours.

Au tout début, je l'avais rencontrée lors de ma formation d'aide-soignante. Elle était en train d'écrire un livre lorsque j'ai vu ses publications sur Facebook. J'écrivais le mien également. Tout cela peut paraître irréel quand on y pense. Moi, je vois ça plutôt comme des signes pour nous mettre sur le chemin de notre vie.

Il existe comme ça des signes qui arrivent à un moment donné pour que d'autres en découlent et créent une synchronicité. Cela tisse des liens sans que l'on s'en rende compte. C'est juste magique quand on en prend conscience.

Qui n'a jamais parlé d'une personne ou d'autre chose et, quelques heures ou quelques jours plus tard, le téléphone sonne ou bien vous tombez sur la personne à qui vous pensiez. C'est une synchronicité.

Ou alors vous avez une intuition et Bam ! cela se produit ; c'est également une synchronicité.

Une synchronicité, c'est quand une chose arrive quasi en même temps qu'une pensée. La plupart du temps on parle de coïncidence.

Seulement cette coïncidence nous fait ressentir une vive émotion et prend du sens pour la personne qui la vit.

Savoir reconnaître les synchronicités, les signes que la vie nous envoie, nous permet d'affiner notre intuition quand nous devenons réceptifs à ces différentes coïncidences. C'est vrai qu'il n'est pas si facile de les interpréter. Notre cerveau, qui se veut rationnel, met bien souvent tous ces signes de côté. Quand cela m'arrivait, je disais bien souvent que c'était juste un pur hasard. Je passais à autre chose et cela s'arrêtait là.

Qu'est-ce qu'une coïncidence ?

__Définition de coïncidence__ [41].

__Sens 1__ : *état d'éléments qui coïncident.* __Synonymes__ : *correspondance, concordance.*

__Sens 2__ : *événement survenant par hasard et simultanément à un autre, concours de circonstances.*

Je ne rentrerai pas dans le domaine des explications scientifiques. Je vous parle des synchronicités tout simplement de la façon dont je les ai vécues. J'ai constaté à plusieurs reprises que le temps jouait avec cette notion de synchronicité. Tout arrive au moment parfait, même si nous essayons de ralentir ou d'accélérer ce que l'on veut voir apparaître dans notre vie.

---

41 www.linternaute.fr

C'est aussi ça, le lâcher-prise, ne pas vouloir tout contrôler, juste parce que nous avons décidé que c'était maintenant et pas un autre moment. Laisser faire les choses, c'est accepter de vivre le moment présent. Tout arrive à point à qui sait attendre. Cela ne veut pas dire ne rien faire, mais plutôt passer à l'action pour que ce que l'on souhaite se réalise.

Une fois que toutes les actions ont été effectuées, laissons le temps opérer pour tout mettre en harmonie, et au moment où cela arrivera, nous recevrons le résultat de nos actions.

Pour ma part, pour l'avoir expérimenté à plusieurs reprises, je pense que, comme dans mon chapitre 1 « Les rencontres » et chapitre 2 « Les expériences », rien n'arrive par hasard.

Évidemment, on ne pense pas à tout cela quand une expérience nous arrive ou lorsque nous rencontrons une personne. Mais finalement nous tissons des liens tout au long de notre vie et un jour tout prend place. C'est comme un puzzle : on commence par le cadre, ensuite on place une pièce, puis une autre, et un beau jour on finit par rassembler toutes les pièces. Si on prend un certain recul sur tout ce qui a pu se passer au cours de notre vie et qu'on en prend conscience, c'est alors que nous comprenons comment nous avons créé notre puzzle. Nous ressentons un profond sentiment de liberté, de paix et de joie d'avoir enfin pu tout rassembler.

En résumé, chaque pièce du puzzle nous donne un signe sur notre vie. Les signes sont là pour nous faire comprendre quel chemin suivre. Si nous résistons, les signes seront de plus en forts, jusqu'à temps que nous lâchions prise. J'ai lâché prise le jour où j'ai compris que la maladie était un cadeau pour me faire réagir, que la vie n'était pas une fatalité, ni une course contre la montre. Mais au contraire qu'il fallait mettre tout en œuvre pour oser réaliser nos rêves.

Les signes sont des petites choses qui arrivent dans notre quotidien. Si on y prête attention, ils peuvent nous faire sortir d'une situation délicate et/ou nous aider à prendre des décisions. Si nous refusons de les voir, cela nous entraînera dans une spirale infernale, les fameux cercles vicieux. C'est à nous qu'appartiennent nos choix. La résistance, l'entêtement par exemple, m'ont conduite à aller de plus en plus mal et je suis entrée dans une souffrance terrible à cette époque. Comme je ne voulais pas lâcher prise sur mon ancienne relation additionnée à la souffrance que je m'infligeais, la vie a fait en sorte que je comprenne en m'envoyant une maladie. Pour faire une réelle pause.

J'ai tellement eu peur de ne pas m'en sortir, tout comme ma mère, car malgré toutes les maladies qu'elle a pu avoir, elle est restée dans cette souffrance interminable qui l'a conduite au cimetière à l'âge de cinquante-cinq ans d'un arrêt cardiaque (souvenez-vous). Elle n'a pas su saisir les opportunités qui se sont présentées à elle. Elle refusait de voir que plus elle se maltraitait et maltraitait ceux qui l'entouraient, plus elle se retrouvait seule. Son plus grand désarroi, ce qui l'a perdu dans ses méandres a été son entêtement. Elle n'a pas su prendre la main des personnes qui lui ont tendue. Elle n'avait plus confiance en elle, aux autres, à la vie. Ses plus grandes peurs étaient celles de se laisser aimer et d'aimer à nouveau. Cela a créé un déséquilibre énorme dans son esprit, son cœur et son corps jusqu'à que cela lui fut fatal.

La souffrance nous fait rester dans une mauvaise estime de soi et qui dit mauvaise estime dit aussi manque de confiance en soi. Plus la souffrance s'agrandit, plus le manque d'amour de soi s'élève et l'ego s'accroît par notre entêtement. Le risque est de se heurter à un mur qui peut nous être fatal. Ma mère a quitté ce monde seule, sans personne à ses côtés, car sa souffrance, la peur étaient devenues sa vie et plus personne ne supportait ses exigences et sa négativité. Nous avons eu de la compassion pour elle. Moi sa fille, ainsi que sa famille, nous avons bien essayé de l'en sortir mais rien n'y a fait, elle s'est mise à dos tous ceux qu'elle aimait sans s'en rendre compte et nous blâmait sans cesse avec ses reproches à notre égard. Mais tout compte fait, ma mère refusait de prendre ses responsabilités. D'ouvrir les yeux, sur sa façon de se comporter. Nous sommes les seuls à pouvoir changer ce qui ne nous convient pas. Elle rejetait la faute de sa souffrance sur les personnes qu'elle aimait le plus.

Pour moi, les premiers signes sont passés par mon corps qui me supplier de m'arrêter. Ajouté à ma tristesse et à mes pensées fatalistes, la sentence a fini par tomber. Aujourd'hui, même si j'ai retrouvé un regard d'enfant quand je regarde ce qui m'entoure, j'écoute de mieux en mieux ce que mon corps, mes émotions, mes comportements m'indiquent. Ce sont des signes subtils mais tout autant vitaux qu'ils m'envoient pour tout simplement me faire prendre conscience que je dois ralentir. De me libérer en prenant le temps de souffler.

Les signes extérieurs sont présents aussi, je les interprète avec qui je suis. Car en fait les signes, les synchronicités seront différents pour chacun d'entre nous. Nous avons tous notre manière de les percevoir et de les interpréter en fonction de notre vécu, de notre histoire, de ce que représente le signe que l'on a su voir, entendre, ressentir. Chacun a sa propre perception des signes envoyés par la vie.

En conclusion, les différents signes et synchronicités que nous avons tout au long de notre vie doivent nous aider à nous orienter vers notre chemin de vie. Ils sont là pour nous soutenir et nous faire avancer. Les voir et les comprendre nous dirigeront toujours vers ce qu'il y a de mieux pour nous.

Apprendre à les voir, à les écouter, à être curieux, développe notre intuition. Quand notre intuition nous fait sentir le doute, ne doutons pas de sa vérité. Elle essaie de nous parler.

Nous possédons tous notre vérité, elle est propre à chacun, rappelez-vous quand je vous ai dit que nous sommes huit milliards sur cette terre, donc huit milliards de façons de cheminer, donc huit milliards de vérités.

Le doute nous aide à grandir. Il nous permet aussi de rester humbles, compatissants, empathiques envers nous et les autres. Quand le doute s'installe, trouvons le message qu'il veut nous envoyer. C'est la plus belle intention que nous pouvons lui accorder. Cela va également développer notre discernement.

Le doute nous fait ressentir notre âme quand nous prenons le temps de l'écouter. Cela permet de nous recentrer. Les choses deviennent plus claires et renforcent notre attention. C'est généralement à ce moment que les signes se montrent. L'intention que nous émettons sur nos désirs change la donne. Plus les choses sont claires et précises, plus les doutes disparaissent, plus nous pouvons poser des actions justes pour réaliser nos rêves. D'ailleurs, quand cela se produit, nous arrivons même à les visualiser comme s'ils étaient déjà concrétisés. En y ajoutant la gratitude, la peur de la vie se transformera en vivre sa vie. Un nom changé en un verbe pour créer l'énergie, le mouvement qui sont nécessaires à la réalisation de soi et de ses désirs.

Conclusion

Dans mon livre, j'ai voulu allier mes expériences avec la connaissance que j'ai pu en tirer afin de les mettre en évidence. Alors bien sûr, ce sont mes expériences et elles ne correspondront pas à toutes les personnes qui le liront.

Chacun a sa propre histoire de vie, mais je suis convaincue d'une chose, c'est que personne n'aime souffrir. Bien évidemment, je ne sauverai pas le monde avec l'écriture d'un livre, mais je veux juste transmettre un message à tous ceux qui n'osent pas exprimer leurs différents vécus, leurs sentiments, leurs émotions, afin qu'ils se sentent moins seuls, et peut-être susciter en eux une parcelle de courage, d'espoir pour trouver **« qui ils sont »** et arrêter de se dissimuler derrière des masques. Ceci peut paraître orgueilleux, c'est une réalité et j'en conviens.

Chaque personne possède des ressources qu'elle n'ose pas imaginer par crainte de se regarder réellement. La seule chose que vous trouverez, c'est votre cœur, celui qui vous poussera à vous aimer et à vous accepter tel que vous êtes, avec vos qualités, mais aussi avec vos côtés plus sombres.

Je souhaite vous remettre tous les mots-clés que j'ai utilisés lors de mon développement personnel pour que vous puissiez les lire à chaque fois que vous en jugerez le moment utile.

Le moment présent, c'est tout simplement vivre dans le « **ici et maintenant** », sans penser au passé ni au futur.

La résilience, c'est savoir transformer la souffrance, la douleur d'une expérience en une force motrice pour continuer à avancer sur son chemin ; ce qui nous conduit vers :

Le lâcher prise, c'est la seule façon de pouvoir sortir de notre souffrance. Il consiste à aller vers l'acceptation. Servez-vous-en à chaque fois que vous vous sentez oppressé, anxieux, en colère ou bien triste. Savoir se détacher, c'est arrêter de tout vouloir contrôler. Rappelez-vous que le lâcher-prise, c'est vivre l'instant présent. Mettre son passé en « standby » attendant de pouvoir y faire face avec l'aide d'un thérapeute que vous aurez choisi et sans plus se créer de scénarios catastrophe sur le futur.

L'acceptation de la situation, même si dans un premier temps on n'en comprend pas le pourquoi. Cela nous permet de nous détacher et de continuer à cheminer ; ne vous inquiétez pas, le moment viendra où vous comprendrez et c'est là que vous aurez une révélation.

La révélation, pour moi, a été de trouver mon âme. Mon âme me fait sentir chaque jour que j'existe, tout simplement en ressentant réellement ce qui se passe en moi. Accepter mes émotions me permet de répondre à mes besoins et de ne plus réagir avec mes anciennes habitudes. La révélation m'a aussi permis d'arrêter de me poser des questions en commençant par le mot « Pourquoi », mais plutôt en me demandant « Comment ». Les ressources montreront leurs bouts du nez, afin de pouvoir s'en servir à bon escient et cela à chaque fois que nécessaire jusqu'à temps qu'elles soient intégrées.

De ce fait j'ai appris à voyager léger. A ne plus m'identifier à mon passé. Cela nous envoie tout droit sur le chemin de la liberté, vers l'harmonie de notre être.

Le pardon est une chose essentielle à notre évolution ; nous avons tendance, avec le temps, à panser nos différentes blessures et à les mettre dans un coin de notre cerveau en pensant que c'est une affaire résolue. D'une certaine manière, en faisant cela, nous pardonnons à ceux qui nous ont blessés ; mais nous oublions bien trop souvent de nous pardonner. Se pardonner, c'est arrêter d'écouter ce petit juge qui se trouve dans notre mental égotique démesuré et auto-sabote notre vie de tous les jours, car nous restons dans la culpabilité et/ou la honte envers nous-mêmes. Dites-vous que vous avez fait du mieux que vous pouviez au moment où l'expérience a eu lieu.

Le discernement, c'est savoir peser le pour et le contre, sans avoir de scrupule à dire NON. Cela nous apprend à prendre soin de nous et ne plus faire plaisir à tous ceux qui nous entourent juste pour avoir leur reconnaissance ou chercher leur amour en leur rendant service. C'est aussi nous protéger d'une fatigue psychique et physique. Apprendre à dire NON, ce n'est pas être égoïste, c'est juste respecter nos propres besoins, et poser nos limites. C'est apprendre l'affirmation de soi.

Donner, recevoir, demander, trois verbes complémentaires. ***Donner,*** juste avec notre cœur et notre bonté sans attendre en retour. ***Recevoir,*** c'est accepter d'ouvrir notre cœur à de nouvelles expériences en acceptant de ne pas savoir le résultat. ***Demander,*** c'est accepter sa vulnérabilité pour avoir le courage de faire des demandes pour être aidé. Ce qui nous permet de tendre vers :

L'équilibre. Trouver notre équilibre, c'est accepter nos polarités, tant émotionnelles que physiques, qu'intellectuelles et spirituelles.

L'Amour, avec un grand A, c'est commencer par soi ; s'aimer est primordial. Quand nous avons trouvé qui nous sommes, nous sommes capables d'aimer et d'être aimés. Nous arrêtons de chercher l'approbation d'autrui. C'est ainsi que nous trouvons notre place et que nous arrivons à prendre nos propres responsabilités. Cela nous délivre de notre cage dorée. L'Amour permet également d'accepter l'autre dans sa globalité et de lui laisser sa place.

L'évolution, c'est mettre nos anciens schémas au placard pour laisser la place aux nouveaux de s'intégrer et s'ancrer. L'évolution aura lieu tout au long de notre vie, ce qui compte, c'est de prendre conscience de nos expériences pour trouver leurs finalités afin de ne plus reproduire les mêmes schémas.

La gratitude est une expérience à vivre de soi à soi. Poser un genou à terre ou les deux, nous honorer, nous remercier comme pour nous dire, c'est OK. Je n'ai pas la solution maintenant, mais tôt ou tard elle se présentera. La gratitude est, savoir dire « oui » aux différentes expériences que la vie nous propose. C'est également, savoir remercier tout « ce et ceux » qui nous entourent, tout ce que l'on possède déjà, tout simplement dire « Merci ». Offrons-nous cette attitude gracieuse envers nous-mêmes comme pour nous reconnaitre et reconnaissons ceux qui nous entourent. C'est accepter tout simplement d'être qui nous sommes. C'est assoir notre souveraineté et porter nos couleurs avec grâce.

Toute notre vie, nous serons confrontés à de multiples expériences par le biais de rencontres, que ce soit celle d'une personne, de situations professionnelles ou sentimentales difficiles, de la maladie ou encore par le décès d'un proche. Toutes sont là pour nous faire évoluer et non pas pour rester dans une souffrance interminable.

Accéder à notre propre puissance nous apporte chaque jour une force vivifiante pour transformer ce qui doit être quand cela est nécessaire. C'est cette puissance qui nous donne tout simplement l'envie de vivre. Cette puissance vient de l'amour pour soi et pour tout ce qui nous entoure. Accepter de s'aimer, d'aimer, sans oublier de se laisser aimer, c'est ouvrir notre cœur à tout ce qui est dans ce monde. Avoir le courage de montrer notre vulnérabilité n'est pas un signe de faiblesse, c'est juste assumer qui nous sommes en ressentant nos différentes émotions, y compris tout cet amour. Une force venue de notre for intérieur pour le laisser ensuite rayonner autour de nous. Partager cet amour est un cadeau inestimable. L'amour guérit, il est le plus puissant remède qu'il puisse exister sur cette Terre.

Quand vous serez en pleine conscience de qui vous êtes, tout s'alignera d'une façon magique. Votre esprit, votre cœur et votre corps seront en parfaite harmonie. C'est le cadeau le plus fantastique que vous puissiez vous offrir.

Vos relations avec autrui seront bien différentes de ce que vous avez pu vivre auparavant. Vous arriverez à créer la vie que vous désirez sans vous préoccuper du qu'en-dira-t-on ou du regard des autres. Vous en finirez avec les médisances, les critiques, votre ego démesuré qui sabotent votre vie quotidienne. La confiance en soi, l'estime de soi vont prendre place naturellement et l'amour avec un grand A pourra alors voir le jour.

Si j'en suis sortie guérie, c'est parce que j'ai osé me faire face et pris le courage de vider mon sac. Oui, cela m'a fait passer par des moments de doute, de peur, mais j'ai effectué le plus beau des voyages, celui de la reconnaissance de mon être, celui de ressentir mon âme au plus profond de moi-même.

J'ai fait place au bonheur incommensurable de la paix intérieure, mais surtout à celui d'exister en étant libre d'être qui je suis. J'ai uni mon être à mon âme, cette belle alliance qui est mon unicité que l'on appelle Unité. Cet être unique qui réside en chacun.

J'ai enfin trouvé ma place dans mon cœur, dans ceux qui m'accompagnent chaque jour et en ce monde.

Je peux enfin dessiner ma clé de sol sur une nouvelle partition qui représente mon nouveau départ, et écrire toutes les nouvelles notes qui voudront bien s'y inscrire.

La seule chose qu'il me reste à faire, c'est de Vivre, en dansant et en chantant sur le philharmonique de ma vie, sans jamais plus oublier « qui je suis », en écoutant mon âme.

J'ai enfin atteint ce souffle de liberté.

La vie est belle !!!

Texte écrit sur la suggestion de mon ami saisonnier. C'est la pre-mière chose que j'ai écrite sur un coup de tête, j'ai mis environ deux heures à l'écrire, j'étais à cette époque en pleine remise en question, et il venait de me faire découvrir ce chanteur de rap, Scylla. Nous étions au mois d'août 2017.

Annexe 1

Si je savais écrire,

Si je savais écrire, j'écrirais une chanson,

Si je savais écrire, je te dirais ce que je ressens,

Si je savais écrire, je crierais mes émotions,

Et pour tout cela, j'aimerais écrire une chanson,

Avec une plume qui saurait décrire mes sentiments

Et jongler avec les mots,

Trahie, abîmée, déçue,

Je crains aujourd'hui de retrouver le chemin de l'espérance...

Mais au fond, qu'attendons-nous ?

Tant de choses se bousculent dans ma tête,

Tout se mélange, les sentiments, la colère, la haine,

L'envie de continuer, d'avancer, tout ça paraît tellement

Bizarre, étrange et contradictoire,

Si je savais écrire, j'écrirais mon désespoir...

Si je savais écrire, je me libérerais de toutes ces

Émotions qui perturbent mes sentiments

Pour enfin faire le vide,

Si je savais écrire, je décrirais mes blessures,

Mes défaillances et mes carences,

Pourquoi tant de questions

Qui restent sans réponses ?

On m'a toujours dit :

- « Le plus fort n'est pas celui qui ne tombe jamais,

Mais celui qui se relève... »,

Tirer le meilleur de ses propres expériences,

Pour ne pas reproduire les mêmes erreurs, afin

De se rapprocher de la quête du bonheur

et se sentir,

Enfin vivant et pouvoir définitivement vivre.

Si je savais écrire, j'écrirais une chanson,

Si je savais écrire, je pleurerais plus souvent,

Si je savais écrire, j'envahirais le papier...

On dit que nos étoiles nous guident,

Mais dans quel sens devons-nous les suivre ?

Si j'avais le cran de me découvrir, j'aurais

Certainement le courage d'écrire une chanson...

Si je savais écrire, les mots glisseraient sur

Des kilomètres de papier et je parviendrais à user

Avec abondance toutes les lettres de l'alphabet.

Tant de choses nous brisent,

Comment veux-tu t'en sortir

Pour tout ça, j'aimerais savoir écrire.

Et transmettre ce savoir à qui voudra le lire !

Je crois qu'on peut dire,

Que je tends vers la guérison

Du savoir écrire, juste pour avoir

Déjà pris entre mes doigts un crayon

Pour écrire cette chanson,

Virginie Gray

Annexe 2
La lettre

À TOI

Après avoir mûri ma réflexion, j'ai décidé de t'écrire cette lettre que tu m'as demandée.

Je voudrais déjà éclaircir plusieurs choses avec toi. J'ai toujours cru en toi ; pendant tout le temps qu'on a passé ensemble, je ne t'ai pas abandonné, je t'ai toujours ouvert mon cœur avec une grande sincérité et honnêteté, ceci accompagné de beaucoup d'amour pour te soutenir. Mais arrivée à un moment, j'ai dû me protéger et la seule façon, c'était de partir loin de toi.

Aujourd'hui encore, tu ne comprends pas, mais si tu arrêtais de te voiler la face, chose que tu es capable d'effectuer et je t'en ai encore expliqué les causes ce fameux dimanche avec ta sœur et ta petite amie.

Nous avons vécu de très bons moments et je t'ai toujours tiré vers le haut, mais tu te sens tellement mal dans ta peau, dans ton esprit et dans ton cœur.

Le jour où j'ai découvert qui tu étais vraiment, je ne voulais pas y croire, car j'étais tellement surprise d'avoir découvert ça, je ne pouvais imaginer que cela existait. « Manipulateur, pervers narcissique » étaient des mots nouveaux pour moi, je ne comprenais pas pourquoi moi ?

Pourquoi étais-tu ainsi ?

Aujourd'hui, je l'ai compris et accepté, grâce à deux livres et plusieurs discussions thérapeutiques.

Tu es devenu comme ça en grandissant, surtout en allant vers l'âge adulte, donc très tôt dans ta vie, et de là, tu n'as jamais su faire autrement.

Tu as créé en toi cet immense mal-être et tu l'as entretenu. C'est du côté de notre enfance qu'il faut chercher, c'est une certitude.

Moi, quand je suis entrée dans ta vie, j'étais remplie d'amour, de positivité, de valeur, de bien-être, mais avec autant de craintes que toi, surtout celle de « l'abandon ».

Nous avions une forte dépendance affective, surtout moi je pense.

Je t'ai aimé très rapidement en te laissant être toi-même, en respectant qui tu étais ; je t'ai accepté sans rien dire, sans te mettre de fil à la patte comme tu me disais si bien.

Sauf qu'en fin de compte, tu m'as trahie tellement de fois, de par tes mensonges, tes tromperies, sur tes valeurs, tes aventures, aussi différentes qu'elles soient ; tu te jouais de moi, tu me dévalorisais sans cesse avec tes propos sur mon physique, (qui faisaient bien rire tout le monde, mais qui à la longue m'ont blessée profondément), sur mes enfants, sur mon travail, sur mes propres valeurs, sur mes amis (que tu n'as jamais pris le temps de connaître). Tu trouvais toujours une excuse pour ne pas avoir de projets ou pour ne pas les produire, ne tenais jamais le peu de promesses que tu me faisais pour me rattraper quand tu sentais que je t'échappais.

Nos relations étaient de plus en plus chaotiques, chaque retour vers toi était de plus en plus destructeur pour moi et le jour où je t'ai dit qui tu étais vraiment, tu es devenu encore plus violent dans tes propos, tes faits et gestes, jusqu'à *l'Ultime Geste* qui m'a fait prendre conscience que je devais définitivement fuir si je ne voulais pas mal finir.

Aujourd'hui, j'en suis sortie grandie, j'ai compris « qui je suis », ainsi que tous mes soucis liés à la dépendance affective.

J'aimerais tellement que tu trouves « qui tu es » pour pouvoir enfin trouver ce « bien-être » en toi.

C'est tellement enrichissant de « lâcher prise » et pouvoir enfin vivre sans crainte, sans la peur au ventre d'être « abandonné », de vivre au présent sans penser au passé et ne plus avoir peur du futur.

J'ai enfin trouvé la tranquillité et la liberté de mon esprit. J'ai ouvert certaines portes en toi, elles te font très mal ; ce sont celles des émotions, des sentiments. Mais si tu les vis ainsi, c'est parce que tu les repousses, tu en as peur et tu ne les contrôles pas du tout, donc tu te sens perdu, seul, et tu crois que tout est impossible.

Mais c'est l'inverse, je t'encourage à continuer ta thérapie jusqu'au bout, sans jamais baisser les bras, car le chemin va être encore long.

Mais quand tu auras trouvé « qui tu es » et que tu sauras gérer toutes ces nouvelles choses qui ne demandent qu'à entrer en toi, tu auras enfin trouvé le bonheur et le bien-être que tu mérites.

Je t'ai toujours dit de ne jamais laisser personne te dire que tu étais quelqu'un de mauvais, il n'y a rien de mauvais, juste des choix et des décisions qui n'ont pas abouti aux résultats que tu voulais. Mais en fait ce n'est pas grave, dans le sens où rien n'est irréversible, car on a toujours le choix d'emprunter un autre chemin pour y arriver.

Il faut également savoir accepter les choses pour pouvoir avancer et savoir « se pardonner » pour « pardonner aux autres ».

Quand tu auras assemblé tout ça, tu seras enfin sur la bonne voie, tu trouveras la paix intérieure et tu vivras librement et heureux.

Il est temps pour toi de poser tes valises qui sont remplies de peurs, d'angoisses, d'anxiétés et de ton passé.

Accepte, Pardonne-toi, Pardonne aux autres et trouve « qui tu es », et vis enfin la vie que tu désires.

Pour ma part, tu as fait partie de ma vie, je ne regrette rien et je t'ai tout pardonné. Je ne t'oublierai jamais, car tout ce que je sais et ce que je suis aujourd'hui, c'est grâce à toi et à mon cancer, alors pour tout ça je tiens même à te dire « Merci à TOI ».

J'ai confiance en toi, si tu vas au bout de ta thérapie, tu trouveras la force de trouver « qui tu es ». J'insiste là-dessus, car je pense que c'est la base d'une vie heureuse.

Tu vas passer par de l'inconfort pendant un moment, mais cela en vaut vraiment la peine, je t'assure.

Sors toute cette colère, cette haine et laisse entrer l'amour en toi ; ne laisse pas l'obscurité te détruire plus.

Il n'est jamais trop tard pour bien faire, crois-moi. Tu possèdes toutes les capacités pour réussir.

Crois en toi, ne demande pas aux autres de le faire à ta place, prends confiance, crée la vie que tu veux réellement, sans jamais te retourner sur ton passé lourd à porter.

Lâche prise de toutes tes fausses valeurs, car elles sont celles des personnes qui sont entrées dans ta vie, trouve les tiennes.

Si je t'ai aimé aussi fort, c'est que tu dégages cet « Amour » et que je n'ai vu en toi que le côté positif que tu n'exploites pas.

Je pense que c'est pareil pour toutes les femmes qui sont restées dans ta vie un moment, celles qui t'ont apporté un réel amour envers toi. Voilà pourquoi on t'a toutes aimé, maintenant c'est à toi qu'appartient de briser cette spirale infernale, ce cercle vicieux dans lequel tu t'es enfermé.

Vivre pour le meilleur, aimer tous ceux qu'on peut aimer et ça pour toutes les différentes catégories : dans le travail, dans l'amitié, dans la famille et dans l'amour.

Ose également parler à ton père, ta sœur est plus proche de toi, alors faites une liste des questions qui vous bouffent la vie, remuez un peu tout ça pour mieux comprendre votre passé et le mettre une bonne fois pour toutes derrière vous.

Je pourrais encore t'écrire des pages complètes, mais c'est à toi de trouver tes réponses.

Tu vois, je ne t'ai pas abandonné, puisque je prends le temps de te faire la lettre que tu voulais.

J'espère qu'elle te servira et que tu penseras souvent à tout ce que je t'ai écrit.

On ne rencontre jamais les gens par hasard, je te l'ai toujours dit.

À TOI, continue de te battre, tu as toutes les cartes en mains pour t'en sortir, prends cette force en toi et penses-y aussi souvent pour qu'elle t'emmène enfin là où tu dois être.

Virginie.

Je t'ai aimé, je t'aime et je t'aimerai toujours.

Lettre écrite à ce « pervers narcissique » le 22 novembre 2017, suite à sa demande expresse. J'ai eu beaucoup de mal à savoir si je devais lui remettre ou pas, car je ne savais pas s'il était prêt et s'il en ferait bon usage. Quelques mois plus tard, j'ai compris que c'était moi également qui n'étais pas prête.

Il me restait une crainte que je n'avais pas identifiée et qui plus est, n'était pas la moindre ; j'ai creusé et je me suis rendue compte que je m'étais mise en tête depuis très longtemps que je ne comptais pour personne, que je n'étais rien !

Il est vrai que dans les traits des manipulateurs, pervers narcissiques, on perçoit qu'ils n'aiment pas de la même manière que nous ; j'ai donc toujours pensé que je n'étais rien pour lui ; c'est une pensée très dure à accepter. Aujourd'hui, le 2 février 2018, j'ai compris cette chose essentielle à mon équilibre et je suis donc prête à lui donner cette lettre.

Cette lettre permet de faire le lien avec la fin du chapitre 3

Il m'a fait un merveilleux cadeau en me donnant la moitié de mon identité et en traversant ma vie comme un raz-de-marée, car c'est grâce à lui que j'ai pu trouver « QUI JE SUIS ».

Lettre d'un pervers narcissique, trouvée sur le site sain-et-naturel.com, qu'il m'a été conseillé de lire par sa nouvelle compagne, qui a su venir me voir pour trouver certaines réponses dans sa relation avec lui. De ce fait, nous avons beaucoup échangé toutes les deux sur les relations toxiques et nous sommes devenues des vraies alliées, en échangeant nos ressentis avec honnêteté, sincérité, authenticité et en nous faisant confiance mutuellement.

Ce qu'il faut savoir sur les pervers narcissiques, c'est qu'ils n'aiment pas de la même manière que nous. Ce n'est donc pas un amour sincère, ni le genre d'amour qu'une personne recherche.

Annexe 3

« Cher·e partenaire, »

Je vais dire quelque chose que je ne dirai jamais ou que je ne t'avouerai jamais.

Quand je dis « je t'aime », j'adore la façon dont tu veux croire que je t'aime si fort.

J'aime les choses que tu fais pour moi. J'aime le pouvoir que tu me donnes quand je profite de ta gentillesse en exploitant tes bonnes intentions. Je me sens mieux quand tu te sens mal. J'aime te faire sentir insignifiante.

J'aime le fait que toute ta vie tourne autour de moi. Tu règles mes problèmes, résous mes histoires, soulages ma douleur. J'aime quand tu prends tout ton temps pour moi, pas pour toi. Que tu fasses attention à moi seulement.

J'aime te faire douter de toi et remettre en question ta santé mentale. Tu ne sais pas ce qui est juste ou ce qui est réel à moins que je te le dise.

« Je t'aime » signifie que j'ai besoin de toi parce que j'ai besoin de quelqu'un qui ne m'abandonne pas, j'ai besoin de quelqu'un que je peux utiliser comme un sac de frappe. Quelqu'un qui me fera me sentir bien.

J'adore la façon dont mes attentes envers toi augmentent constamment, alors que celles que tu as pour moi déclinent progressivement. J'aime le regard de l'échec et de la déception sur ton visage.

Quand je dis « je t'aime », je fais référence à l'amour de la haine pour toi. Je m'aime par procuration à travers l'amour que tu ressens pour moi. Et j'ai besoin que tu souffres parce que je déteste devoir compter sur toi pour ça.

J'aime la façon dont mon bonheur dépend de toi. J'aime ce que je ressens quand tu es près de moi. Comment je peux me transformer en victime quand tu essaies de mettre en avant un de mes nombreux défauts de personnalité ou comportements nocifs.

J'adore me sentir horrible quand tu mentionnes quelque chose que j'ai fait et qui te blesse. Et quand je sais que tu ne me laisseras pas parce que tu es accro à cette relation toxique.

J'aime comment tu te sens avec une personne qui t'aime. Mais je suis une personne qui montre l'amour et l'affection comme un outil de manipulation.

J'aime comment tu as besoin de moi et que tu penses être avec la bonne personne. Comment je te fais sentir indigne et insignifiante.

Quand je dis « je t'aime », cela signifie que j'aime la façon dont tu respectes mes règles et comment tu vis à travers elles.

Tu dois savoir que j'utiliserai des mots blessants et des tactiques de manipulation sous le couvert de l'amour. Tu ne me changeras jamais.

Nous savons tous les deux que ce n'est pas réel. Nous devrions tous les deux le savoir.

Cordialement,

Ton narcissique. »

Lettre d'un pervers narcissique tirée sur le site : sain-et-naturelle.com :

REMERCIEMENTS

Je tiens à témoigner ma profonde gratitude à toutes les personnes qui m'ont soutenue tout au long de cette aventure. Elles m'ont permis d'avancer dans mes moments de doute et de continuer à y croire. Qu'elles soient aujourd'hui encore présentes dans ma vie ou pas, jamais je ne les oublierai.

Un grand Merci à :

Mes trois enfants, Jessica, Anne-Marie, Audrey, Sam et Vanessa, Alex, Karine, Carine, Manu, Manue et Tony, Marion, Nathalie et Dimitri, Sandrine, Caroline et Nicolas, Ma Steph, Isabelle, Nathalie C et Florian, Magda, Dorota, Bertrand, Benoît, Christophe et Sandy, cousin Toph, Lise, Fred., Jean-Eudes, Richard, Philippe et Marie-Pierre.

A tous ceux dont j'ai croisé le chemin.

Une attention toute particulière pour Nathalie Chappert, une artiste peintre, pour la création de la couverture. Une artiste hors du commun, qui peint avec son intuition. Un énorme Merci pour avoir relevé ce défi, une expérience plus qu'enrichissante pour toutes les deux. Une amitié est née, deux âmes se sont retrouvées…

Pour la trouver et aller voir ses différentes œuvres, voici son site : www.nathaliechappert.fr

Une immense gratitude à mes amis belges, avec qui je partage des chocolats mais pas seulement !

Serge, une dédicace particulière pour toi. Ton écoute et ton regard sur ce que l'on a pu partager ensemble tout au long de cette aventure a été pour moi un réel confort. Te savoir présent, soutenant et être tout simplement mon ami m'a permis d'aller au bout de mon rêve. Tu m'as fait ressortir ce livre du tiroir juste en croyant en moi. Et pour cela, MERCI. Merci pour tout, merci d'être.

Merci tout simplement.

Virginie

BIBLIOGRAPHIE

➤**Aghroum Christian** *Dépasser son sentiment d'insécurité*

Éditions jouvence 95 pages Année 2018

➤**André Christophe** *Imparfaits, libres et heureux Pratiques de l'estime de soi*

Éditions Odile Jacob Poches 470 pages Année 2009

➤**Bouchoux Jean-Charles** *Les pervers Narcissiques*

Éditions Pocket évolution 215 pages Année 2014

➤**Bourbeau Lise** *Les 5 blessures qui empêchent d'être soi-même*

Editions I.C.T. Inc (Canada) et Pocket (Europe), plusieurs rééditions

Finley Guy *Le courage d'être libre*

Éditions Pocket évolution 91 pages Année 2014

➤**Finley Guy** *Lâcher prise, La clé de la transformation intérieure*

Éditions Pocket évolution 275 pages Année 2008

➤**Finley Guy** *Pensées pour lâcher prise, 11 exercices pour influencer votre destin*

Éditions Pocket évolution 111 pages Année 2012

➤**Finley Guy** *Les clés pour lâcher prise, Libérez-vous des liens qui vous entravent*

Éditions Pocket évolution 254 pages Année 2009

➤**Horowitz Elisabeth** *Quelle coïncidence ! Hasards surprises et synchronicités : suivez les signes de votre vie*

Éditions Dervy 148 pages Année 2017

➤**Martel Jacques** *Le grands dictionnaire des malaises et des maladies*

Éditions Quintessence 651 pages. Année 2007

➤**Martel Jacques** *Les 5 étapes pour parvenir à la guérison*

Éditions Atma Inc 152 pages Année 2010

➤**Martel Jacques** *Le pouvoirs des mots qui me libèrent !*

Éditions Atma Internationales 122 pages Année 2011

➤**Nazare-Aga Isabelle** *Les manipulateurs sont parmi nous*

EDITION Les Éditions de L'homme 286 pages Année

➤**Nazare-Aga Isabelle** *Je suis comme Je suis*

Editions L'homme Eds De 256 pages Année 2015

➤**Norwood Robin** *Ces femmes qui aiment trop Tome 1, Être heureuse en amour*

Éditions J'ai lu 377 pages Année 1997

➤**Ruiz Don Miguel** *Les quatre accords Toltèques, La voie de la liberté*

Éditions Jouvence 144 pages Année 1999

➤**Eckhart Tolle** *Le pouvoir du moment présent*

Éditions J'ai lu 255 pages Année 2010